Research on Protection of
Preferred Stockholder Rights
A Perspective of Legal Mechanism

优先股股东权利
保护研究
——法律的视角

耿利航　王会敏 ◎ 著

图书在版编目(CIP)数据

优先股股东权利保护研究:法律的视角/耿利航,王会敏著.—北京:北京大学出版社,2022.6
 ISBN 978-7-301-33018-0

Ⅰ.①优… Ⅱ.①耿…②王… Ⅲ.①上市公司—股东—权益保护—研究—中国 Ⅳ.①D922.291.914

中国版本图书馆 CIP 数据核字(2022)第 080798 号

书　　　名	优先股股东权利保护研究——法律的视角 YOUXIANGU GUDONG QUANLI BAOHU YANJIU——FALÜ DE SHIJIAO
著作责任者	耿利航　王会敏　著
责 任 编 辑	孙维玲
标 准 书 号	ISBN 978-7-301-33018-0
出 版 发 行	北京大学出版社
地　　　址	北京市海淀区成府路 205 号　100871
网　　　址	http://www.pup.cn　新浪微博:@北京大学出版社
电 子 信 箱	sdyy_2005@126.com
电　　　话	邮购部 010-62752015　发行部 010-62750672　编辑部 021-62071998
印 刷 者	天津中印联印务有限公司
经 销 者	新华书店
	730 毫米×980 毫米　16 开本　17.5 印张　277 千字 2022 年 6 月第 1 版　2022 年 6 月第 1 次印刷
定　　　价	69.00 元

未经许可,不得以任何方式复制或抄袭本书之部分或全部内容。
版权所有,侵权必究
举报电话:010-62752024　电子信箱:fd@pup.pku.edu.cn
图书如有印装质量问题,请与出版部联系,电话:010-62756370

目录

导　论 / 001

第一章　优先股的制度功能及权能类型 / 018
　　第一节　优先股制度概况 / 019
　　第二节　优先股的制度功能 / 032
　　第三节　优先股权能的类型化 / 042

第二章　优先股股东权利保护的必要性与保护路径 / 049
　　第一节　优先股与普通股利益冲突产生的原因 / 050
　　第二节　优先股与普通股利益冲突的类型 / 054
　　第三节　优先股与普通股利益冲突的典型场景 / 060
　　第四节　优先股股东权利保护的总体途径 / 069

第三章　优先股合同磋商与合意识别 / 075
　　第一节　合并条款的效力 / 076
　　第二节　中间协议的效力 / 084

第四章　优先股股东运用任意性合同条款进行自我保护 / 115
　　第一节　优先股权能设定的合同基础 / 116
　　第二节　封闭公司优先股合同条款优化设定之"软家长"
　　　　　　主义引导 / 120
　　第三节　菜单式条款的软规制——NVCA 示范合同文本
　　　　　　的作用 / 128

第四节　NVCA 示范合同文本 / 131
第五节　封闭公司优先股合同的变更 / 149

第五章　公司法中的强制性条款对优先股股东权利的保护 / 157
第一节　强制性条款的必要性 / 158
第二节　不同法系国家强制性条款立法模式述评 / 160
第三节　公司法中强制性条款规制与保护的主要方向 / 168

第六章　公司法中的信义义务对优先股股东权利的保护 / 183
第一节　对优先股股东可否适用信义义务保护的学术争议 / 184
第二节　对优先股股东适用信义义务保护的实践梳理——以美国法为例 / 193
第三节　对优先股股东适用信义义务保护的必要性与适用标准 / 219

第七章　中国优先股股东权利保护制度发展状况与完善 / 230
第一节　公众公司优先股股东权利保护制度发展状况 / 231
第二节　封闭公司优先股股东权利保护制度发展状况 / 244
第三节　中国优先股股东权利保护制度的完善 / 270

后记 / 275

导　论

一、研究背景与研究意义

美国公司法学界的理论研究指出,在殖民、军事占领与进化论之外,法律制度变迁还有第四种路径——需求适应性路径,法律的变革必须以治理需求为核心。[1] 这种需求适应性路径表明,"市场与社会对法律的需求力量积累到一定的程度,会自下而上地促进法律制度的变更"[2]。公司股权制度之变革即为典型示例。在单维度的普通股结构无法满足多样化融资需求时,市场实践自然促进对普通股权利内容进行分化偏离的操作,"优先股"(preference shares, preferred stock)制度应运而生。普通股股东权利是投票权和财产性权利的统一体,这些权利可以拆细并通过合同重新安排,形成与普通股的权利、风险承担有别的优先股。一个公司可以同时存在普通股股东和优先股股东。优先股常见的典型特征是享有分红和剩余财产分配的优先权利,优先股权利内容还经常

---

[1]　参见〔美〕柯提斯·J. 米尔霍普、〔德〕卡塔琳娜·皮斯托:《法律与资本主义:全球公司危机揭示的法律制度与经济发展的关系》,罗培新译,北京大学出版社 2010 年版,第 243、245—248 页。
[2]　沈朝晖:《公司类别股的立法规制及修法建议——以类别股股东权的法律保护机制为中心》,载《证券法苑》(第五卷),法律出版社 2011 年版,第 563—564 页。

涉及公司经营过程中对特定事项的决策权或一票否决权,以及投资活动尾端的股权转换权、回赎权和清算优先权等,这既是对传统公司科层结构的叛离与革新,也是对以公司为名的固定化默认合同条款群的"选出"(opt-out)与替换。诚如国外学者所认为的,许许多多不同的权利,如分红、资本返还、表决、股票转换和回赎等权利,都可能和类别股(种类股)挂钩——所有这些关联着各种权利的股票通常都被称为"优先股"。至于在具体情形中究竟涉及上述何种权利,以及某一类优先股的发行究竟是更类似债还是普通股的发行,这些问题的答案将取决于我们如何对公司章程或创设这些优先股的其他法律文本进行解读。[1]"优先股"已经打破了既有的公司融资"股债二分"的概念定式,成为多样化、适应性融资工具的通称或代名词。

优先股安排以合同关系设立为手段,以组织关系调整为目的,兼具组织权利与合同权利再分配的特征,其行使机制与规制框架因而体现了组织法规范与合同法规范的交叉与竞争。通过合同安排,公司投资人对股权和债权的子权利束进行分离与重组,调整其中财产性权能和治理性权能的偏重与组合,生成既有别于普通股又有别于债权的权利类型,完成基于缔约交换的再分配。从组织法角度看,该过程贯穿于公司经营决策、盈利分配、破产清算全程,涉及普通股股东与优先股股东、优先股股东与债权人之间的利益冲突与权利竞合,体现出公司经营权与收益权的洗牌与重构,对公司治理提出全新需求与全新路径。

鉴于"合同"与"商事组织"在构造和性质上的天然同质性,处理优先股问题有时难免在合同法规范体系与组织法规范体系的边界地带左右摇摆:在合同法视域下,优先股既可能成为投资人之间针对情境化问题对利益与风险分配的效率性调整,又可能因意思表示主体适格性的缺失或缔约决策过程的瑕疵而沦为一方当事人扭曲风险分配、榨取合作剩余的反效率工具;在组织法视域下,优先股既可能实现不同股东群体差异性投资需求的有益拼接与配合,也可能因公司决策中股东压制机制与融资决策失误等导致投资人之间、股东与债权人之间横

---

[1] 参见〔英〕保罗·戴维斯、莎拉·沃辛顿:《现代公司法原理》(第九版·下册),罗培新等译,法律出版社2016年版,第850页。

向利益冲突的激化，或者组织科层结构中纵向性的投资者与控制人或决策者代理成本的扩大。优先股不仅在资本市场作用日益凸显，也引发了国内外法律学者和司法部门的持续和高度关注。

(一) 优先股在美国等主要资本市场应用广泛，极大促进了投融资发展

优先股起源于英国，[1]盛行于美国。在美国，早期优先股发源于19世纪三四十年代的铁路和运河等大型基础设施项目的融资实践，发展至今，公众公司与封闭公司(尤其是创业企业)中以优先股作为融资手段都很常见。早期的一项针对1981—1987年发行的892只优先股的统计资料显示，在该期间内，基础设施建设企业与工业企业发行的优先股合计达到628只，占总发行量的70%。[2]自20世纪末开始，金融机构渐渐成为优先股的主要发行人，包括金融公司、银行、储蓄机构、保险公司等。调查数据显示，1984—1994年，美国市场上发行的优先股总市值超过1250亿美元，占该期间内年度普通股发行量的18%—36%。[3] 1999年年底，20%的纽约证券交易所(以下简称"纽交所")上市公司、15%的美国证券交易所上市公司以及17%的纳斯达克上市公司的资本架构中都含有优先股。[4]

2008年金融危机使优先股受到普遍关注。为了拯救金融业，2008年，美国政府宣布用1250亿美元购入花旗银行、摩根大通等9家主要银行的优先股，补充各银行的一级资本金，解决了银行资金不足的困难，让各大型金融机构渡过

---

[1] See George Heberton Evans, Jr., The Early History of Preferred Stock in the United States, *The American Economic Review*, Vol. 19, No. 1, 1929, pp. 43-58.

[2] See Arthur L. Houston, Jr. & Carol Olson Houston, Financing with Preferred Stock, *Financial Management*, Vol. 19, No. 3, 1990, pp. 42-54.

[3] See 81 Fed. Res. Bull. No. 4, A34 (Apr. 1995); 78 Fed. Res. Bull. No. 12, A33 (Dec. 1992); 77 Fed. Res. Bull. No. 1, A34 (Jan. 1991); 73 Fed. Res. Bull. No. 12, A34 (Dec. 1987). Cited from Lawrence E. Mitchell, The Puzzling Paradox of Preferred Stock (And Why We Should Care About It), *The Business Lawyer*, Vol. 51, No. 2, 1996, pp. 443-444.

[4] See John S. Howe & Hongbok Lee, The Long-run Stock Performance of Preferred Stock Issuers, *Review of Financial Economics*, Vol. 15, No. 3, 2006, pp. 237-250.

一劫，同时也稳定了当时的资本市场。此后的结果十分美妙：美国政府因为持有优先股获得了丰厚的股息，金融机构仍然自主经营没有控制权旁落之虞。优先股在美国的发展可谓顺应时势。截至2013年6月，纽交所和纳斯达克市场挂牌的优先股合计市值约为2122亿美元，清算价值达到3795亿美元，[1]其中80%左右系由银行等金融机构发行，其余发行主体包括公用事业企业及产业企业等。

除公众公司外，真正充分表现优先股特性的却是"创业企业"（startups）。对于创业企业而言，企业盈利预期、风险因素、信息不对称等原因导致其融资难，不得不应投资人要求私人定制优先性权利条款，因此优先股在创业企业情境中应用广泛。优先股在创业企业的融资中发挥了独特的功能，它所提供的灵活性容纳了融资过程中投资属性的差异，有效促进了创业企业中资本与创意的结合。[2] 对于以创业企业为主要投资标的的风险投资和私募股权投资者而言，针对该类型投资标的的高科技、高风险及高收益特性，可以利用优先股的灵活定制属性实现前端的风险控制及后端的收益分享。实证研究显示，美国国内大约95%的创业企业采用可转换优先股作为融资工具。[3] 美国风险投资协会（National Venture Capital Association，NVCA）2011年的一项研究数据表明，在美国，曾经在某个阶段运用过风险投资的企业所创造的价值达到美国GDP总额的21%。[4]

投融资双方之间足够灵活的权利义务设置，契合了创业企业在初创期的典型特征及需求：原始股东需要获取资金支持，同时又希望由自己主导企业发展，将创意转化为产品以证明其市场效益；企业处于发展阶段，远未达盈利水平，无法吸引普通股股东或债权投资人；能够吸引到的投资者因信息不对称，不愿过

---

〔1〕 参见林采宜：《美国优先股市场发展及现状》，中国首席经济学家论坛，2014年3月24日，http://chinacef.cn/index.php/index/article/article_id/1446，2020年9月30日访问。

〔2〕 参见于莹、潘林：《优先股制度与创业企业——以美国风险投资为背景的研究》，载《当代法学》2011年第4期。

〔3〕 参见曹立：《权利的平衡：优先股与公司制度创新》，中国财政经济出版社2014年版，第87页。

〔4〕 See Charles R. Korsmo, Venture Capital and Preferred Stock, *Brooklyn Law Review*, Vol. 78, No. 4, 2013, pp. 1163, 1165.

多参与企业日常经营,又不想放弃企业未来的良好预期以及必要时对企业的控制权,同时希望保留灵活的退出渠道。这种特殊情境表明,创业企业融资机制不同于成熟企业在公开市场的融资,而优先股恰好能满足各方在此时的需求。

(二)我国对优先股制度的先进立法及司法经验的借鉴有现实需求

优先股具有在不稀释现有股东股权、不恶化公司资产负债率的情况下实现融资的功能,为基础设施建设及资金密集型企业提供了崭新的可资利用的融资通道。我国从2014年年初开始优先股试点工作,试点实践中暴露出的问题需要予以重视。其一,根据《优先股试点管理办法》第3条,优先股的发行主体范围仅限于上市公司及非上市公众公司,且投资人范围仅限于特定的合格投资者。从融资主体与投资主体两个角度设置的范围限制,束缚了优先股的真正有效推广及全面应用。其二,在上市公司发行实践中,目前所有发行公司全部采用非公开发行形式,而且发行条款过度雷同,固定收益特征淡化,优先股股东退出渠道匮乏。这导致上市公司优先股蜕变为无表决权的普通股,难以体现优先股应有的灵活适应属性,也难以吸引公众投资者的关注。究其原因,主要在于监管导向偏差,导致优先股立法中强制性条款过多,立法干预过度,突破公司自治界限,导致发行公司僵化应对局面,侵蚀了优先股制度活性。相比较而言,在全国中小企业股份转让系统(即"新三板")挂牌的非上市公众公司同样对优先股融资工具展现了相当大的兴趣。事实上,此类公司发行的优先股在固定收益属性及灵活性等条款设计方面更明显地体现了优先股的固有特征,优先性权利内容也呈现出多样性。但同时,此类公司在分红率等条款方面也隐含了潜在风险空间——贝融股份、时代电影等公司优先股的分红率高达12.5%。[1] 过高的分红率对企业自身发展能力提出严峻考验,同时更会激化优先股股东与普通股股东之间的利益争夺以及普通股股东在公司业绩不佳状态下的机会主义冒险行为。只有对优先股试点中出现的突出问题及典型案例进行跟踪观察及深入剖析,研究借鉴境外发达国家在优先股制度设置、监管及优先股股东权利保

---

[1] 参见《江西贝融循环材料股份有限公司非公开发行优先股说明书》和《北京信义时代电影股份有限公司非公开发行优先股说明书》。

护方面的已有经验,以获得制度支撑与实践参考,从而逐步扩大试点和应用范围,方可使优先股早日进入公众视野,成为行之有效的投融资工具。

更重要的是,在中国目前的创业企业私募融资活动中,存在大量对于优先股的私人协定尝试。私募投资者与企业及原始股东之间通过合同对业绩目标承诺、投资回报要求、估值调整安排及优先清算安排、转换安排等进行具有优先股特征的约定,契合了创业企业融资的特点,满足了不同主体对于财产收益与表决权控制的不同偏好。[1]个中典型案例就是对赌安排的约定。随着跨境交易和全球投资日益盛行,公司法的理论和实践在地理上不断扩张,促进了美国式的交易和法律规则在全球范围内的传播。[2]对赌操作亦跟随风险投资进入中国。据业内人士估计,目前国内几乎所有风险投资案例中均涉及对赌安排,只是由于无公开数据,"凡投必赌"的市场规模难以估算。但是,从立法角度而言,《中华人民共和国公司法》(以下简称《公司法》)和《中华人民共和国证券法》(以下简称《证券法》)都没有对优先股及优先性权利作出明确规定,因此类似的对赌安排在中国的命运非常曲折。在"海富投资案"中,最高人民法院从债权人保护的角度出发,认定投资人与标的公司的对赌无效。一年多以后,中国国际贸易仲裁委员会针对相类似的对赌协议履行纠纷,却作出了对赌协议有效的仲裁裁决。法院与仲裁对待对赌协议迥然相异的态度,对赌安排结果的不确定性及不可预期性令业界无所适从。

考察美国等域外国家对优先性权利安排溢出效应的应对,可以发现其应对思路与路径迥异于中国。以美国的"ThoughtWorks案"为例,[3]法院虽然也考量股东与公司的协议对债权人利益的影响,但是其出发点主要在于促进交易和保护交易安全,判决进路实现了从实体到程序的转变,裁判核心"并不在于对交

---

[1] 参见朱慈蕴、沈朝晖:《类别股与中国公司法的演进》,载《中国社会科学》2013年第9期。

[2] 参见〔美〕罗伯塔·罗曼诺编著:《公司法基础》(第二版),罗培新译,北京大学出版社2013年版,第216页。

[3] SV Inv. Partners, LLC v. ThoughtWorks, Inc., 7 A. 3d 973, 976 (Del. Ch. 2010), aff'd, 37 A. 3d 205 (Del. 2011).

易类型的合法性判断,而是考量合同履行之可能性"[1]。在公司确无"合法可用资金"用于回赎时,应尊重董事会依据正当程序进行的商业判断,包括依据公司盈余资金的现实情况分期回赎,逐步完成回赎义务的决策。这种处理方式可最大限度保全公司对优先股股东作出的支付承诺之效力,同时可保证公司资本安全,避免因向优先股股东回赎优先股而损害公司债权人利益。这一判决指向还可以避免因判定条款绝对无效而导致公司在与私募投资人谈判时承诺回赎,而后以法律禁止为由摆脱其义务所产生的机会主义空间。在对封闭公司私募实践中类似的准优先股等自适性安排的效力进行司法裁判时,应着重对各类优先性权利条款进行类型化归纳,对对赌协议及相关投资安排协议的效力给予明确判断,对大量存在的风险投资施以正确引导,减少目前各自为战的个别约定状态。

此外,中国应尽快在封闭公司中引入优先股制度。在封闭公司中,公司自治理念易于促成投融资双方的高效谈判。因此,在优先股制度设立过程中应鼓励公司当事方根据特定的需求,凭借自身的意志与知识,自主安排优先股优先性权利的设置,克制公司法的深度介入,同时借鉴美国《标准公司法》及 NVCA 示范法律文本的经验,研究标准化示范法律文本的适用性,在不违反契约自由精神下,通过软规制实现立法者对合同内容的重大影响。

(三)优先股顺利实施的前提是优先股股东权利的保护

适应性是优先股受到青睐的主要原因,但这种灵活性与变化性同时也为优先股的适用及优先股股东的保护带来了现实问题。优先股股东是一类股东,其优先性权利的来源是公司章程或融资文件的约定,这使得优先股具有横跨公司法、合同法两大法域的特点。向公众公开发行优先股是由发行人单方起草章程文件,中小投资者只能选择是否加入,无讨价还价的余地,这会产生极大的代理成本。在创业公司领域,即使投融资双方可以对协议进行充分协商,但是没有合同能够完备到涵盖公司日后遇到的所有复杂情形。若公司经营成功,能持续

---

[1] 刘燕:《对赌协议与公司法资本管制:美国实践及其启示》,载《环球法律评论》2016年第3期。

产生利润,大家各得其所。一旦公司经营稍有下滑或现金不足,各种内在利益冲突可能立即突显,公司可能因此争议不断。股东同质化是理想的假设,股东异质化才是残酷的现实。风险偏好的不同、投资属性的差异等都会导致优先股股东与普通股股东利益发生冲突,并在公司面临重大抉择或转折时对公司的发展方向甚至公司存废产生重大分歧。如何保障不同主体权利的实现?传统的公司价值最大化该如何操作?董事如何履行对优先股股东的信义义务?优先股的引入对公司治理提出了新的挑战。

中国已经从公众公司优先股试点开始尝试优先股制度的引入,在优先股制度的正式引入过程中,除了在股权内容及制度设计上借鉴国外经验之外,还应区分公开发行和私募发行的不同法律规制,细致梳理优先股股东权利保护中可能遇到的障碍,研究借鉴美国等发达资本市场中典型的冲突案例及司法应对态度,制定并发展我国的优先股股东保护法律体系,这些对促进优先股制度的顺利实施具有急迫的理论和实践意义。

金融创新与融资市场的发达是公司制度现代化的内在动力,利用优先股已经开始的实践,推动相关制度的引入和完善,乃是优先股的公司制度价值。"企业融资安排、治理结构等的创造性安排往往触及公司法管制的边界,以管制干预自治首先要求裁判者克服管制的裁判惯性,认真对待商事交易"[1],以此保全主体理性选择所型构的私人秩序,使这一私人秩序成为回应商人诉求、繁荣商事交易的基石。故此,对于对赌协议以及以其为代表的各种资本运作中的创新逻辑,应该以包容的姿态对待,[2]不应过分执着于合同裁判思路而缺乏商事角度的新思维。

二、国内外研究现状

(一)国内研究现状

虽然早期中国公司法实践就已经出现过类别股,但长期以来法学研究却少

---

〔1〕 潘林:《"对赌协议第一案"的法律经济学分析》,载《法制与社会发展》2014年第4期。

〔2〕 参见张先中:《私募股权投资中估值调整机制研究——以我国〈公司法〉资本规制为视角》,载《法学论坛》2013年第5期。

有关注。国内研究文献多是简单重复优先股对诸如国企改制、拓宽企业融资渠道、丰富投资品种等的应用价值,且以经济学文献居多,严格意义上的法学文献鲜见。近些年,为呼应现实需要,中国公司法学者对类别股研究开始予以重视,发表了若干较为突出的成果。典型如朱慈蕴、沈朝晖(2013)和任尔昕(2010),对类别股引入中国的必要性以及与中国现行法律的适应性关系进行了论证。[1] 相关论文和著作探讨了公司类别股的法律性质、种类、国外立法例、中国初期的实践以及中国公司法是否规定或能够容纳类别股等问题,为中国公司法学界开启对优先股制度的深度关注及理论探讨提供了良好的开端和切入点。

近些年,国内学界对优先股制度的关注点主要集中在四个方面:

第一个方面是针对公众公司优先股制度的引入可行性及可操作性分析。相关研究有的主题为类别股制度,有的则直接针对优先股制度。此类研究大多从比较法角度考察境外各主要国家优先股制度基础、权利的类型化、立法模式等,然后考察中国当前法律制度的构建基础,并针对中国《公司法》及《证券法》现有规则与优先股制度的适应性进行比较分析,最终提出立法设计建议。

代表性学者包括李莘(2007)[2],李海燕(2014)[3],王欣新、魏现州(2010)[4],葛伟军(2012)[5],梁胜、易琦(2013)[6],龚博(2013)[7],王东光

---

[1] 参见朱慈蕴、沈朝晖:《类别股与中国公司法的演进》,载《中国社会科学》2013年第9期;任尔昕:《关于我国设置公司种类股的思考》,载《中国法学》2010年第6期。

[2] 参见李莘:《优先股股份法律制度研究》,对外经济贸易大学法学院2007年博士学位论文。

[3] 参见李海燕:《建立我国类别股制度的构思》,吉林大学法学院2014年博士学位论文。

[4] 参见王欣新、魏现州:《在我国公司法中设置优先股制度初探》,载《法律适用》2010年第10期。

[5] 参见葛伟军:《论类别股和类别权》,载王保树主编:《商事法论集》(第21卷),法律出版社2012年版,第336—349页。

[6] 参见梁胜、易琦:《境外优先股法律制度比较研究》,载《证券法苑》(第八卷),法律出版社2013年版,第426—445页。

[7] 参见龚博:《优先股法律制度的合理性基础和构建思路》,载《证券法苑》(第九卷),法律出版社2013年版,第249—267页。

(2013)[1]，丁楹（2013）[2]，关路（2014）[3]，李燕、郭青青（2016）[4]，郭青青（2016）[5]等。

第二个方面集中于创业企业对优先股工具的运用，主要研究美国等私募投资发达国家的操作实践。学术成果中比较突出的是潘林（2012）的博士学位论文，[6]她以美国风险投资合同与创业企业治理为视角，对美国在风险投资合同领域的学术研究成果作了全面总结。她认为，美国风险投资合同条款的载体是优先股制度。同时，她对当时盛行的优先股税法解释进行了批判，指出其反事实性及片面性，提出优先股制度最突出的品格在于适应性效率。在此基础上，她剖析了美国风险投资合同的条款网络，对董事选任、保护性条款、反稀释、回赎权及对赌条款进行了深入研究，并延伸至该条款与中国法律的本土化方向。对类似领域进行过研究的还有杨青、潘安娥（2007）[7]，侯建仁、李强、曾勇（2010）[8]，刘小勇、周朴雄（2011）[9]，宣旦页、赵美珍（2011）[10]，肖和保（2011）[11]，曾智、朱玉杰、雪莲

---

[1] 参见王东光：《类别股份法理研究》，载《科学·经济·社会》2013年第3期。

[2] 参见丁楹：《从美国优先股制度发展历程看中国转轨时期优先股制度的建立》，载《中央财经大学学报》2013年第5期。

[3] 参见关路：《我国公司优先股的规则构建与修法建议》，载《甘肃社会科学》2014年第4期。

[4] 参见李燕、郭青青：《我国类别股立法的路径选择》，载《现代法学》2016年第2期。

[5] 参见郭青青：《类别股的类别化建构及其适用》，载《河北法学》2016年第2期。

[6] 参见潘林：《美国风险投资合同与创业企业治理法律问题研究》，吉林大学法学院2012年博士学位论文。

[7] 参见杨青、潘安娥：《创业投资家的代理风险及控制》，载《武汉大学学报》（工学版）2007年第3期。

[8] 参见侯建仁、李强、曾勇：《创业者持股、外部股东与资本结构》，载《管理学报》2010年第4期。

[9] 参见刘小勇、周朴雄：《创业投资中类别股份的利用与公司法制的完善》，载《证券市场导报》2011年第6期。

[10] 参见宣旦页、赵美珍：《美国风险投资优先股制度的中国运用》，载《太平洋学报》2011年第12期。

[11] 参见肖和保：《创业投资优先股研究》，载《财经理论与实践》2011年第2期。

(2014)[1]，孙平(2015)[2]等。

第三个方面是针对对赌协议效力等准优先股协议安排的研究。傅穹(2011)认为，对赌协议是中国私募股权投资实践中常见的一种约定，是针对被投资企业进行估值调整的方式，是投资者与融资方企业在达成投资协议时对企业估值变动及未来不确定情况所达成的一种约定。[3] 杨明宇认为，对赌协议的目的在于将交易双方不能达成一致的不确定性事件暂时搁置，留待该不确定性消失后，双方再重新结算。[4] 这种方式有利于解决企业融资过程中投资方与融资方争议的核心问题，即估值难、信息不对称以及委托代理风险等问题。著名的蒙牛乳业、雨润食品对赌成功以及太子奶集团对赌失败等对赌案例，使对赌协议进入学者视线。而对赌协议效力引发学界大规模讨论的，是被称为中国"对赌协议第一案"的"海富投资案"。该案历经三审审理，三级法院的判决各持不同观点。最高人民法院再审判决以公司债权人保护为出发点，认定投资人与公司签订的对赌协议"使得海富公司的投资可以取得相对固定的收益，该收益脱离了世恒公司的经营业绩，损害了公司利益和公司债权人利益"而无效。[5] 这一判决结果除了对实践方向产生重要影响之外，同样引发了学界的广泛关注。学术讨论的出发点集中于法律构造、法律性质及效力研究等领域，代表性学者包括谢海霞(2010)[6]，杨宏芹、张岑(2013)[7]，李有星、冯泽良

---

[1] 参见曾智、朱玉杰、雪莲：《我国私募股权投资中引入优先股的理论解析与现实思考》，载《山东社会科学》2014年第3期。

[2] 参见孙平：《创业投资家与创业者冲突研究：概念辨析、研究范围及前瞻导向》，载《理论学刊》2015年第2期。

[3] 参见傅穹：《对赌协议的法律构造与定性观察》，载《政法论丛》2011年第6期。

[4] 参见杨明宇：《私募股权投资中对赌协议性质与合法性探析——兼评海富投资案》，载《证券市场导报》2014年第2期。

[5] 参见最高人民法院(2012)民提字第11号民事判决书。

[6] 参见谢海霞：《对赌协议的法律性质探析》，载《法学杂志》2010年第1期。

[7] 参见杨宏芹、张岑：《对赌协议法律性质和效力研究——以"海富投资案"为视角》，载《江西财经大学学报》2013年第5期。

(2014)[1]，俞秋玮、夏青(2015)[2]等。也有一些学者借此案开始反思中国立法管制是否过分严格，以及司法裁判思路脱离商事思维的倾向及其影响。例如，张先中(2013)从资本规制角度出发，指出对赌协议困境的出现乃由于中国当前对公司资本的管制过分严格，引发商事活动尤其是私募实践领域不得不进行各种规避及变通安排，由此导致的不确定性风险，不仅会影响投融资双方的利益，还容易引发投资者对投资法律环境的疑虑，影响经济发展。[3] 潘林(2013，2014)[4]和刘燕(2016)[5]都认为，"海富投资案"判决结果表明中国司法机关在类似案件审理中逾越了公司法管制、介入契约自治的规范边界，建议司法裁判从风险投资家的尽职调查切入，通过诚实信用原则发挥司法裁判在金融创新中的引导和建构作用。随着关于对赌协议的各种学说及理论探讨的演进，司法实践中也出现思路的转变。2019年江苏华工创业投资有限公司与扬州锻压机床股份有限公司、潘某某等请求公司收购股份纠纷再审案（以下简称"华工案"）[6]以及同年最高人民法院印发的《全国法院民商事审判工作会议纪要》（以下简称《九民纪要》），对于对赌协议的效力认定，均提出了与"海富投资案"不同的逻辑路径，司法裁判的关注方向从合同效力转向合同的可履行性。陈醇将这种处理方式归纳为"区隔论"。[7] 针对"华工案"和《九民纪要》所采的观

---

[1] 参见李有星、冯泽良：《对赌协议的中国制度环境思考》，载《浙江大学学报》（人文社会科学版）2014年第1期。

[2] 参见俞秋玮、夏青：《对赌协定效力之争及其评价》，载《法律适用》2015年第6期。

[3] 参见张先中：《私募股权投资中估值调整机制研究——以我国〈公司法〉资本规制为视角》，载《法学论坛》2013年第5期。

[4] 参见潘林：《金融创新与司法裁判——以我国"对赌协议"的案例、学说、实践为样本》，载《南京师大学报》（社会科学版）2013年第3期；潘林：《"对赌协议第一案"的法律经济学分析》，载《法制与社会发展》2014年第4期。

[5] 参见刘燕：《对赌协议与公司法资本管制：美国实践及其启示》，载《环球法律评论》2016年第3期。

[6] 参见江苏省高级人民法院民事判决书（2019）苏民再62号民事判决书。

[7] 参见陈醇：《跨法域合同纠纷中强制性规范的类型及认定规则》，载《法学研究》2021年第3期。

点,刘燕(2020)[1]、张保华(2021)[2]和贺剑(2021)[3]等从公司资本规则、合同法一般规则与公司法强制性规范之交叉等多个角度提出了对"法律上的可履行性"认定的不同思路,使得对赌协议问题的研究提高到一个新的层次。

第四个方面从优先股股东权利保护入手,讨论优先股股东优先性权利保护问题,主要从优先性权利的设置,尤其是强制性规则设置角度讨论加强优先股股东权利的保护。也有少数学者关注美国实践案例的发展,开始尝试探讨公司法信义义务对优先股股股东权利保护的作用,如沈朝晖(2011)[4],汪青松(2015)[5],刘胜军(2015)[6],谷世英(2015)[7],楼建波、马吾叶(2015)[8],郭青青(2015)[9]等。他们从美国司法实践对信义义务在相关案件中的应用角度出发,讨论优先股股东与普通股股东利益冲突的解决以及优先股股东权利的保护问题。上述文章对本书的论证及观点起到一定的提示和启发作用。

具有学术价值的优先股法学专著并不多见。其中,曹立(2014)的《权利的平衡:优先股与公司制度创新》从不同类别股东之间权利平衡角度,对优先股引

---

[1] 参见刘燕:《"对赌协议"的裁判路径及政策选择——基于 PE/VC 与公司对赌场景的分析》,载《法学研究》2020 年第 2 期。

[2] 参见张保华:《对赌协议下股份回购义务可履行性的判定》,载《环球法律评论》2021 年第 1 期。

[3] 参见贺剑:《对赌协议何以履行不能?——一个公司法与民法的交叉研究》,载《法学家》2021 年第 1 期。

[4] 参见沈朝晖:《公司类别股的立法规制及修法建议——以类别股股东权的法律保护机制为中心》,载《证券法苑》(第五卷),法律出版社 2011 年版,第 563—588 页。

[5] 参见汪青松:《股份公司股东权利多元化配置的域外借鉴与制度建构》,载《比较法研究》2015 年第 1 期。

[6] 参见刘胜军:《类别表决权:类别股股东保护与公司行为自由的衡平——兼评〈优先股试点管理办法〉第 10 条》,载《法学评论》2015 年第 1 期。

[7] 参见谷世英:《论我国优先股股东权利保护制度的完善》,载《上海金融》2015 年第 5 期。

[8] 参见楼建波、马吾叶:《优先股与普通股股东间利益冲突的处理原则——美国司法实践的演进及其启示》,载《证券法苑》(第十六卷),法律出版社 2016 年版,第 1—31 页。

[9] 参见郭青青:《优先股东与普通股东间的信义义务取舍》,载《河北法学》2015 年第 11 期。

入中国后的美好前景进行展望与设想。[1] 谷世英(2015)的《优先股法律制度研究》针对国内外有关优先股的法律制度及相关立法模式进行了较为系统的梳理,并对优先股发行、交易、退出阶段的制度运行、相关法律问题的解决以及中国优先股法律制度构建提出了建议。[2] 王东光(2015)的《类别股份制度研究》着重对不同类型的优先股进行类别讨论,并从类别权变更及类别股东会的角度讨论优先股股东的保护问题。[3]

优先股在国内的应用当前主要集中在优先股试点实践领域,而《优先股试点管理办法》的规定集中在证券监管层面。在该办法思路的引导下,国内学界对优先股的研究方向大多针对规则设定,集中于优先股制度设置的应然状态,主要是为立法引入做铺垫的纯粹理论探讨。虽然文献详略和侧重点不同,但相关理论问题讨论并不存在争议。其中,多数文献指出类别股实施的核心在于对类别股股东的保护,并提出了一些具体应对建议(集中在章程必备条款、类别表决权以及复活、分类表决制度等方面)。然而,限于常规制度设计方向,对于优先股试点实践的立法情况、出现的问题以及实践中发行优先股等方面的关注和研究阙如。正如邓峰所说:"优先股带有股权和债权重叠的特性,加上优先股的多元性,使得它在一些法律救济上,变得模糊不清。……究竟采用何种规则对待优先股,是非常值得深入探讨的。但是,对优先股的分析和研究很不足,在我国也没有明确的法律规则,尽管在实践中优先股的例子很多。"[4]

(二)国外研究综述

以美国为代表,国外对类别股的研究主要是以公司优先股为样本,大致可分为两类:

第一类研究的目的是解释针对创业企业市场上业已形成的各类优先股合同的私人秩序。研究者通过收集大量合同样本,运用经济学、税法、财务金融学

---

[1] 参见曹立:《权利的平衡:优先股与公司制度创新》,中国财政经济出版社2014年版。
[2] 参见谷世英:《优先股法律制度研究》,法律出版社2015年版。
[3] 参见王东光:《类别股份制度研究》,法律出版社2015年版。
[4] 邓峰:《普通公司法》,中国人民大学出版社2009年版,第274页。

等知识,对创业企业私募实践中出现的不同种类优先股条款的适用情形、经济动因、投资者之间利益分配和风险控制机制提供解释性理论。代表性的学者有卡普兰(Kaplan)和斯特龙伯格(Strömberg)(2003)[1],吉尔森(Gilson)和席泽(Schize)(2003)[2],史密斯(Smith)(2005)[3]等。风险投资合同的本质是一种私人秩序,不是千篇一律,因此极有必要作实证考察。脱离具体考察的风险投资合同研究仅仅是停留在想象或者是理论层面上的一厢情愿。[4] 上述几篇实证研究成果对美国风险投资行为的研究起到了极其重要的参考作用,引用率十分可观。卡普兰和斯特龙伯格在公司法领域进行了多项实证研究,具有相当的权威性。在2003年的这篇文章中,作者收集了风险资本对119家创业企业的213轮次投资的案例,从现金流量权、投票权、企业控制权和未来融资决定权等各项权利的分配及安排的情况进行考察,发现企业发展阶段、资产状况、目标实现确定性等当时处境对投资者之间利益分配和风险控制机制安排的影响。史密斯主要针对风险投资的退出安排进行研究,基于卡普兰和斯特龙伯格文章中研究的367家创业企业的数据分析其退出条款,并从董事会构成、回赎权安排、保护性条款的内容及行使安排(与退出条款之间关系)角度进行实证考察。吉尔森和席泽试图从税法角度解释优先股盛行于美国的原因,认为优先性权利偏好与控制权分配功能都不具有完全的说服力,指出创业企业中最核心的问题是管理层激励问题,美国税法规则对激励薪酬(股权激励)的处理方式使得创业企业原始股东及管理层乐于区分普通股与优先股以实现高额激励并降低税务成本之目的。在文章中,作者大量引用了卡普兰和斯特龙伯格文章中的实证数据

---

[1] See Steven N. Kaplan & Per Strömberg, Financial Contracting Theory Meets the Real World: An Empirical Analysis of Venture Capital Contracts, *Review of Economic Studies*, Vol. 70, No. 2, 2003, pp. 281-315.

[2] See Ronald J. Gilson & David M. Schize, Understanding Venture Capital Structure: A Tax Explanation for Convertible Preferred Stock, *Harvard Law Review*, Vol. 116, No. 3, 2003, pp. 874-916.

[3] See D. Gordon Smith, The Exit Structure of Venture Capital, *UCLA Law Review*, Vol. 53, No. 2, 2005, pp. 315-356.

[4] 参见潘林:《美国风险投资合同与创业企业治理法律问题研究》,吉林大学法学院2012年博士学位论文,第57页。

验证自己的论证。

第二类研究关注对优先股股东保护中公司法和合同法的适用,在理论上和实践中都存在较大分歧。布拉顿(Bratton)和沃切尔(Wachter)(2013)总结和评析了相关理论以及美国特拉华州衡平法院最新案例的发展,指出该法院以合同法或以公司法的方式划定优先股权利范围具有局限性,提出合同法和公司法应在不同情形下相互配合,以维护不同种类股东之间的利益平衡。[1] 特拉华州衡平法院法官斯特林(Strine)在同期杂志发表了评论性文章,对其所在法院的判决进行了辩护,指出布拉顿和沃切尔的方案可能夸大了利益冲突,会造成司法适用困难。[2] 几乎在同一时间,科斯莫(Korsmo)(2013)也对布拉顿和沃切尔引用的三个案例进行解读,却得出了与斯特林法官相异的观点。他认为,对优先股股东可以用公司法进行规制,但却不是向优先股股东赋予信义义务保护。[3] 按照科斯莫提出的标准重新审视该三个案件,将得出与特拉华州衡平法院相同的审判结果,但其理由却又与案件判决理由和斯特林法官观点不同。由此可见,即使在已有百年优先股实践的美国,相关理论和司法态度也还处在探讨和更新之中。

三、研究思路与研究方法

(一)研究思路

本书立足于优先股领域国内外已有研究成果,对公司优先股股东保护法律制度进行专门研究。在介绍优先股基本理论内容的基础上,本书将进一步深入讨论优先股股东权利保护的根源——考虑到优先股与普通股股东的利益冲突属性,在公司运营的各个阶段,优先股股东均可能受到来自普通股股东利用其对公司及董事会的控制权优势所为的机会主义行为之侵害。鉴此,合同与组织

---

[1] See William W. Bratton & Michael L. Wachter, A Theory of Preferred Stock, *University of Pennsylvania Law Review*, Vol. 161, No. 7, 2013, pp. 1815-1906.

[2] See Leo E. Strine, Jr., Poor Pitiful or Potently Powerful Preferred?, *University of Pennsylvania Law Review*, Vol. 161, No. 7, 2013, pp. 2025-2040.

[3] See Charles R. Korsmo, Venture Capital and Preferred Stock, *Brooklyn Law Review*, Vol. 78, No. 4, 2013, pp. 1163-1230.

两条分析进路的存在为优先股安排构建了自问题生成至法律干预的双重并行理论体系。合同法与公司法适用于优先股安排的前提性问题是双方针对优先股安排具体内容的合意识别。合同规制分为事先规制：倡导条款（默示或可选择性规范，引导当事人有效率的行为）或强制性条款（预先保护），以及事后规制（法院判令合同条款无效）。投融资各方依据各自需求在谈判中设定合同条款并遵照履行，在封闭公司中较易实现，因此各国立法对封闭公司优先股股东权利的设定一般不会进行过多规制，主要依赖于各方的谈判和合同。但是，在公众公司中，为保护投资者利益，需要通过强制性规范固化某些对优先股股东权利保护具有重大影响的权利，且不得通过合同排除适用。除事先预设合同条款保护之外，对于优先股合同在履行中产生的各种纠纷，需要法院以事后裁判的方式进行利益平衡。除通过法院裁判对合同文义的解释外，考虑到某些优先股股东根本没有机会通过协商谈判来确定合同条款及权益，因此对于优先股合同中未明确约定的优先股股东权利，还应通过公司法信义法则进行干预，以避免普通股股东及董事会趁此约定缺失机会损害优先股股东权益。在系统阐述优先股股东可以采用的上述保护路径之后，本书将视线转向中国优先股实践，分别从公众公司与封闭公司两个角度讨论优先股在中国当前的实际运行情况及存在的问题，并针对优先股股东权利保护问题提出完善建议。

（二）研究方法

一是比较研究方法。优先股源于国外并盛行于美国这一资本市场实践发达的国家，对该市场中主要制度、实践尤其是典型案例的解读能够实现对研究内容的充分了解和预期。本书将在目标功能比较基础上，找出适合中国的解决方案。

二是实证研究与分析方法。对中国已有的优先股实践及当前试点实践情况进行跟踪考察及样本搜集，同时对国外已有实证研究成果作进一步分析，以揭示、还原我国开展的优先股实践，并对照国外通行趋势进行对比研究和分析。

三是跨学科研究方法。对优先股合同文本的解释、对当事人期望的探究离不开财务、会计、金融和税务知识，现有研究包含上述多学科成果，需要综合学习研究。

第一章
优先股的制度功能及权能类型

　　优先股股东权利保护问题是本书的研究对象，而在对权利保护进行深入探讨之前，要首先明确优先股制度的基本理论问题。普通股的两类权利（投票权和财产性权利）可以拆细并通过合同重新安排，形成与普通股的权利、风险承担有别的类别股。其中，优先股是典型的一类类别股，持有该种股份的股东通常享有优先于普通股股东获得分红并在公司清算时优先获得剩余财产分配的权利，同时在表决权等其他权利方面受到某种限制，是兼具股权资本与债权资本特征的混合金融工具。优先股制度在国外的发展历史比较悠久，实践发展带动理论研究，国外学术界对优先股制度的理论研究相对深入。优先股制度本身就是实践需求的产物，因此，对于该制度的理论研究具有需求适应型特征，研究重点主要在于制度设计的法律原理及功能探索，在寻找制度合理化基础的同时，探究优先股的价值定位和功能定位，并针对优先股内容进行类型化分析。

　　基于优先股优先性权利内容的不同类型，投融资双方在创设优先股时可以进行自由组合及选择，体现了优先股的约定性特征。事实上，在如今的资本市场中，股票、债券或者债权都只是融资的不同途径和手段而已，其产生的动因在于满足融资需求、契合不同的经济目的，其主要的区别在于风险、收益和成本方面,股权、债权原本泾渭分明的法律性质上的差异已经变得越来越模糊,纯粹地在概念上探讨优先股的法律性质已经脱离实践要求。鉴于优先股具有的定性特征,投融资双方在创设优先股时可以自由组合权利,因此更可取的姿态是立足公司融资的语境,从公司章程(合同)以及公司治理架构的角度去讨论公司控股股东权利和保护问题。

而正因如此,作为对普通股股权内容进行分离重组而创设的差异化股权,优先股既有合同法的意定性特征,也有公司法的法定性特征,难免引发对优先股股东权利保护方式的争议。

第一节 优先股制度概况

一、优先股的内涵与特征

公司融资来源主要有三种渠道:股份发行、负债以及利润留存。利润留存属于内部融资,而股份发行和负债则属于外部融资范畴,需要与资本市场的互动。在变动不居的市场条件下,只有适应公司需求并能够满足投资人偏好的资本动作方能实现投融资双方利益的最大化。在"股东异质化"[1]的现实状况下,为满足不同投融资主体的偏好,融资过程有可能偏离标准操作,发行一些条件或条款与标准条款有差异的股份,或者构造出一些与股权资本特点相类似的债权,又或者设计出一些兼具股权资本与债权资本特征的融资工具——混合金融工具,即优先股。

普通股股东权利是投票权和财产性权利的统一体。其中,投票权是依据法律和公司章程的规定,通过股东集体投票的方式对公司重大决策进行投票表决以及选举董事会成员的权利;财产性权利也称"经济权利",包括两部分:在公司正常运营时获得经营收益分配(分红)的请求权,以及在公司清算时获得剩余财产的权利。[2] 普通股的这两类权利可以拆细并通过契约重新安排,形成与普

---

[1] 汪青松、赵万一:《股份公司内部权力配置的结构性变革——以股东"同质化"假定到"异质化"现实的演进为视角》,载《现代法学》2011年第3期。

[2] 参见邓峰:《普通公司法》,中国人民大学出版社2009年版,第271—272页。

通股的权利、风险承担有别的优先股(类别)股,也有学者称之为"特别股"。我国台湾地区学者柯芳枝教授所下的定义很有代表性:"股份得分为特别股与普通股,而特别股本身,并不止一种,得以章程规定其种类……所谓特别股,系指该股份表彰之股东权所具之盈余分派请求权、剩余财产分派请求权或表决权等权利内容异于普通股而言。此处所谓异于,乃指优于(或先于)或劣于(或后于)而言。"[1]比如,优先股股东通常享有优先分红权:"优先股为持有者提供了类似债券的固定收益及持续收入流(constant payment stream),同时也为发行人提供了类似于普通股的定期支付灵活性。"[2]此外,作为混合证券的优先股还因此被描述为介于债权融资与股权融资之间的夹层融资,[3]它结合了股权与债权的特征——首先是一种股权权益,同时通过合同附加了经济利益和优先性权利,从而具有债权色彩:

第一,优先股的优先性是相对于普通股而言的,是在某些经济利益上的优先——通常为获取分红及清算方面的优先。优先分红权保障优先股股东在发行人公司经营状况良好时获得"上行"(upside)保护,分享公司发展的红利;优先清算权旨在提供"下行"(downside)保障,在公司陷入困境时也能保障优先股股东优先于普通股股东获得剩余财产分配,同时也避免普通股控制下的董事会采取机会主义行为截留分红并恶意通过公司清算而将原本属于优先股的收益转移给普通股的可能性。因此,优先分红权与优先清算权基本都是同时并存于优先股中。

第二,优先股权能有多种形式,可以根据优先股股东与发行人公司之间的合同进行多种组合,即权利具有复合性。例如,美国公众公司发行的优先股大多为累积分红型不可转换优先股,而封闭公司(私募投资参与的创业企业)发行

---

[1] 柯芳枝:《公司法论》,中国政法大学出版社2004年版,第176页。

[2] William W. Bratton, *Corporate Finance: Cases and Materials*, 7th Edition, Foundation Press, 2012, p.607.

[3] 参见〔英〕艾利斯·费伦:《公司金融法律原理》,罗培新译,北京大学出版社2012年版,第56页。

的优先股则多为非累积分红型可转换优先股。[1] 不同的权利设置体现了投资人不同的需求。在创业企业中,投资人,尤其是"风险投资者"(venture capitalist),更多着眼于在未来与普通股股东一起分享企业快速发展的收益,同时又要在企业创业初期处于高风险阶段时尽量控制风险,因此倾向于采用可转换优先股作为投资工具,保留在企业发展良好并实现公开发行上市时转换为普通股的可能性。

第三,优先性权利的获得意味着优先股其他某些权利的让渡。优先股获得了经济利益上的优先,作为对价,则需要让渡股权中的公司日常经营和控制权(投票权)。优先分红权使优先股具有固定收益特性。[2] 由于固定收益,公司经营事项的决策权对优先股股东来说就显得没那么重要了。作为一种权利平衡设计,优先股股东需要让渡其表决权。在公司运行正常的情况下,优先股股东不具有投票选举公司董事等表决权利。不过,在某些触发事件发生时,如公司持续一段时间未能支付分红,则会出现表决权恢复问题,优先股股东获得股东大会表决权或者选举一定数量董事席位的权利,以弥补其因经济性权利未获实现而导致的利益失衡,同时也促使发行人公司及其高管层扭转偏离正常分红安排的状况。

第四,优先性权利设定的合同性。优先股股东的优先性权利来自融资文件和公司章程中的特别规定,投资者还可以通过谈判在合同中预设保护权利实现的条款。公司法作为开放式的普遍适用的条款文本,[3] 提供了一套标准形式的合同,以普通股为样本进行股东权利义务的设定,体现交易中最普遍且通常最容易达成的协议条款。同时,公司自治原则允许对这些条款进行变更,而设

---

[1] See William A. Klein & John C. Coffee, Jr., *Business Organization and Finance: Legal and Economic Principles*, 10th Edition, Foundation Press, 2008, p. 305; Ronald J. Gilson & David M. Schize, Understanding Venture Capital Structure: A Tax Explanation for Convertible Preferred Stock, *Harvard Law Review*, Vol. 116, No. 3, 2003, p. 879.

[2] 优先股的固定收益是指其收益不随公司盈利状况发生变化,但是与债券不同,如果公司没有盈利,则优先股的固定收益并非必须支付。

[3] 参见〔美〕弗兰克·伊斯特布鲁克、丹尼尔·费希尔:《公司法的经济结构》(中译本第二版),罗培新、张建伟译,北京大学出版社2014年版,第14页。

置优先股股东权利的合同,就是在变更通常条款的前提下列出那些被变更的条款。优先性权利内容首先体现在优先股融资文件中,其后会被纳入公司章程,因此章程是优先股合同最主要的载体形式。风险投资合同本质上就是风险投资家与创业企业签订的以风险投资家提供资本、参与公司治理、实现投资回报为内容的系列合同。

我国《公司法》中没有使用"优先股"的概念,但是其第126条对股份发行的规定中着重强调"同种类"股份应具有相同的权利,第131条还授权国务院对公司发行其他种类股票作出规定,[1]《公司法》本身已经预留了公司发行区别于普通股的其他类型股票的空间。在实践中,中国上市公司在进行普通股票发行时,大多会特别表明和强调其发行的是"普通股"股票。依据《公司法》的授权,2013年11月30日,国务院发布《国务院关于开展优先股试点的指导意见》。2014年3月21日,中国证券监督管理委员会(以下简称"中国证监会")发布《优先股试点管理办法》,正式启动优先股试点实践,由此开启了优先股制度在中国的适用之路。

二、优先股法律性质辨析

优先股并不是一项全新的制度设计。通说认为,优先股与公司制度是结伴而生的,最早出现于欧洲。据考证,16世纪的英国就有了优先股,而此时公司制度才刚刚萌芽。[2] 只是在公司制度发展早期,由于整个商品社会的生产力水平及市场发达程度所限,大多公司只发行普通股,优先股的社会影响非常有限。到了19世纪三四十年代,[3]随着工业化进展和生产力提高,在铁路、运河等大型基础设施建设项目的推动下,优先股开始发挥出强大的灵活性与适应性优

---

〔1〕《公司法》第126条规定:"股份的发行,实行公平、公正的原则,同种类的每一股份应当具有同等权利。同次发行的同种类股票,每股的发行条件和价格应当相同;任何单位或者个人所认购的股份,每股应当支付相同价额。"第131条规定:"国务院可以对公司发行本法规定以外的其他种类的股份,另行作出规定。"

〔2〕参见曹立:《权利的平衡:优先股与公司制度创新》,中国财政经济出版社2014年版,第61页。

〔3〕See George Heberton Evans, Jr., The Early History of Preferred Stock in the United States, *The American Economic Review*, Vol. 19, No. 1, 1929, pp. 43-44.

势,逐渐进入人们的视野。

　　学术界也早已认可优先股作为一类股份类别的存在。股东权利包含三种权利维度:经济性权利、参与性权利和处分性权利。优先股主要体现为经济优先性权利,因此可视为股权的经济性权利差异化配置主要样态之一。[1] 柯芳枝教授对股份进行的首要分类就是"优先股、普通股、劣后股与混合股",认为优先股是以普通股为基准,就公司盈余或剩余财产之分派优先于普通股之股份。[2] 刘俊海教授认为,股份可以分为普通股与特别股,特别股以权利内容之不同可以分为优先股、劣后股和混合股,优先股是指与普通股相比,在分取股利或剩余财产方面(不包括表决权等共益权)享有优先性权利的股份。[3] 冯果教授认为,股份可以分为普通股和优先股,系根据股东享有的权利和承担的风险大小不同而区分;普通股是指股东权利平等而无差别待遇的股份,优先股则指对公司享有比普通股优先内容或优先性权利的股份,属于特别股的一种,系以普通股为基准而划分。[4]

　　从财产的视角来看,公司被视为"财产的集合",发挥着类似集装箱的作用。将不同性质和种类的财产投入公司,不论是采用股权投资、银行借贷还是其他合同方式,最终均输出以股份(股票)和债权(债券)为表现形式的新财产,对应公司的"资本"(equity)和"债务"(debt)。这就是"资本化"(capitalization)的过程。[5] 原财产所有权人成为拥有股权的股东或者拥有债权的债权人。股权和债权两种形式在历史上的演变比较频繁,还出现了各种衍生形式,包括在不同时期对是否属于所有权凭证、是否具有固定收益属性的争论等等。但总体而言,股权,尤其是最为典型的普通股,与债权构成公司融资的两种基本工具形式,是公司财务架构中的两座堡垒,是公司融资的典型甚至绝对模式,其他融资

---

　　〔1〕 参见汪青松:《股份公司股东权利多元化配置的域外借鉴与制度建构》,载《比较法研究》2015年第1期。

　　〔2〕 参见柯芳枝:《公司法论》,中国政法大学出版社2004年版,第174页。

　　〔3〕 参见刘俊海:《现代公司法》(第2版),法律出版社2011年版,第389页。

　　〔4〕 参见冯果:《公司法要论》,武汉大学出版社2003年版,第189页。

　　〔5〕 参见邓峰:《普通公司法》,中国人民大学出版社2009年版,第267页。

手段都要与普通股或债权进行类比描述。[1] 优先股被认为是这两种基本形式的混合体,有些功能类似于债权,有些功能类似于普通股,或者两者兼备(如图1-1所示)。

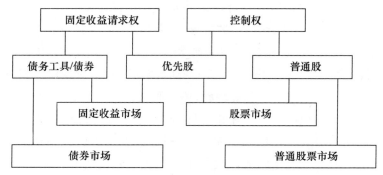

图1-1 资本市场的基本结构[2]

基于优先股的灵活性,不同的优先股拥有不同的特征,或倾向于普通股,或倾向于债权。但是,在一些表征基本特性的特征方面,仍然可以对优先股与普通股、债权等邻近概念进行一定程度的区分。总体而言,优先股与普通股、债权的异同在于:在经济效果上,优先股类似于债权,收益与风险的波动不大,且具有固定收益特征;在法律上,优先股更类似于普通股,优先股股东不得依据合同起诉请求返还投资本金或者未付的分红,而且与债权不同,优先股与公司的合同可由公司单方面变更。[3] 下面通过列表方式对优先股与普通股、债权的异同进行详细对比。

---

〔1〕 See William A. Klein & John C. Coffee, Jr., *Business Organization and Finance: Legal and Economic Principles*, 10th Edition, Foundation Press, 2008, p. 305.

〔2〕 See Frank J. Fabozzi & Franco Modigliani, *Capital Markets: Institutions and Instruments*, 2nd Edition, Prentice Hall International, Inc., 1996, p. 12.

〔3〕 由于优先股股东权利条款嵌在公司章程中,因此公司可以依据公司章程修订规则对优先股股东权利条款进行变更,这也是优先股股东权利保护所面临的风险之一。详见后文论述。

表 1-1　优先股与普通股的比较

	普通股	优先股
同	(1) 向普通股股东支付分红并非合同义务(不分红不会导致公司陷入资不抵债状态并进入破产程序)。 (2) 在发生破产或者其他导致公司解散的事件时,普通股股东将在债权人之后获得支付;普通股股东是剩余索取权人。 (3) 普通股分红无法进行税收抵扣。	(1) 向优先股股东支付分红并非合同义务(不分红不会导致公司陷入资不抵债状态并进入破产程序)。 (2) 在发生破产或者其他导致公司解散的事件时,优先股股东将在债权人之后获得支付;优先股股东是劣后于债权人的剩余索取权人。 (3) 优先股分红无法进行税收抵扣。
异	(1) 普通股股东是公司最终的剩余索取权人,在优先股股东获得清算后才能获得公司剩余资产; (2) 普通股无法提前约定分红比例; (3) 普通股股东具有投票权; (4) 普通股股东的分红取决于优先股分红情况; (5) 普通股分红非累积; (6) 普通股股东的投资回报不确定; (7) 普通股风险高于优先股; (8) 发行新的普通股将稀释现有普通股; (9) 发行普通股的成本高于优先股。	(1) 在发生破产或者其他导致公司解散的事件时,优先股股东将优先于普通股股东获得预先约定的资产分配; (2) 优先股通常提前约定分红比率; (3) 优先股股东在通常情况下没有投票权; (4) 优先股股东优先于普通股股东获得分红; (5) 优先股可以合同约定分红是否累积; (6) 优先分红权通常可以保证优先股获得相对确定的投资回报; (7) 优先股的风险低于普通股; (8) 发行优先股不会稀释现有普通股; (9) 发行优先股的成本低于普通股。

表 1-2　优先股与债权的比较

	债权	优先股
同	(1) 在发生破产或者其他导致公司解散的事件时,债权人将优先于普通股股东获得偿付; (2) 债权人没有投票权; (3) 债权人对公司事务没有直接控制权; (4) 在公司经营困难时债权人仍然可获得持续的利息收入; (5) 债权的利率是提前约定的。	(1) 在发生破产或者其他导致公司解散的事件时,优先股股东将优先于普通股股东获得预先约定的资产分配; (2) 优先股股东在通常情况下没有投票权; (3) 优先股股东对公司事务没有直接控制权; (4) 优先分红权通常可以保证优先股获得相对确定的投资回报; (5) 优先股通常提前约定分红比率,类似于债权的利率。

(续表)

	债权	优先股
异	（1）如果发行人违约未支付利息，债权人可以按照合同约定提起诉讼； （2）债权人能获得利息和本金偿付； （3）利息可以进行税收抵扣（以税前利润支付）； （4）在发生破产或者其他导致公司解散的事件时，债权人将优先于优先股股东获得偿付； （5）债权的风险低于优先股。	（1）与利息不同，优先股的分红并非合同义务（不分红不会导致公司进入破产程序）； （2）优先股股东获得固定投资回报，但无法保证投资本金的回收； （3）优先股分红无法进行税收抵扣； （4）在发生破产或者其他导致公司解散的事件时，优先股股东将在债权人之后获得支付，是劣后于债权人的剩余索取权人； （5）优先股的风险高于债权，因此投资人购买优先股所要求的回报高于债权。

由上可见，在某些经济要素上，优先股类似于债权。譬如，优先股股东对公司资产具有固定收益索取权，同时还可以通过合同约定定期支付，其中优先分红权类似于债权利息，优先清算权的约定类似于债权人本金返还请求权，且两种请求权都有限额限制，支付金额的上限乃通过合同预先约定。

但是，在法律性质角度，优先股又呈现出强烈的股权性质。最典型的体现是在应对风险方面，优先股与债权具有不同的抗风险能力。债权人和优先股股东都在寻找保护其在公司资产上的请求权免受公司和普通股股东剥夺的途径，但是可用的方法差异很大。债权人可以在债务人违约时加速实现债权，这会对普通股股东和管理层造成很大的压力，是债权工具"锋利性"的主要体现。相比之下，优先股股东可依赖的救济则相对偏弱。优先股股东可以利用优先股合同中的约定进行自我保护，但是没有请求加速支付本金和利息的权利——对优先股的分红属公司管理层自由决策范畴，管理层有权自行决定是否对优先股进行分红，而且即使公司或管理层违反了优先股合同条款的约定，优先股股东通常也无权请求返还本金，只能寻求合同约定的其他救济方式。优先股股东利用回赎权谋求退出投资是一种方式，但是回赎权也不能随意行使，其决策权掌握在公司手中，而且受到不能因回赎损害债权人利益等强制性规则的约束。理论上，优先股股东可以获得对董事会的控制权。但是，实践中除了一些创业企业外，董事会多由普通股股东控制。因此，优先股股东在对抗风险方面的能力明显弱于债权人，体现出作为公司"内部人"的品格。

此外，在对公司剩余财产分配的请求权方面，优先股与债权也有明显差异。优先股虽可以约定优先清算，但其优先性仅仅是相对于普通股而言的。换言之，在分配公司剩余财产时，优先股股东的受偿顺位在债权人之后，不能超越债权人。这是优先股股权性质的另一个典型体现。

市场经济属于权利性经济，随着市场经济的发展，投资者的投资需求也呈现多样化。例如，社保基金和养老基金等机构投资者具有风险厌恶倾向，对冲基金需要通过对冲投资获得套保收益，风险投资和私募投资基金希望在前期保本的同时保留后期分享企业高速发展红利的机会，企业创始人在获得高额融资的同时需要保留对企业的控制等，这些构成了市场经济的丰富图景。对这些需求的不断满足促进了融资市场的发达，而后者又是公司制度变迁并不断丰富的内在动力。传统理论对股权与债权进行泾渭划分，试图区分出明确的界限。这种区分对于公司资产负债比、公司价值、破产界限的确定以及公司收入及业绩的衡量，都具有重要意义。

从公司融资角度而言，股权与债权都是融资工具。而随着融资实践的发展以及投融资双方需求的多样化，融资工具出现了各种各样的演化方式。各种可转换证券（包括可转换债与可转换股票）及衍生证券的出现，逐渐消融了股权的法定属性与债权的约定属性。债券的格式化和标准化，以及股票的财产性和合约性，使得基于传统的物权与债权来区别股权与债权融资模式显得较为"笨拙"。[1] 在公司融资工具的选择中，公司自治所带来的灵活性和适应性优势被充分发挥。投融资双方不再拘泥于传统股权与债权的界限，而是针对各方的个性化需求进行条款设定，为优先股的创设提供了可能性。由此反映出的一个重要趋势——股票、债券或者债权都是融资的不同途径和手段而已，其产生的动因在于满足融资需求、契合不同的经济目的，其区别在于风险、收益和成本的不同，至于法律性质上的差异，已经变得越来越模糊了。[2] 更可取的姿态是，立足于公司融资的语境，从公司治理架构的角度讨论公司控股股东及管理层对公司不同参与人的义务。

---

[1] 参见邓峰：《普通公司法》，中国人民大学出版社2009年版，第284页。
[2] 同上书，第286页。

事实上,西方公司法律制度比较发达的国家已经放弃了对普通股与优先股差别的过度强调。以美国《特拉华州普通公司法》为例,该法有关公司股份设置的规定为:"每个公司都可以发行一种或多种类别的股票……每一类别股票的任何或全部数量都可以拥有完整投票权、受限投票权或无投票权,这种包含资格条件、限制和制约要求的指定性、优先性、相对性、参与性、选择性或其他特殊权利安排应在公司注册证书及其修正案,或董事会依据注册证书明确授权而作出的股票发行方案决议中予以明确。"[1]由此可见,美国相关公司法已不再为优先股设置标签,而更加注重股份设置的灵活性,强调公司章程的授权性,授权公司依据现实需求设置具有不同权利内容的股票类别和系列,打破概念或称谓上的局限,提供权利配置的必要张力,促进投融资需求的结合。[2]与之相对应,英美法系国家的学者大多不会强调从概念或定性的角度区分各种不同的融资工具,而是更多地考察董事、高管人员的信义义务指向、代理成本抑制以及公司各种参与人的正确激励方向等。

三、优先股制度设计的理论基础

(一)股东异质化现实驱动差异化股东权利设置

自从美国学者阿道夫·A. 伯利(Adolf A. Berle)和加德纳·C. 米恩斯(Gardiner C. Means)1933 年在其著作《现代公司与私有财产》(*The Modern Corporation and Private Property*)中提出公司的所有权与控制权分离这一命

---

[1] Delaware General Corporaion Law,Section 151(a)。此外,美国《标准商事公司法》在"授权的股票"一节也规定:"(a)公司章程必须规定授权公司发行的股票的类别、同一类别中股票的系列以及每一类别和每一系列股票的数量。如果公司被授权发行一种以上类别或者系列的股票,公司章程必须对每一类别或者系列规定不同的名称,在发行一个类别或者系列的股票前必须对该类别或者系列股票的条件作出相应规定,包括优先权、权利和限制。除非在本节允许的可变范围内,某一类别或者某一系列的所有股票必须与该类别或者系列的其他股票具有相同的规定,包括优先权、权利和限制。"转引自沈四宝编译:《最新美国标准公司法》,法律出版社 2006 年版,第 44 页。

[2] See Richard A. Booth, Stockholders, Stakeholders, and Bagholders (or How Investor Diversification Affects Fiduciary Duty), *The Business Lawyer*, Vol. 53, No. 2, 1998, p. 478.

题以来,公司的独立人格及集中管理就成为现代公司五大核心特征中的两项重要内容,而以此为基础发展出的公司治理结构就自然衍生出股东同质化假设。这种假设理论认为,在公司治理层面,所有股东作为一个整体而存在,在公司治理中被视为"恒定的参数"[1],其利益、目的和能力都是一致的。即股东之间不存在利益冲突,其投资于公司的目的都是实现收益最大化,这种目标与公司利益目标是一致的,且每个股东在公司治理方面的参与度和理解能力都是一致的,属于同质化的群体。同样,基于这种假设,股东与管理层之间的代理成本问题被认为是公司治理中面临的首要问题,而股东之间的立场与诉求差异、利益冲突以及股东之间的摩擦成本、协商成本等往往被忽略。

但是,随着公司实践内容的丰富以及对公司治理理论研究的发展,人们越来越意识到,股东之间事实上存在多维的利益分歧,以资本多数决为基础的"股东民主"实际上可能演化为控制股东权利的"多数暴政"。[2] 控股股东与非控股股东、多数股东与少数股东之间的矛盾,以及短期股东与长期股东之间的矛盾(追求短期持股将促使公司追求高风险投资,损害长期股东的利益)等多种矛盾形式的存在表明,如果继续忽略股东差异性的存在,将会导致对某些股东利益的压迫与侵蚀。事实上,股东之间除了持股数量的差异外,对公司的利益期待、诉求、关切度、风险偏好、发展策略都可能持有不同见解,在权利行使的方式和途径、参与公司治理的能力和程度,包括谈判能力和信息处理能力等方面,也存在明显的差异。例如,随着机构投资者的出现和对冲基金等专业投资基金的发展,专业投资者在参与公司治理的能力以及对管理层的影响程度上都远超普通个人投资者,其利益诉求也与个人投资者、其他投资人具有相当明显的差异甚至是直接的冲突。这些差异和冲突都表明,公司股东内部并不是一个利益诉求完全重合的"大同"团体,股东异质化才是鲜活的现实。

在公司融资层面,股东异质化的现实表现得淋漓尽致。以创业企业为例,因为高风险与高不确定性的存在,所以创业企业融资面临相当大的难度。创始人拥有企业发展的核心技术,对企业运营具有实质影响力,同时其自身也极其

---

[1] 冯果:《股东异质化视角下的双层股权结构》,载《政法论坛》2016年第4期。
[2] 参见汪青松、赵万一:《股份公司内部权力配置的结构性变革——以股东"同质化"假定到"异质化"现实的演进为视角》,载《现代法学》2011年第3期。

珍视对企业的控制权,希望由自己主导企业发展,牢牢把控这种控制权,将创意转化为产品来实现其市场效益。但是,他们又必须获得外部资金支持方可将其创意转化成生产力。而风险投资人正是看中这种创意及创始人的个人专业技术能力才会作出投资决策,他们希望将创始人牢牢锁定在创业企业中,但同时,他们也面临信息不对称风险,担忧创始人及管理层在运营中脱离控制而增加资金风险,却又不想放弃企业未来的良好预期及必要时对企业的控制权,希望保留灵活退出渠道。在此类企业中,创始人与风险投资人对企业的期待有差异,投资各方对企业未来的期待与成熟期企业股东的期待自然也不同,导致难以利用已有普通股制度框架充分表达各方利益诉求。此时,就需要足够灵活的权利义务设计和权力配置,以契合创业企业在初创期的典型特征及需求。

(二)公司合同理论为优先股设置提供了空间

关于股权的性质,存在各种传统民法理论,包括所有权说、债权说、社员权说、股东地位说、独立民事权利说等。这些理论对股权描述的侧重点虽不同,但都是从外观上一般性地认为股权具有财产性权利及非财产性权利内容,[1]而对股权内容中各种权利的内在本质来源并没有过多阐述。不过,法律经济学研究方法中的公司合同理论对此进行了深入解读。

公司合同理论认为,公司参与方之间的关系在很大程度上属于合同关系,各参与方,包括股东之间、股东与董事及其他管理人员之间,通过合同设定相互之间关系的基本准则,其中最主要的合同即公司章程。[2]公司之所以需要章程,是因为章程具有明确的公示性,并由此产生了更强的约束力,这是章程与普通合同的主要差异。[3]因为公司的公共性强于合伙等形式,从而对利益攸关者的约束力不同。合同具有强烈的相对性,对合同当事人以外的其他方不具有效力。章程则具有公示性,因此某些对其他利益攸关者具有影响的事项,需要进行登记以增强其公示效力。

---

[1] 参见刘俊海:《公司法学》,北京大学出版社 2008 年版,第 122 页。
[2] 参见〔美〕莱纳·克拉克曼、亨利·汉斯曼等:《公司法剖析:比较与功能的视角》(第 2 版),罗培新译,法律出版社 2012 年版,第 20—21 页。
[3] 参见邓峰:《普通公司法》,中国人民大学出版社 2009 年版,第 117 页。

从公司合同角度出发,对公司法的作用会得出另外一种理解:公司是一系列合约的联结,而公司法则被视为标准合同条款,作为标准合同文本,其中包含一系列强制性法律规则与默认规则。默认规则模仿了各合同参与方在交易中最普遍且通常最容易达成的协议条款,由各方主体自愿选择全部或部分采纳,其作用是提供一套标准形式的合同。默认规则留给参与方"选出"(opt-out)规则的权利,允许偏离合同法条款,只要求各参与方就其合同中偏离默认规则的方面作出约定。[1] 这种方式在降低各方交易谈判成本的同时,还能够通过促使各方"围绕默认规则进行谈判",鼓励信息披露并弥补信息不对称的弊端。这也是公司自治原则的基础。强制性规则则建立在某种形式的"合约失效"基础之上,避免因为这些强制性条款的缺失导致某些主体权益因信息弱势而被剥削,或者使第三方利益受到不利影响,又或者因为集体行动问题导致合同效率降低或产生不公平的结果等。例如,有关董事对公司的义务就属于强制性规则范畴,不允许当事人任意变更。

正是基于这种公司合同理论及公司自治原则,公司各股东及投资人之间可以灵活约定其所持股权的不同权利和优先性权利内容。不论从自益权与共益权进行分类,还是从财产性权利与非财产性权利进行分类,股权内容设计和股东之间的关系架构都属于公司默认规则及公司自治范畴,给股东将各项子权利分割并重新组合保留了空间。从这个角度而言,优先股制度可以"将对财产收益权或表决控制权有不同偏好的投资者容纳到同一公司中"[2]。实际上,优先股股东是通过放弃对公司重大事项的控制权换取经济收益上的优先性权利。当然,与债权人可以要求额外担保类似,优先股股东如果想谋求更好的"待遇",也可以通过合同协商争取对公司某项重大事项的控制。这体现了公司制度的创新以及权利分配的平衡。总之,优先股制度的设置有利于公司实现理想化和个性化的治理架构,有利于公司依据融资实践与现实需求调整内部制度设计,促进公司内部的权利平衡,实现股东实质平等,增强公司制度的活力。

---

[1] See Yair Listokin, What Do Corporate Default Rules and Menus Do? An Empirical Examination, *Journal of Empirical Legal Studies*, Vol. 6, No. 2, 2009, pp. 279-280.

[2] 朱慈蕴、沈朝晖:《类别股与中国公司法的演进》,载《中国社会科学》2013 年第 9 期。

第二节 优先股的制度功能

一、从优先股法律属性角度分析

融资手段和融资工具的选择,对一个公司的所有权结构、内部权利配置及收益分配产生将重大影响。处在不同发展阶段的公司对公司治理结构有着不同的偏好,优先股自身属性及其所附带的权利配置灵活性,为投融资各方依不同需求设置不同的公司治理架构提供了便利,增强了公司融资的灵活性和适应性。

第一,从控制权角度而言,优先股股东获得经济优先性权利的代价乃基于对表决权的让渡,因此优先股不会影响控股股东的控制权。同时,对于发行人来说,发行优先股的风险小于负债。所以,对于不希望稀释现有股东权益的公司来说,优先股具有相当的吸引力。

第二,在风险把握方面,优先股分红的灵活性区别于负债的固定利息支出,发行人可以根据公司经营需要作出是否分红的决定,没有强制分红义务,可以避免类似债权人强制要求支付利息的合同义务。对于公众公司,在公司处于经营周期中的上行周期且经营预期良好时,普通股价格上涨,且市场需求相对较大,公司通常会选择发行普通股融资。但是,如果公司处于下行周期且业绩相对较差,则普通股的市场前景通常不被看好。此时,如果继续发行普通股融资,将会进一步导致股价下跌,而且难以保证发行成功。同时,公司在证券市场上进行债权融资也要视净资产状况而定(负债能力),因为如果资产负债率过高,那么采用债权融资方式也难以被市场接受。在此状况下,公司最佳融资工具即为优先股。优先股的固定分红可以使投资者隔离公司所处经济周期的影响,获得固定收益;优先股股东无表决权,不会对现有大股东或控股股东所持的普通股造成稀释或冲击;通过优先股扩充公司权益资本,可以增强公司的"股本垫"

(equity cushion)[1],扩大未来债权融资的规模,这也是优先股"困境融资"意义之所在。

对于采用债权融资的创业企业来说,如果无法实现盈利或亏损,那么企业和投资人都无可避免会受到债权人机会主义行为的侵害——债权人可以强迫公司进入破产程序并在重组过程中获得资产。采用优先股则可以避免这种情况——先暂缓支付分红,并在盈利后统一支付累积分红。基于此,创业企业在私募融资过程中非常依赖优先股融资方式,这可以使公司避免过早进入破产程序。在此情况下,优先股可以被视为一种公司层面上的"自动稳定器"(automatic stabilizer),"与债权融资相比,可以为高风险公司降低预期破产成本,增加投资者收益"[2]。可见,优先股有着实现"困境融资"的特殊功能。

第三,优先股权利配置灵活。优先股合同对于资产优先性权利、投票权等股权内容的灵活安排,使企业能够根据自身需要并契合投资人偏好设计优先性权利内容,"将对财产收益权或表决控制权有不同偏好的投资者容纳到同一公司中"[3]。也有学者称之为优先股的"适应性效率"[4]。这种适应性效率有利于公司控股股东和管理层实现其所向往的公司治理结构,相比其他融资工具而言,能够尽量降低对现有治理架构的影响。

二、从公司融资成本角度分析

(一)财务成本解释

首先,公司采用优先股融资,可以提升负债能力。负债是公司外部融资的

---

[1] See Robert Heinkel & Josef Zechner, The Role of Debt and Preferred Stock as a Solution to Adverse Investment Incentives, *Journal of Financial and Quantitative Analysis*, Vol. 25, No. 1, 1990, pp. 1-24.

[2] Ben Walther, The Peril and Promise of Preferred Stock, *Delaware Journal of Corporate Law*, Vol. 39, No. 1, 2014, p. 174.

[3] 朱慈蕴、沈朝晖:《类别股与中国公司法的演进》,载《中国社会科学》2013 年第 9 期。

[4] 于莹、潘林:《适应性效率理论与公司法的适应性——以创业投资为样本的研究》,载《吉林大学社会科学学报》2013 年第 6 期。

一个重要手段,但是公司的负债能力和债务容量是有限的,而且健康的资产负债表是衡量公司财务状况与发展前景的重要指标,过高的资产负债率显然会影响投资人对公司的评级和投资决策。优先股在扩大公司债务容量、提高负债能力方面具有优势。虽然有固定分红的要求,但是优先股在会计账目上可以归入权益类,能够增加公司的权益基础(尤其有利于支撑困境企业的权益资本状况),[1]降低资产负债率,从而扩大公司未来债权融资的规模和债务容量。

其次,灵活的现金流安排不会对公司经营造成过重的负担。优先股的优先分红与负债的利息支出不同,在企业未达盈利情况下不必强行分红,可避免企业发生财务困难,对于企业灵活安排现金流及经营活动具有很大的意义。美国学者的实证研究表明,优先股的分红比率通常高于负债的利息率,优先股相对于负债的这种高成本被视作为延期固定支付而付出的额外费用。[2]但是,对于现金流紧张的公司来说,能够延期支付而无须承担任何合同义务或违约责任,是一种很好的选择。"公司会牺牲优先股股东的当期收益以换取股东所谓的未来福利,这已成为人们所认可的财务政策。换句话说,这等于在金库中保留现金红利以应对未来的紧急状况,甚至是未来的扩张。"[3]所以,有学者认为,从普通股股东角度看,优先股的一项关键优势就在于其分红灵活性。[4]

再次,优先股的运用有助于公司优化资本结构,增强对投资风险的控制能力。金融领域的研究表明,公司自身的资本结构对其投资策略具有很大的影响。[5]如果公司资本结构中仅包含普通股,则基于普通股股东的有限责任,将

---

[1] See Robert Heinkel & Josef Zechner, The Role of Debt and Preferred Stock as a Solution to Adverse Investment Incentives, *Journal of Financial and Quantitative Analysis*, Vol. 25, No. 1, 1990, pp. 1-24.

[2] See William W. Bratton, *Corporate Finance: Cases And Materials*, 7th Edition, Foundation Press, 2012, pp. 618-619.

[3] 〔美〕本杰明·格雷厄姆、戴维·多德:《证券分析》(原书第6版),徐彬、陈幸子、张宇等译,中国人民大学出版社2009年版,第176页。

[4] See David Emanuel, A Theoretical Model for Valuing Preferred Stock, *The Journal of Finance*, Vol. 38, No. 4, 1983, pp. 1133-1155.

[5] See Robert Heinkel & Josef Zechner, The Role of Debt and Preferred Stock as a Solution to Adverse Investment Incentives, *Journal of Financial and Quantitative Analysis*, Vol. 25, No. 1, 1990, pp. 1-24.

使得公司具有强烈的冒险意愿,而且由于信息不对称等因素的存在,管理层为追求高收益,极易采取过度投资行为。债权融资具有法定税收抵扣优势,公司通常也会借助债权设计"普通股+债权"的资本结构。但是,债权收益固定的特征使得债权人厌恶风险,可能限制公司的投资风险偏好,容易导致公司经营过于保守、投资不足。同时,债权融资限额受到公司负债能力的制约,过高的杠杆率(资产负债率)将影响潜在投资人(包括普通股投资人和债权投资人)对公司的估值和评级。而优先股则可以解决这种两端分化的矛盾:优先股可以扩大公司债务容量,提高负债能力,同时由于分红可以延后支付,又不会造成对当前投资的现金流影响与税务负担。[1] 因此,采用优先股与负债结合的方式可以实现对公司的正面投资激励,缓解债权代理成本,增强企业负债能力和整体价值。

最后,发行优先股可以尽量减少对现有普通股价格的冲击。优先股所附带的优先性权利及固定收益特征,使得市场视其与债券类似,不会产生过于强烈的价格敏感性。美国一项针对优先股、普通股及债券发行人的股价长期表现的实证研究表明,[2]在发行后3—5年的期间内,优先股发行人股价表现最佳,仅在发行后第一年会出现下滑的情况,之后就会恢复正常或者表现更优,而普通股和债券发行人股价则一直处于表现不佳状态。这佐证了后者惯于利用"机会窗口"(windows of opportunity)发行证券,从而导致市场产生消极反应。

(二) 税法解释

针对优先股流行原因的税法解释,主要存在于美国。这是由美国特定的税收政策所决定的,存在两种版本。

第一种版本是针对创业企业融资中普遍采用优先股的税法解释,这种解释

---

[1] See Jarl G. Kallberg, Crocker H. Liu & Sriram V. Villupuram, Preferred Stock: Some Insights into Capital Structure, http://ssrn.com/abstract=1108673, last visited on July 30th, 2020.

[2] See John S. Howe & Hongbok Lee, The Long-run Stock Performance of Preferred Stock Issuers, *Review of Financial Economics*, Vol. 15, No. 3, 2006, pp. 237-250.

并非美国税法的明确规则,而是实践中被人们开发出来的"真知"。[1] 持这种观点的学者认为,创业企业融资中固有的三个突出问题(不确定性、信息不对称以及代理成本问题)决定了在创业企业融资中核心的架构设计在于管理层激励安排——高度激励导向的薪酬设计。由此,创投合同就负有两项重要任务:通常合同任务,包括控制权分配、重大事项决策与利益分配安排;管理层激励与减税设计任务。其中,管理层激励的常见方式是向管理层授予公司股票或者股票期权。根据美国税法规则,管理层从创业企业获得的股票被视为"服务报酬"(compensatory return)与"投资收益"(investment return)的组合。而这两种项目在税法规则中的课税方式是不同的:服务报酬课税时间点早于投资收益,且其税率是长期资本利得税率的两倍,因此股权激励获得者自然倾向于以投资收益项目纳税。但是,这两种项目的区分只是概念上的,实践中难以进行清晰分割,故实践中人们采用的方式是,在获得激励股权时即将所获全部股权以服务报酬项目报税(由于此时企业处于创业阶段,股票价值较低),并在最终股票流通变现时将所有增值以投资收益作为资本利得来报税,在实现税收递延的同时享受较低税率。在这一过程中,为了享受低税率,创业企业家和管理层希望降低其所获得的普通股的估值,但是为了获取高额投资,则又希望提高企业估值,以高价向投资者出让企业权益,矛盾由此产生,税务规划操作的目的就是利用优先股与普通股之间的差别估值协调这种矛盾。[2] 优先股所具备的分红与清算等经济优先性权利,为其高估值提供了正当性,可以降低管理者获取激励股权的成本,并有利于发行人利用优先股转换权等具体权利设置满足风险投资者等投资人的需求。

第二种版本则从美国所得税税收制度的角度着眼。根据美国联邦所得税制度,公司获得的利息收入系普通所得,按照常规公司税率缴税,但是公司从其他公司获得的股息收入的70%不用缴税,即股息收入只有30%需要按一般公司税率缴税,这种税收减免缓解了股息收入多重征税的问题。对于具有投资意

---

[1] See Ronald J. Gilson & David M. Schize, Understanding Venture Capital Structure: A Tax Explanation for Convertible Preferred Stock, *Harvard Law Review*, Vol. 116, No. 3, 2003, pp. 874, 876.

[2] Ibid., pp. 874, 890-898.

愿的公司来说，这种征税方式有利于获得股息的股票投资，但不利于获得利息的债权投资和债券投资。[1] 例如，假设公司面临两种投资选择：债权与优先股，收益率均为 8%，按照 35% 的公司所得税率计算，在纳税后，债权的收益为 $(1-0.35) \times 8\% = 5.2\%$，而优先股的收益是 $(1-0.35 \times 0.30) \times 8\% = 7.16\%$。因此，从税收角度考虑，对公司投资者而言，股票投资更有利。这也从另一个角度解释了为何市场上优先股的投资人绝大多数为公司或机构投资人，很少或几乎没有个人投资人。

三、从不同类型公司的融资需求角度分析[2]

（一）大型公用事业企业巨额项目资金困境的解决

优先股的首次大规模运用源于大型基础设施建设项目中的融资需求。19世纪上半叶，英美等国兴起了铁路和运河修建潮，此类项目的特点在于资金需求量巨大，项目回报期长，难以在短期内获得投资回馈，并且项目发起人还希望在融资的同时保留对项目的控制权。这意味着，通常的普通股融资难以吸引投资者参与，而债权融资又无法保证按期偿付利息甚至本金。在这种现实需求的推动下，1829 年，英国议会批准从爱丁堡到达尔基斯的铁路建设可以发行优先股（该优先股为年度股息率为 5%、非累积但可以参与剩余利润分配），这是英国

---

[1] 参见〔美〕迈克尔·C.埃尔哈特、尤金·F.布里格姆：《公司金融：理论及实务精要》（第 4 版），马海涌、张伟伟、关路译，北京大学出版社 2013 年版，第 74—76 页。

[2] 为便于讨论，本书对公司类型的分类，除此处外，主要采用公众公司与封闭公司这种域外公司法中常用的公司分类标准，与我国公司法中规定的公司形式并不完全相符。在我国，公众公司的外延包括在上海和深圳证券交易所公开交易的上市公司，以及在全国中小企业股份转让系统挂牌交易的非上市公众公司，这两类公司所采用的公司形式均为股份有限公司；封闭公司则主要包括我国公司法中规定的有限责任公司。依据此种分类方式，在公众公司与封闭公司之间，遗漏了采用股份有限公司形式但并未在任何交易所或挂牌交易系统上市并公开交易股份的公司。笔者认为，此类股份公司虽与有限责任公司的股份形式存在差异，但其股权仍属封闭性质，并非公开交易，因此在股东权利保护及规制方面，仍应将其归入封闭公司为宜。

历史上首只优先股。[1] 此后,在英、美、德等国的铁路、运河、港口等基础设施建设项目中相继出现各种优先股工具。优先股的运用,保证了这些项目获得必要的建设资金支持,同时也契合了项目各方参与人的需求:不会造成项目发起人控制权的过度稀释,以优先分红等权利保障投资人收益的可预期性,同时也避免因到期还本付息的压力导致项目过早面临债务困境而致破产危机。

初时的优先股系为解决项目资金需求及财务困境而生,所以在产生之初即具有强烈的"困境融资"色彩。同时,因应特定的融资需求,最初的优先股与普通股的差别并不在于表决权差异,而在于经济优先性权利,包括分红与优先清算权。此外,由于优先股有别于一直以来的普通股,构成对传统股权概念的挑战,因此最初的优先股发行需要经过特许。

此后,美国在通讯和公路等基础设施建设的带动下,全国性市场开始形成,并带动了制造类企业。但是,当时的美国资本市场中占据主导地位的仍然是大型公共项目发行的普通股和债券,而投资者对于这些高风险且回报不确定的投资机会并不看重,在此情况下新兴制造类企业开始着力发行优先股(被称为"工业优先股")。[2] 美国最早的案例是 The New England Worsted Company 发行优先股,该公司经营毛纱和毛毯,最初公司股权架构中仅有普通股,后由于业绩下滑,普通股融资难以为继,为了应对经营困境,该公司于1851年开始发行具有优先分红权的普通股。虽然该公司后来仍难逃倒闭命运,但是开了工业优先股的先河。之后,其他工业企业也逐渐意识到优先股融资的作用,工业优先股开始大行其道。由于其股息率高于当时的政府债券和大型基础设施建设项目所发行的债券利率,因此很快获得了投资者的青睐。

随着大型公用事业企业以及工业企业对优先股融资的广泛运用,美国优先股发行变得越来越普遍,各州陆续立法放弃专门授权,改为设定发行条件,满足条件要求的企业即可发行优先股。此时,优先股与普通股的区别也逐渐清晰。尤其是在表决权方面,越来越多的企业开始发行无表决权的优先股,同时可转

---

[1] 参见曹立:《权利的平衡:优先股与公司制度创新》,中国财政经济出版社2014年版,第62—63页。

[2] See George Heberton Evans, Jr., The Early History of Preferred Stock in the United States, The American Economic Review, Vol. 19, No. 1, 1929, pp. 43, 45-47.

换优先股也日益盛行。[1] 经过这两大调整,优先股的权利日趋明确和完善。

(二)金融机构资本监管要求的满足

虽然优先股的发行源于大型公用事业企业及大型基础设施建设项目中的巨额资金需求及财务困境,但是随着优先股的发展及其权利内容的不断完善,它在其他投资语境中亦发挥了重要作用。优先股作为一种股权形式,在满足某些权利设置要求的情况下,可以计入公司的权益资本。除了可充实公司的资本负债比率,提高公司负债能力外,这一优势对于商业银行等某些受监管行业而言,更具有重要意义。2008年国际金融危机首先爆发于商业银行和投资银行等金融机构,西方主要国家的银行业蒙受了巨额资产坏账损失,一方面使金融机构的安全及整体经济的稳定受到威胁,另一方面也严重影响了金融机构进行债务融资的能力。在资本市场股价狂泻之际,金融机构也难以通过普通股进行股权融资。为了应对危机,西方国家大多采用优先股来拯救金融机构,优先股作为权益资本的优势凸显出来。这一时期较为引人关注的就是美国政府以优先股方式向花旗银行、摩根大通、高盛银行等金融机构注资,以及巴菲特斥巨资购入高盛银行优先股等案例。[2] 这些举措使优先股在2008年金融危机中大放异彩,充分展现了"困境融资"功能,为全球多家大型银行渡过危机发挥了至关重要的作用。

鉴于优先股在金融危机中展现出的优势,2010年《巴塞尔协议Ⅲ》全面强化了商业银行等金融机构的资本充足率监管,对商业银行资本构成以及资本充足率设定了严格的标准,[3] 同时提出可以采用优先股作为"其他一级资本工具"补充一级资本充足率。通过发行优先股来补充一级资本,能够避免大量发行普

---

〔1〕 参见曹立:《权利的平衡:优先股与公司制度创新》,中国财政经济出版社2014年版,第65—67页。

〔2〕 参见赵刚:《美国政府不惜代价拯救花旗银行》,和讯网,2008年11月25日,http://bank.hexun.com/2008-11-25/111597921.html,2020年10月5日访问;《巴菲特购买高盛优先股》,经济参考报官网,2008年9月25日,http://www.jjckb.cn/cjrw/2008-09/25/content_120467.htm,2020年10月5日访问。

〔3〕 参见杨海平、陈明:《当前中国商业银行发行优先股问题研究》,载《浙江金融》2014年第2期。

通股所造成的股权稀释以及对股价的冲击,还可利用股息支付区别于负债利息支出的非强制性特征避免现金流危机。[1] 但是,为满足"其他一级资本工具"的合格标准,银行优先股需要具备足够的"损失吸收"能力。[2] 对此,在中国银监会 2012 年公布《商业银行资本管理办法(试行)》后,中国银监会和证监会 2014 年联合出台《中国银监会、中国证监会关于商业银行发行优先股补充一级资本的指导意见》,明确了商业银行发行优先股的具体规则:银行发行人需设置强制转股条款、银行有权取消股息支付以及非累积股息条款实现优先股的损失吸收功能;商业银行发行包含优先股强制转股条款的,应采取非公开方式发行。监管框架决定了银行优先股权利设置的基本思路,为满足对发行人的监管需求,牺牲了优先股股东的某些标准优先性权利。但是,银行业稳定的经营业绩和持续盈利能力,对需要稳健投资并获取长期回报的投资人仍然具有一定的吸引力。

(三)创业企业私募融资模式的选择

如前所述,除公众公司外,真正充分展现优先股特性的则是创业企业。优先股在创业企业的融资中发挥了独特的功能,它所提供的灵活性容纳了融资过程中投资属性的差异,有效促进了创业企业中资本与创意的结合。[3] 实证研究显示,在美国,大约 95% 的创业企业采用可转换优先股作为融资工具。[4]

相对于公众公司而言,创业企业的融资不仅具有相当大的难度,而且也面临着特别的风险。其一,由于高风险与高不确定性的存在,创业企业融资不能

---

[1] 参见〔美〕本杰明·格雷厄姆、戴维·多德:《证券分析》(原书第 6 版),徐彬、陈幸子、张宇等译,中国人民大学出版社 2009 年版,第 176 页。See also David Emanuel, A Theoretical Model for Valuing Preferred Stock, *The Journal of Finance*, Vol. 38, No. 4, 1983, pp. 1133-1155.

[2] 参见王胜邦、刘鹏、徐惊蛰:《商业银行优先股破题》,载《中国金融》2014 年第 10 期。

[3] 参见于莹、潘林:《优先股制度与创业企业——以美国风险投资为背景的研究》,载《当代法学》2011 年第 4 期。

[4] 参见曹立:《权利的平衡:优先股与公司制度创新》,中国财政经济出版社 2014 年版,第 87 页。

单纯采用普通股方式,此类融资面临被极端放大的代理成本风险——委托/代理关系而产生的管理风险以及创始人对企业控制权的珍视和企业发展对创始人全身心投入并主导运营的依赖。其二,创业企业融资也难以单纯采用债权工具,除过高的资产负债比会导致债权融资困难外,债权人对其债权优先性以及对企业投资风险的把控能力也会存在担忧:债权人难以控制在其债权产生后公司后续的债权融资行为,也难以防止其他更优先受偿的债权人获得优于他的请求权。此外,债权投入公司后,由于信息不对称,债权人也无法控制创始人和公司管理层对经营风险和经营策略的选择。同时,普通股股东与管理层也担心因到期债权无法获得满足导致债权人过早申请公司进入破产程序。而优先股则能够较好地解决这些担忧。

优先股的灵活定制属性、适应性效率以及因势而定的控制权安排,恰好能满足创业企业投融资各方的需求。投融资各方之间足够灵活的权利义务设计,契合了创业企业在初创期的典型特征及需求:原始股东需要获取资金支持,但同时又希望由自己主导企业发展,将创意转化为产品来证明其市场效益;企业处于早期发展阶段,远未达盈利水平,无法吸引普通股股东或债权投资人;能够吸引到的投资者因信息不对称,不愿过多参与企业日常经营,但又不想放弃企业未来良好预期及必要时对企业的控制权,并希望保留灵活退出渠道。这种特殊情境表明,创业企业融资机制不同于成熟企业在公开市场开展的融资。对于高风险且高资金需求背景下的创业企业而言,创意的实现必须获得资本的支持。同时,创始股东除掌握企业核心技术外,还需要把握企业控制权,以便实现对企业发展及运营方向的掌控。特别是在企业处于稳定上升期的良性发展阶段时,应鼓励创始股东对企业的控制,因为从效率角度而言,创始股东是本企业项目运作领域的专业人士,其商业判断不应受到资本的过度干预。但是,在企业遭遇困境难以实现后续发展之时,则应对企业控制权实施转移,此时资本提供方及时作出止损决策亦是效益最大化的体现,能够避免创始股东在困境中利用投资者的资金采取激进措施实施冒险活动并将失败风险全部转移至投资者。优先股的权利构造中除正常经营状态下的优先分红权、清算状态下的剩余资产分配优先性权利外,还存在表决权限制与恢复、回赎安排等涉及控制权转移的设置。在企业陷入困境时,优先股股东可利用其在清算与回赎方面的话语权,迫使创始股东重回谈判桌，对企业未来发展方向重新酌定，以避免创始股东利用其控制权对优先股股东的利益完全忽视从而产生巨大的代理成本。

第三节 优先股权能的类型化

优先股最大的优势在于以合同方式灵活设定股权权利内容，实现优先性权利设置。作为不同发展阶段的公司，创业企业与公众公司对公司资本构成、控制权保留、资金需求及未来盈利等方面的偏好和预期具有相当大的区别。公众公司已经进入成熟稳步发展阶段，可以较强的资本基础作支撑，逐步实现规模扩张，经营风险与未来发展的不确定性大大低于创业企业，融资渠道来源与偿付能力也优于创业企业，故无须通过牺牲控制权来换取资本，也更善于利用优先股的灵活性和自适性从自身需求出发设置优先性权利内容。封闭公司，尤其是处于发展早期的创业企业，其选择优先股作为融资工具乃基于优先股工具可以通过合同将投融资各方的不同需求融入其中，实现个性化安排并保留未来可能性。因此，封闭公司优先股的设置具有更大的灵活性，相较于公众公司，其优先性权利内容也具有更大的多样性和非典型性。本节拟从不同的优先性权利要素出发，介绍优先股的类型化情况。

优先股所涉权利设置通常包括如下方面：资产优先性权利（优先清算）安排、分红规定、投票权安排、回售与回赎安排、转换规定等。在美国，公开市场上的优先股除具有优先清算权外，大多属非参与、可累积、可回赎、不可回售、不可转换类，通常不具有投票权。

一、优先分红权

优先分红权是在公司有可分配利润时，按照优先股合同约定的标准优先于普通股股东获得分红派发的权利。分红优先是优先股优先性权利的主要表现，具体安排可由缔约方在合同中自行约定。常见的优先分红权类型包括：（1）固定分红优先股与可调整优先股。前者分红率不可以调整，在优先股发行时即确定；后者则可在合同中约定分红率，并可随相关条件（如银行利率）的变化进行调整。后者具有一定的弹性，便于对公司与投资者之间、普通股与优先股之间的利益进行动态调整和平衡;前者虽缺乏弹性,但信用较高,更利于优先股股东利益的保护。(2)累积优先股与非累积优先股。累积优先股在公司当年可分配利润不足以全额支付优先股的分红时,未获支付部分将在其后年度分红时进行补足,而非累积优先股的分红权益以公司当年的盈余为限,如未满足优先股的分红,则未获支付部分在以后年度不会再行支付。(3)参与优先股与非参与优先股。此种优先分红权分类乃基于优先股在获得优先分红后是否可与普通股共同参与超额利润的分配。前者在按照约定的顺序和比例获得分红后,如果公司仍有盈余,可以与普通股一道参与对剩余盈余的分配;后者则只能按约定比例获得分红,无权再参与盈余分配。

国外优先股实践中最常见的分红条款为固定股息率、可累积、非参与分红规定,在任何一个财务期间内优先股若未能获得约定的分红,则有权在后续财务期间内补足,在优先股的累积分红权未获全部满足前,不得向普通股进行任何形式的分红。对公司(更明确地说,是管理层和普通股股东)而言,累积分红权赋予其延期支付优先股收益的权利且不会产生违约责任,这就是优先股融资相对债权融资的现金流优势。但是,如果优先股分红非累积,且没有关于何种情况下控制权转移给优先股的约定,优先股股东的地位就会非常敏感,极易受到侵害。例如,普通股股东可以利用自己对公司的控制权保留所有盈利,自己放弃分红,同时也不向优先股分红。假设这种状况持续五年,到第六年时,普通股股东操纵公司向优先股支付当年分红(因为非累积),然后将剩余所有盈利全部用于普通股股东自己分红。这样,优先股的经济优先性未得实现,加之对收益的索取权事实上极大劣后于普通股,优先股股东就会陷入严重的机会主义侵害风险之中。为避免此种风险,各国公司法均以强制性规则介入,规定如果优先股连续几年(通常为2年)未获分红,则优先股股东的表决权恢复或同时获得对一定董事席位的选举权。[1] 非参与分红权意味着,优先股股东获得固定股息率分红后无权再参与普通股股东的分红,无权分享公司潜在的资本收益。

二、优先清算权

优先清算权是指优先股股东在公司清算时优先于普通股股东分得剩余财

---

[1] 参见本书第四章相关论述。

产的权利。理论上,股东的剩余财产分配权劣后于公司债券,股东是公司经营风险的最终承受者,优先股股东的剩余财产分配权也只是优先于普通股股东,但不能优先于公司的债权人。因此,优先股股东优先清算权能够在多大程度上实现,取决于公司剩余财产在向公司债权人进行偿付后的剩余财产情况。

优先清算权为投资人提供了收回投资本金的保护路径,优先股股东获得公司剩余财产分配的权利优先于普通股股东但劣后于债权人,为优先股股东提供了投资价值下行保护。[1] 普通股与优先股在公司清算时权利序位的不同导致二者对公司经营策略、风险偏好以及公司存续与否等立场产生差异,这一影响在公众公司中表现不甚明显,但在发行优先股的创业企业中则成为企业创始人与投资人之间角力的重点。

优先清算权作为优先股优先性的主要体现,是几乎所有优先股都具有的权利。但是,在不同的优先股合同中,对于何种事项可以触发优先股股东的该项优先清算权,往往有不同的约定。诸如公司发生资不抵债、被其他公司合并或收购、决议解散、停业等情况是否触发优先清算权的问题,在不同的优先股合同中有着不同的约定,因此引发各种纠纷并不罕见,是优先股股东权利保护所面临的主要问题之一,后文将对此进行详细讨论。

三、回赎权与回售权

回赎与回售是优先股退出公司资本架构的两种途径。

回赎条款赋予发行人回购优先股的权利,回赎可分为强制回赎与任意回赎。强制回赎是指在优先股合同条款中事先约定可回赎条件,同时约定一旦条件实现,发行人可以要求回赎优先股,优先股股东无权拒绝;而在任意回赎条款下,在发行人发出回赎要约后,优先股股东可选择将其优先股回售给发行人,也可选择继续保留优先股,拒绝回赎。

基于优先股的固定支付特征,发行人回赎优先股最重要的目的就是降低财

---

[1] 参见〔美〕埃兹·内尔肯编著:《混合金融工具手册》,齐寅峰、黄福广译,机械工业出版社 2002 年版,第 5—7 页。

务成本。[1] 发行人通过低成本的股票回赎高成本的股票从而节省资金,或者出于税务考量,以债券替换优先股,从而将税收上不可扣除的费用(优先股股息)转换为可扣除的费用(债券利息),提高普通股的收益。发行人何时会行使回赎优先股的权利,这个问题的答案与回赎债权的一致。从发行人的角度(也即普通股的角度)看,在利率降到优先股的分红率以下时,优先股所附带的固定收益请求权就变成一种负担。此时,对于发行人来说,最有利的做法是利用具有高优先级但是利率或分红率较低的证券来取代优先股。此外,回赎权也可以使普通股受益,原因如下:首先,回赎权可以免除公司对于优先股股东的其他义务,如在优先股合同中约定的业绩承诺;其次,税负考虑也会激励发行人通过发债回赎优先股;最后,回赎权使发行人可以强制或避免转换权的行使。

有关回赎价,没有法定的最低额限制,但是实践中一般不会低于优先股的发行价。事实上,由于优先股在发行时代表了一种有利可图的投资,只有在成为一种更加有利的投资时才会被回赎,而且优先股股东厌恶发行人的单向回赎权,因此回赎价通常会包含发行价之上的一个溢价,以补偿投资人无法获得有利投资的损失。

回售条款为优先股股东提供了主动退出投资的渠道。优先股的价格波动性低,市场流动性不高,因此优先股的交易方式以协议转让(而非集中竞价交易)为主,而回售选择权赋予优先股股东在约定条件下强制发行人回购其股权并退出的权利。对于发行人来说,优先股股东享有回售选择权,可能导致公司资本架构的不稳定,并对公司的自由现金流产生威胁,因为公司随时可能需要根据回售要求向优先股股东支付现金。

退出主动权的争夺在公众公司与创业企业优先股发行中显示出截然不同的局面。公众公司在优先权利设置上处于明显的强势地位,为避免回售条款造成的现金流危机,大多选择设定回赎权而拒绝回售条款。例如,美国公开市场上的优先股大多为可回赎不可回售型。这意味着,优先股作为资本投资,与普

---

[1] 参见〔美〕弗兰克·J.法博齐编著:《固定收益证券手册》(第六版),任若恩、李焰等译,中国人民大学出版社2005年版,第306页。

通股一样和公司同步存在,只有在公司清算或终止等情况下才能获得返还。[1]相反,在创业企业语境中,资金需求强烈而融资渠道匮乏的发行人面对强势投资人时明显处于谈判劣势地位,投资人为规避风险,保证未来通畅退出,会将回售条款视作其优先性权利的重要构成部分。

四、转换权

优先股的固定收益特性表征了其下行保护功能,并因此使得优先股难以产生明显的价格波动,优先股股东无法分享公司业绩增长红利及上行收益。针对这种情况,有一些优先股中会设置转换权条款,在优先股合同中约定依据一定的条件将优先股转换为普通股。转换权条款的主要内容包括:转换期限,约定优先股在发行后多长时间可以进行股份转换;转换价格;转换比例;选择权安排,约定该转换为强制性转换还是任意性转换。

关于优先股转换为普通股,"对发行人而言,其好处是较低的发行成本和较少的契约限制;从投资人角度,投资者要参与分享基础股票未来价格发生有利变化的好处,就必须为获取参与权支付对价"[2]。但是,发行人同时也面临着资本结构的不确定性,因为转换权的行使将改变公司现有资本结构。因此,美国公开市场上的优先股大多数属不可转换优先股,不可转换意味着优先股股东无法期待分享未来公司增长带来的资本升值空间,[3]即未获得优先股的"期权投资",[4]从而降低了优先股随公司经营状况及盈利预期而波动的可能性。

然而,对于创业企业私募投资而言,情况则完全不同。私募投资人选择在创业企业发展早期进入企业,目的就是把握早期的低估值并期待企业未来获得快速发展,以获取发展红利。优先股工具可以承载早期高风险阶段的风险控制功能,但是在企业发展到一定阶段并开始展现盈利前景后,如果仍然保留优先

---

〔1〕 See William W. Bratton, *Corporate Finance: Cases And Materials*, 7th Edition, Foundation Press, 2012, pp. 618-619.

〔2〕 〔美〕弗兰克·J.法博齐编著:《固定收益证券手册》(第六版),任若恩、李焰等译,中国人民大学出版社 2005 年版,第 969 页。

〔3〕 同上。

〔4〕 参见曹立:《权利的平衡:优先股与公司制度创新》,中国财政经济出版社 2014 年版,第 51 页。

股,则会阻碍投资人获得高额收益,有悖私募投资的初衷。因此,创业企业私募投资中的优先股,绝大多数都附有转换权条款,约定在达到一定条件的情况下,如在公司首次公开发行(IPO)之时,私募投资人所持优先股将转换为普通股。

五、投票权

优先股是体现权利平衡的设计。通常来说,作为获取财产优先性权利的对价,优先股股东需要让渡投票权。在普通股股东看来,优先股股东在获得了合同约定的固定收益后,不应再参与公司决策,其背后的理论为:普通股股东是运营收益的剩余索取权人,且是首要的风险负担者,理应拥有对公司管理人员及重大经营决策的决定权。而优先股作为固定收益证券,拥有财产收益方面的优先权利,在对公司事务的管理上应类似于债券持有人,站在公司外部。[1] 因此,美国公开市场上的优先股大多不具有投票权。

事实上,上市公司发行的优先股通常仅占资本架构中非常少的部分,即使按比例赋予其投票权,优先股股东也无法获得董事会席位或者公司重大事项中的话语权,若优先股股东仅享有普通投票权而不作其他投票权安排,则无法保障其作为少数且单独类别股东的权益。因此,让渡日常情形中的投票权并获取特殊事项中的表决权,才能更有效保障其优先权利。[2] 这类投票权在实践中被称为"期待性权利"(contingent right)[3]。期待性权利的内容包括在公司分红中断时选举一定数量董事的权利,以及在优先股权益因公司章程变更或其他事项而受到影响时的类别表决权,也称"表决权复活"[4],优先股股东以此获得保护自身权益的路径。公众公司优先股通过公开发行的方式进行"一对多"销售,投资者无法获得谈判协商条款内容的机会,有关投票权条款设置乃由发行

---

[1] See William W. Bratton, *Corporate Finance: Cases And Materials*, 7th Edition, Foundation Press, 2012, p. 611.

[2] See Bill D. Cox, Preferred Stocks: Usage and Characteristics, *Journal of Applied Business Research*, Vol. 9, No. 4, 1993, pp. 33-38.

[3] 根据《元照英美法词典》,"contingent right"被译为"不确定的权利,期待性权利",该权利之实现取决于之前某一条件之履行或事件之发生与否。

[4] 朱慈蕴、沈朝晖:《类别股与中国公司法的演进》,载《中国社会科学》2013年第9期。

人自行设定。为保护公众股东的利益,各国公司法在设置优先股股东权利的强制性条款时,一般会针对优先股股东的类别投票权和表决权恢复内容进行重点规制,规定强制的表决权恢复要求以及及时信息披露义务等,以此作为优先股股东权利保护的主要手段。[1]

在创业企业投融资谈判中,投资人接受创始股东及企业创始团队在公司正常经营过程中的主导权和对企业的控制,但是为保障投资安全,通常会设定业绩目标及公司治理要求,并约定在公司经营出现某些状况时由投资人获得对公司的控制权,如董事选举权及重大事项的一票否决权等。此时,投票权安排乃投资人与创业企业家进行谈判并防控后者机会主义行为的有力法律保障。因此,不论是在公众公司还是封闭公司,投票权安排都是优先股股东权利保护中的重要内容。

---

[1] 详见本书第四章有关论述。

第二章
优先股股东权利保护的必要性与保护路径

 优先股股东是一类特殊股东,在分红、清算、转换、回购等一类或几类财产性权利上优先于普通股股东。优先性权利本质上是对公司财产优先于普通股股东的分配权利,而此类优先性分配权利的后果是由普通股股东来承担的。实际上,公司财富的分配是一种零和博弈。不论公司发展速度快慢,任何一种分配都是在普通股股东与优先股股东之间的利益分割。优先股股东享有公司财产优先分配权可能导致其与公司普通股股东乃至与公司外部债权人之间内在、持续的利益冲突:公司经营成功时,能持续产生利润,大家尚能各得其所,而一旦公司盈利下滑或现金不足(这很常见),各种内在利益纷争可能立即突显。同时,普通股股东与优先股股东之间利益冲突的解决,除涉及优先股合同解释外,还夹杂着董事会在主导公司运营及利益分配过程中的作用以及公司法信义义务等各种传统公司法中本来就争议不断的问题,使得冲突更加复杂和难以解决。

 考察境外优先股发达国家尤其是美国的优先股制度实践,可以发现它们对优先股股东权利的保护采用了区分规制路径,区分为事前规制与事后规制:事前规制多利用倡导条款或强制性条款进行干预,倡导条款借助默示条款或菜单式条款来引导当事人有效率的行为,强制性条款则规定当事人不得约定排除的条款,通过国家干预抑制过度私法自治产生的负外部效应;事后规制则依赖法院对各方利益进行再平衡——法院通过对优先股合同进行解释,以及对公司法董事、控股股东信义义务的适用,实现对优先股股东权利范围的司法判定。

第一节 优先股与普通股利益冲突产生的原因

一、投资动因所致风险偏好差异

优先股是股票,所以在理论上优先股股东被认为对公司拥有所有权,优先股股东是公司成员之一,公司董事和管理层对其负有责任。但是,优先股的优先性权利又具有合同性,由公司章程规定。优先股股东被赋予优先于普通股股东的分红和清算等优先权,在某些情况下还拥有强制回赎权等优先性权利,这些优先性权利的对价其实都是由普通股股东承担的。如果企业发展顺利,优先性权利安排会顺畅运行——企业创造充足的现金流,优先股股东的分红回报率高于债券持有人所获的回报。但是,企业一旦发生运营困难,即使并非致命困境,也会改变这种和谐的运行状态:企业资金即使可偿付优先分红,但是若董事会决定将盈余重新投入企业以确保业务顺利开展,则会暂停支付优先股的分红。如果优先股是累积分红安排,未支付的分红将逐渐累积,且在优先股未获全部支付的情况下,企业不得向普通股发放分红。在此情况下,由于在短期内无法有预期良好的现金回报,市场前景不好,必然会影响企业通过发行普通股再行融资的能力。随着累积未付分红的金额逐渐增加,发行人的股权资本架构越发丧失功能,并可能导致企业的经营收益几乎全部归属优先股,优先股所附带的优先性权利甚至会演变为阻碍企业整体发展的桎梏。

从经济角度看,作为公司资本架构中相对于普通股的高级证券持有人,优先股的收益主要来自固定分红和优先清算,而非源自资本红利或公司盈利增加,因此优先股股东在经济收益方面的地位类似于公司债权人,从公司业绩提升中获益的空间微乎其微。同时,由于优先股的分红率固定,收益超过预期上浮的可能性很小,因此优先股的主要优势在于下行保护。[1] 但是,这种保护也

---

[1] See William W. Bratton, Venture Capital on the Downside: Preferred Stock and Corporate Control, *Michigan Law Review*, Vol. 100, No. 5, 2001, p. 915.

很有限,优先股作为股权,在公司清算时的位序处于倒数第二位,仅优先于普通股股东。如果公司业绩很差,优先股同样无法获得固定分红和清算价值。优先股享有的"高级索取权"(senior claim)决定了其股东不愿意从事过高风险项目,但普通股股东作为剩余索取权人,却愿意以高风险换取高收益,这就存在激励偏差。例如,假设某公司现有优先股的清算价值为 1000 万元,在运营不畅、业绩出现下滑之际,公司收到一项 1000 万元的收购要约。股东可以选择接受要约,或者拒绝要约并聘请一个专业管理团队改善运营。再假设有 75% 的可能性是公司运营确实得到改善,并且要约价格提高到 1500 万元;而 25% 的可能性是运营未得到改善,市场状况变差,收到的最高要约价为 800 万元。如果公司由普通股股东控制,则普通股股东会选择拒绝要约并努力改善运营,因为接受当前收购要约可能意味着普通股股东一无所获,所有收购对价都要支付给优先股股东。而如果优先股股东控制公司,[1]则极有可能不愿意承担这个风险而选择直接接受与其上限收益对等的 1000 万元收购要约,即时获取当前确定收益,毕竟改善运营的尝试可能带来 200 万元损失的风险。这就是典型的因高级证券持有人的风险厌恶而牺牲企业价值的情况,高级证券持有人会清算其投资并撤回资本,即使这可能损害企业内在价值,并侵害普通股股东的合法权益。[2]

二、股东权利配置所致控制权差异

优先股股东在获得经济优先性权利的同时,让渡了正常经营过程中对公司重大事项的决策权,而普通股股东则拥有对董事、管理层的任命权和重大事项的决策权。普通股股东作为公司最终索取权人,具有充分的动因设法实现自身利益最大化。同时,由于其对公司事务具有各种潜在影响力,因此存在普通股股东利用优先股股东的投资进行冒险和从事激进经营策略的可能性。

关于公司代理成本问题,最经典的表述来自迈克尔·C. 詹森(Michael C.

---

〔1〕 虽然在通常情况下优先股股东不拥有投票权和对重大事项的决策权,但是根据优先股的表决权复活规则,在公司业绩不佳的情况下,优先股的表决权会复活以及获得任命董事的资格,并可据此获得对公司重大事项的控制权。

〔2〕 See William W. Bratton & Michael L. Wachter, A Theory of Preferred Stock, *University of Pennsylvania Law Review*, Vol. 161, No. 7, 2013, pp. 1815, 1906.

Jensen)和威廉·H.麦克林（William H. Meckling），他们认为："在本人委托代理人提供某些服务并代其行使某些决策权的代理合同中，如果双方都是效用最大化者（utility maximizer），则有理由相信代理人并不总会为本人的最佳利益而行事。"[1]普通股股东通过管理层对公司实现控制时，不可避免地会出现普通股股东采取机会主义行为使自己获益而损害优先股股东甚至公司其他参与人（如债权人）利益的行为。例如，受普通股股东控制的公司董事会可能在公司资金池中进行资产零和"腾挪"，在未创造新增收益的情况下，将公司现有资产从优先股股东转移给普通股股东，也可能通过不当的自我交易进行资产转移，或者在公司面临困境时孤注一掷，从事高风险的项目将失败风险转嫁给优先股股东等，都是普通股股东与优先股股东之间冲突的典型场景。

事实上，即使不存在上述明显不公情形，普通股股东和优先股股东的内在冲突在公司重大决策中也极其常见，下面以公司资本架构变更适例进行说明：[2]假设某公司股本总额为1000万元，其中优先股10万股，普通股20万股；优先股股价为80元每股，普通股股价为10元每股。优先股拥有累积优先分红权以及优先清算权，即在清算时，公司需先向优先股股东支付每股80元的清算价值以及所有累积未付的分红，然后才可以向普通股分配清算资产。优先股的优先清算权加上未付分红已达到每股150元。如果获得新的资本注入，将会使企业状况好转。但由于企业资金紧张，且无法获得债权融资，比较可行的方式是发行新股进行融资。然而，优先股累积未付的分红成为一大障碍，毕竟发行的新股在短期内无法预期良好的现金回报，市场前景并不好，难以获得投资人青睐。一个可行的方案是通过资本架构重组将优先股转换为普通股，这样累积未付的分红就会消失，并且将资本架构变更为仅含普通股的结构，便利公司通过发行新的普通股方式再次融资。

假设为达到此目的，公司通过将未分配利润转增资本等方式，使公司股本

---

[1] Michael C. Jensen & William H. Meckling, Theory of the Firm: Managerial Behavior, Agency Costs and Ownership Structure, in Karl Brunner (ed.), *Economics Social Institutions*, Springer, 1979, pp. 163-231.

[2] See William W. Bratton & Michael L. Wachter, A Theory of Preferred Stock, *University of Pennsylvania Law Review*, Vol. 161, No. 7, 2013, p. 1826.

增加到 1200 万元，即在获得外部融资前，实现公司内部股本增值收益 200 万元。但是，该收益如何在普通股股东与优先股股东之间分配，存在几种不同的分配方案，同时也会导致不同的分配结果。其中一个极端是，每 1 股优先股转换为 8 股普通股，转换后该部分优先股对应的普通股数量为 80 万股，而原普通股数量保持不变，仍为 20 万股。此时，公司股份总量为 100 万股，对应 1200 万元的总股本，每一股估值为 12 元。那么，原优先股部分对应的估值将达到 960 万元，原普通股部分对应的估值为 240 万元。在这种分配方式中，资本重组收益几乎完全被原优先股股东获得，普通股股东收益甚微。与之相反的另一个极端是：每 1 股优先股转换为 4 股普通股，转换后该部分优先股对应的普通股数量为 40 万股；普通股数量保持不变，仍为 20 万股。此时，公司股份总量为 60 万股，对应 1200 万元的总股本，每一股估值为 20 元。那么，原优先股部分对应的估值为 800 万元，原普通股部分对应的估值为 400 万元。在这种分配方式中，资本重组收益将完全被普通股股东获得。在这两种极端分配方式之间存在一个折中选择：居中分配——将每 1 股优先股转换为 6 股普通股，转换后该部分优先股对应的普通股数量为 60 万股；普通股数量保持不变，仍为 20 万股。此时，公司股份总量为 80 万股，对应 1200 万元的总股本，每一股估值为 15 元。在这种分配方式中，转换后原优先股部分对应的估值为 900 万元，原普通股部分对应的估值为 300 万元，这样优先股股东与普通股股东整体各自获得 100 万元增值收益。

由此可见，当优先股的转换率低于 1∶6 时，收益分配将倾向于普通股股东。由于资本重组方案由董事会设计并交普通股股东表决，而董事会清楚知道，只有当重组方案中为普通股提出明确的收益前景时，普通股股东才会投票支持该方案。因此，不论是普通股股东还是由其控制的董事会和管理层，都会选择此区间内的转换比率来实现资本架构重组。在这一重组过程中，优先股股东原本拥有的累积未付分红被削减，且在转换为普通股后无法获得股权增值收益，权益明显受损。

当然，随着优先股股东权利的发展，针对这种对优先股权益不利的公司行为，已经发展出类别表决权机制等强制性规则保护手段。在美国，特拉华州和其他州的法律都规定，如果一项章程修改变更了某一特定类别股份的"权力、优先性权利或特定权利",则必须获得该类别股东多数的同意。该强制类别投票规则为单方修改章程设置了一票否决机制,要求所有对优先股股东权益产生影响的公司行为,必须获得优先股作为单独股票类别的投票通过方可实行。类别表决权机制为优先股股东提供了一定的保护,在发生对他们产生不利影响的章程修订等事件时,他们可以行使投票权实现自我保护。但是,优先股发展实践已经表明,类别股股东并非铁板一块,类别表决权中的多数决定原则仍然为机会主义的章程修订提供了空间,而且除章程修订外,普通股股东和董事会仍有可能在并购重组安排中通过并购对价的不当分配等方式对优先股股东权利实施侵害,增加代理风险。[1]

第二节 优先股与普通股利益冲突的类型

一、普通股股东与优先股股东之间的水平冲突

水平冲突之水平,意指该类冲突乃发生在公司资本结构中不同的参与者之间,争议焦点在于有限的公司价值的分配。与此种冲突相类似的关系是公司控股股东与少数股东之间的冲突。此外,公司中的水平冲突也会发生在股东、债权人、公司员工及其他参与人之间。

现代公司被视为财产的集合与输出机制,公司的存在过程被描述为"财产、利益通过公司人格而产生存在形态的变化,并且公司是将不同种类的财产组合在统一的公司人格之下",是为"资本化"。[2] 通过资本化过程,公司的平等和民主基于股份份额这一载体尺度而为股东所享有,同时也可能由此造成从主体角度出发的大股东与小股东平等的内容发生错位。在公司治理角度强调的是股权平等而非股东平等,因此以资本多数决为表征的资本民主原则就会造成公司中多数股权的杠杆效应,产生关联交易空间。控股股东可以利用所持股权构造批准关联交易,进行利益输送,按其意志转移公司资产,使少数股东的权益期待落空。这是公司控股股东与少数股东之间冲突的生动体现。公司大股东与

---

[1] 参见本书第五章相关论述。
[2] 参见邓峰:《普通公司法》,中国人民大学出版社2009年版,第267页。

小股东在话语权上的不平等状况促使小股东另外寻求保护自身利益的方式:让渡本就虚置的投票权,换取确定的回报承诺,实现实质上的股权平等。这事实上是优先股尤其是公众公司中优先股作为类别股出现的驱动因素之一。

公司各种参与人,包括股东(优先股股东与普通股股东)、债权人、公司员工及其他参与人,都依赖于对公司"蛋糕"的分割获取收益,在公司资金紧张时,便会出现利益相互冲突的情况。其中,债权人系依赖完整的债权合同获得对公司的请求权,公司员工和其他参与人,如公司供应商和因其他原因而产生的债权人,同样可以依据各自与公司之间的合同获得保护。此类请求权优先于股东对公司财产的索取权,且存续时间通常较短,确定的到期日届至后就可以要求强制履行。因此,水平冲突对普通股股东行为产生的主要影响在于风险策略的选择:如果普通股股东预见到现有公司资产在满足在先请求权人的要求后将难存剩余使其一无所获,则普通股股东会有相当大的动机采取激进经营策略,涉入高风险项目谋求高回报,并将经营失败风险转嫁给其他在先请求权人。

优先股股东作为一类股东,对公司资产的请求权仅优先于普通股股东、劣后于其他请求权人,且其优先性权利并非具有确定到期日的可强制执行的法定权利:如果公司无资产可供满足其优先分红权或优先清算权,优先股股东就无法强制要求公司支付。在此意义上,上文提及的控股股东利用关联交易进行利益输送的倾向,以及普通股股东采取高风险策略转嫁成本的危机,更是优先股股东面对的真实风险。

此外,公司资本化还有一个影响是以公司章程取代股东协议。公司决策具有组织性特征,这也是公司区别于合伙的主要差异之一。章程作为公司法人人格的自然派生,其公示性强于合伙合同或其他任何类型的合同,而且章程的变更程序也同样遵循资本民主的惯性,以资本多数决的程序实现。优先股优先性权利系以合同条款形式嵌入公司章程的。在优先股发行之初,投资人可以根据公司融资需求及市场状况获得谈判地位,与公司协商确定其优先股优先性权利内容并通过合同条款固定在公司章程中。然而,一旦合同条款进入公司章程,其变更就需要遵循章程修订标准流程,即以资本多数决进行批准。由此,在初始权利条款设定后,优先股股东便无法期待这些条款能够依据普通合同条款变更的原则,在获得优先股股东与公司双方一致同意的情况下进行变更,而必须根据章程自身规定的变更流程予以修订或取消。这样,普通股股东就有极大的可能利用其所持的多数股权对公司章程进行机会主义修订,从而损害优先股股东原本通过优先性权利条款获得的权益。亦如上文所述,即使类别表决权机制为优先股股东提供了一定的保护,但常见的是,优先股股东优先权利也会因公司发生并购或其他行为而导致相关条款灭失。

二、因董事会角色介入而引发的垂直或混合冲突

如前所述,公司在传统上被视为"财产的集合",公司存续的过程是将不同种类的财产统一在公司的人格之下。[1] 公司财产之上有不同层次的利益分配请求权,[2] 由此发生的利益冲突总体上可以分为两类:一类是纵向的利益冲突,主要是股东与以董事为代表的管理层之间的利益冲突,此类冲突可能产生大量的代理成本,基本上通过信义义务解决;另一类是横向冲突,主要是不同类型的投资者之间的利益冲突,如前述普通股股东与优先股股东之间的冲突即为显例。[3]

优先股股东权利的本质是股权,无还本付息的保障,优先股仍未摆脱股权及剩余索取权的属性,优先股与普通股一样"无法摆脱股权及剩余"[4]。虽然优先股合同规定了回赎条款,其回赎权与债权的关键区别是,债权人尤其是担保债权人可以在几乎任何情况下回收到期债权,而优先股股东回赎权利的行使却受制于公司法的管制,需满足公司法对资本维持等原则的要求,以满足对在前债权人利益的保护。

---

[1] 参见楼建波、马吾叶·托列甫别尔干:《管理层对优先股股东负信义义务吗?——美国特拉华州法院立场的演变及其对我国的启示》,载朱慈蕴主编:《商事法论集》(总第27卷),法律出版社2016年版,第220—241页。

[2] 参见邱海洋:《公司利润分配法律制度研究》,中国政法大学出版社2004年版,第37页。

[3] See Lawrence E. Mitchell, The Puzzling Paradox of Preferred Stock(And Why We Should Care About It), *The Business Lawyer*, Vol. 51, No. 2, 1996, pp. 449-450.

[4] Ibid., pp. 443, 472.

（一）纯粹的垂直冲突

公司董事和管理层与公司及其成员（股东）之间的矛盾冲突是纯粹的垂直冲突。资本化过程赋予公司以独立的法律人格，由此衍生出公司的另外一项核心特征：与股东分离的专门管理。[1] 一方面，董事会对公司进行集中或专门管理，可以有效提高公司运营效率，避免公司因股东众多而无法频繁、快速召集会议并作出有效决策，同时也可利用董事作为职业经理人的专业技能，更好地实现公司的经营目标。根据伯利和米恩斯提出的两权分离理论，公司独立人格的意志行使者主要是董事会，董事会通过集体决策实现对公司的管理职能。

另一方面，公司两权分离使董事和其他管理人员负有信义义务：公司董事和其他管理人员作为受托行使公司管理权力的人，必须为信义义务"受益人"（beneficiaries）的利益而正直行事。[2] 在传统合同法领域，信义义务并不常见，因为合同各方当事人在激烈详尽的讨价还价之后，应严格依照合同约定履行，信义义务没有多少存在的空间和必要性。但是，在将公司作为合同束的理论中，公司是持续性的合同。有些合同是明确的，如供应商、公司雇员和债权人（债券持有者）与公司之间的合同，但是也有一些合同，如股东与公司之间的合同，需要持续相当长的时间（公司整个存续期间）。在缔约之初，人们无法详察未来可能发生的一切情况，因此无法针对所有偶发事件的处理进行提前安排，导致此类长期合同存在不确定性。而这种不确定性带来的风险都由公司股东这个剩余索取权人来承担。据此，公司合同理论认为，公司股东乃依据不完整合同进行投资。在这种开放式的合同关系中，管理层成为股东的代理人，但是股东无法详尽规定代理人的职责。因此，要使股东对其投资有信心并获得控制边际风险的能力，最有效的方式就是要求管理层努力并诚实地工作——这就是公司法将信义原则的保护配置给公司剩余索取权人的理由。如有学者认为，普通股拥有剩余索取权以及选举董事的权利，需要依赖董事会的能力与忠诚以及

---

[1] 参见〔英〕保罗·戴维斯：《英国公司法精要》，樊云慧译，法律出版社2007年版，第10页。

[2] 参见〔美〕弗兰克·伊斯特布鲁克、丹尼尔·费希尔：《公司法的经济结构》（中译本第二版），罗培新、张建伟译，北京大学出版社2014年版，第90页。

公司法的强制性条款获得对其投资的保护。而保护这种依据信义原则的信赖，比强迫普通股投资者事先详尽约定董事义务更有效率。[1]

总之，在两权分离下，公司的独立意志由以董事会为代表的管理层形成。这种专门管理可以极大地提高公司的管理效率，避免因股东异质化而产生的管理低效。同时，管理者也可以利用自身的专业技能，更好地为公司的发展谋利益。但是，两权分离也可能导致管理者寻租、侵害股东利益等情形的出现，产生代理成本。如果公司管理层滥权、自我交易，损害公司利益，那么所有股东的利益具有一致性，无论是优先股股东还是普通股股东，都可以要求公司管理层承担违反信义义务的责任。

(二) 混合垂直因素的水平冲突

理论上，董事会作为公司治理结构中的重要环节，是公司的章程性机构，拥有独立的职能，行使公司章程所赋予的权力，是公司而非股东的代理人。[2] 然而，如果公司资本架构中仅存在一种股权类别，董事对普通股股东负有信义义务，董事运营公司应努力实现普通股股东利益最大化。[3] 这种论断倒也没有问题。但是，若公司资本架构中有普通股以及优先股等类别股份，问题就会变得复杂。在通常情况下，普通股股东可以通过选任公司董事的方式对董事会形

---

[1] 合同法领域奉行的最高指导原则（或称"帝王原则"）是"诚实信用原则"（good faith，也译为"善意原则"），而在公司法领域为弥补公司合同无法详尽约定的缺陷所树立的主要原则是信义原则。信义原则与诚实信用原则的区别在于：第一，二者来源不同。合同中的诚实信用原则用于弥补合同语言的模糊和不确定性，源于对合同的尊重，以确保合同被不多不少地执行。信义义务则适用于权力不对等的场合——一方被授予对某事的权力和责任，另一方会因此而受到影响，故被授予权力的一方在履行责任时应受到限制——须对另一方忠诚，有时甚至会要求受托人为了委托人的利益而进行自我牺牲。第二，信义义务的标准高于合同善意。因此，信义义务优先于合同义务适用。See Lawrence E. Mitchell, The Puzzling Paradox of Preferred Stock (And Why We Should Care About It), *The Business Lawyer*, Vol. 51, No. 2, 1996, p. 443.

[2] 参见〔美〕保罗·戴维斯：《英国公司法精要》，樊云慧译，法律出版社 2007 年版，第 123—124 页。

[3] See Lawrence E. Mitchell, A Theoretical and Practical Framework for Enforcing Corporate Constituency Statutes, *Texas Law Review*, Vol. 70, No. 3, 1992, p. 603.

成事实上的控制。[1]问题是,如果董事总是以普通股股东利益最大化原则行事,优先股股东被隔绝在股东与公司关系之外,完全寄托于合同起草及条款约定,那么其利益将会被置于巨大的代理成本风险之中。该情形可被视为某种"由大股东控制的董事会利用其控制权损害'少数'优先股股东利益"的行为,会加剧普通股股东与优先股股东之间的水平利益冲突。

优先股股东与普通股股东之间的利益冲突为水平冲突,公司董事和管理层与公司及其成员(股东)之间的矛盾冲突为垂直冲突。但是,在同一项交易中,水平冲突与垂直冲突经常同时交织在一起,无法分割。如果公司董事会成员拥有较多普通股股权,就可能出现董事作为股东的合法经济利益与其所拥有的公司权力结合在一起的局面,其结果是产生混合利益冲突。此外,即使董事没有明显的自私行为,仍会因董事迎合普通股股东利益的行为而使优先股股东利益受到损害。

掌控公司经营的董事会的介入会使司法解决优先股与普通股之间利益冲突变得更加困难,董事会负责公司经营安排及收益分配的具体工作,其决策的倾向性以及所遵循的原则将直接影响利益分配结果。如果其决策对一方有利,便会直接对另一方造成损害。那么,董事会应该向谁负信义义务?20世纪早期,人们普遍认为董事和管理层向公司负责,而非向股东负责,优先股股东与普通股股东为同一共同体,二者无区分。[2]如果优先股股东认为其权益受损,需基于合同约定向公司(而非普通股股东)寻求救济。但是,随着公司实践的发展及判例的不断丰富,人们逐渐从现实中意识到,董事和管理层应该向股东负责,而不是向公司整体负责。而如果股东具有不同类别及不同的利益诉求,则无法继续被视为同一整体,利益分野就会导致问题产生。优先股股东与普通股股东之间存在明显的利益分野,优先股股东难以获得资本增值收益或者从公司盈利

---

〔1〕 如前所述,通常情况下,优先股股东为了获取经济优先权,需要让渡对公司经营事项的投票权,包括选举董事的权利;而在公司陷入困境或者未能按期支付优先股分红达到一定期限时,优先股股东的表决权会复活,获得选举一定数量董事席位的权利。因此,此处强调的是在公司正常经营的情况下,董事通常系由普通股股东选举产生。

〔2〕 See Lawrence E. Mitchell, A Theoretical and Practical Framework for Enforcing Corporate Constituency Statutes, *Texas Law Review*, Vol. 70, No. 3, 1992, pp. 595-599.

增长中获利,其投资回报通常是通过固定分红取得,类似于获取利息收入的债权。基于此,优先股收益提高的空间非常受限,无法从公司业绩增长中获益。同时,优先股与债权不同,几乎没有权利回收资本本金,公司在正常经营中无须向优先股股东返还出资本金,这为董事和管理层的公司价值最大化活动提供了又一项资金来源。但是,其价值最大化的受益者是普通股股东,而非优先股股东。换句话说,董事和管理层固有的谋求普通股股东利益最大化的观念,将减损优先股股东所能受到的保护。而如果公司在正常经营之外发生并购重组,也会出现公司并购资金的分配问题,因为在公司被并购时,并购对价这一"蛋糕"具体且确定,优先股股东与普通股股东对该"蛋糕"的分配就是典型的零和博弈,一方收益的增加将直接以对方收益减损为代价。

优先股具有股权属性,虽然在其中能获得的收益相当有限,但其股东选择投资优先股而非其他安全性更高的投资工具,如国债,或者直接以债权向公司投资,说明其股东已知悉并且愿意承担优先股中附带的投资损失风险,并已将风险内化在其所期待的分红率收益之中。然而,这种风险应该是在经营中自然存在的、可以合理预见的商业风险,并非因董事和管理层的倾向性行为而被恶意损害的风险。如果董事和管理层为了谋求普通股股东利益最大化,构建一项交易的目的并非创造新的价值,而是为了将现有公司资产从优先股股东处转移给普通股股东,则不属于优先股股东在投资之初可合理预见的风险范围,也不属于优先股股东应当承担的风险。优先股的优先性权利具有合同性,合同条款中明示的风险及授权董事和管理层交易的范围,虽然可能对优先股股东造成不利影响,签订合同也即表明其愿意承担此类风险并同意授权,但是这种授权及交易的目的应该是为公司创造价值,从而增加优先股证券的安全性并随之提升其证券价值,绝非授权董事和管理层恶意剥夺优先股股东的财产。

第三节 优先股与普通股利益冲突的典型场景

一、章程变更

优先股的优先分红权会对公司运营和业绩表现造成压力。在累积优先股中,如果公司业绩不佳,优先股股东的当季分红未获满足,就会持续累积,且在其分红未得到全部支付前,普通股股东无法获得分红。这种优先性权利约定除了影响普通股股东的收益外,还会对公司后续融资能力以及股权资本架构的功能产生影响。因此,在公司陷入困境时,普通股股东就会有强烈的改变优先股优先性权利条款的诉求,希望通过取消累积未付的分红或强制转换等方式消除优先股影响。由于优先性权利系通过合同约定并以章程载明,因此最直接的变更方式就是修订公司章程。虽然美国等国在有关优先股的法律规定中大多设有类别投票权条款,要求涉及优先股权利变动的事项应获得一定数量优先股股东的投票通过,但是在实践中,此类事项获得优先股投票通过的情况还是很多,即使通过的后果是对优先性权利产生不利影响。[1] 其原因主要在于,优先股股东在与普通股股东的谈判中处于弱势地位,难以改变由普通股股东主导谈判并决定结果的局面,而且类别投票权中同样适用多数决原则,少数优先股股东即使反对修订章程,亦难以实际影响投票结果。[2] 由此,章程中优先股权利条款的变更,成为激发优先股与普通股之间冲突的一个主要触发点。

因章程修订引发优先股与普通股之间冲突的一个典型案例是美国1943年Goldman v. Postal Telegraph Co. 案[3](以下简称"Postal 案")。Postal Telegraph Co.(以下简称"Postal 公司")是一家特拉华州公司,同意向另一家特拉华州公司 Western Union Telegraph(以下简称"Western Union")转让其所有资产。根据 Postal 公司章程规定,如果公司进行清算,则在普通股股东获得分配前,所有的优先股股东有权获得每股60美元的清算价值。1943年7月5日,被告 Postal 公司向股东提出了三项提案要求表决:(1)将公司所有资产出售给 Western Union,条件是 Postal 公司的股东批准对公司章程进行修改;(2)修改公司章程,规定 Postal 公司的非累积优先股持有人的每股60美元清算价值以 Western Union 的 B 类股票替代;(3)Postal 公司解散。在1943年8月10日召开的股东会上,原告作为优先股股东明确表示反对这三项提案,但是

---

[1] See Charles R. Korsmo, Venture Capital and Preferred Stock, *Brooklyn Law Review*, Vol. 78, No. 4, 2013, pp. 1163-1177.

[2] See Victor Brudney, Standards of Fairness and the Limits of Preferred Stock Modifications, *Rutgers Law Review*, Vol. 26, No. 3, 1973, pp. 451, 456.

[3] Goldman v. Postal Telegraph Co., 52 F. Supp. 763 (D. Del. 1943).

表决仍然达到了要求的投票数,提案获得通过,随后引发诉讼。

Postal 公司与 Western Union 的协议约定,作为将 Postal 公司全部资产转让给 Western Union 的对价的一部分,Postal 公司将获得 Western Union 的 308124 股 B 类股票。这些 B 类股票的价值总额低于 Postal 优先股的清算价值总额。Postal 公司自 1940 年 2 月 1 日到 1943 年 5 月 31 日持续亏损,亏损金额累计达到 1350 万美元。根据修改前的 Postal 公司章程,如果将此次资产并购视同一般的清算,并购对价将全部支付给优先股股东,普通股股东则将一无所获。

为达成此项交易,根据特拉华州法律,需要经 Postal 公司股东过半数投票通过。Postal 公司发行在外的优先股为 256770 股,普通股为 1027076.6 股。因此,即使所有的优先股股东全部投票支持这个方案,仍需要获得大约 40 万股普通股股东的投票支持方能保证决议通过。为获得普通股股东支持,Postal 公司的董事认为需要对优先股股东在清算中的权利作出修改,规定在 Western Union 支付的全部 308124 股 B 类股票中,将 256770 股以等额兑换的方式分配给 Postal 公司的优先股股东,剩余的 51354 股分配给 Postal 公司的普通股股东,兑换比率为每股 Western Union 的 B 类股票兑换 20 股 Postal 公司的普通股。原告提起诉讼并反对此项交易约定,要求履行其优先清算权约定,理由是:根据特拉华州有关法律,其优先清算权是由修改前的公司章程赋予的。

本案焦点在于,Postal 公司是否可以修改公司章程作为交易条件,以达成交易。对此,法院认为,法律规定公司章程可以在需要时进行修订,其含义是可以在任何时间修订章程,对于这项权利的行使并没有场合或是否紧急等条件的限制。法院没有理由禁止特拉华州公司以修改公司章程作为交易条件的一部分而实现资产的出售。本案中,原告拥有 256770 股优先股,按每股优先股 60 美元清算价值计算,则原告在公司清算时将有权获得大约 1500 万美元,而 Western Union 支付给 Postal 公司用于收购其资产的 B 类股票约为 19 美元一股,总金额仅约 5854356 美元。如果不改变优先股的优先性权利,由优先股按照清算价值获得补偿,则普通股股东一无所获,将不可能获得普通股股东对此出售资产以及公司解散事项的批准。Postal 公司面临的困境要求管理层必须采取措施激励普通股股东,促使其投票支持资产出售方案。事实上,Postal 公司也可以先召开类别股东会，依法对修订章程作出决议，然后再批准资产出售。但是，Postal 公司出于便利以及节约开支的考虑，把两个步骤放在一起完成了，而且特拉华州法律并不禁止这样做。除了法定程序性要求外，法律并没有限制法定权利行使的必要时间和方式。因此，法院最终判决驳回原告诉讼请求，原告败诉。

本案中的主要问题在于，为改变公司困境需要优先股股东部分放弃其优先清算权，将原本属于他的部分收益让渡给普通股股东。公司章程的修改意味着优先股股东优先权利的变更，但在公司处于困境、普通股股东与优先股股东之间的矛盾凸显甚至激化时，此变更几乎确定会朝向对优先股股东不利的方向推进。同时，为改变公司困境，管理层会推动公司通过并购交易等方式谋求变革，也会在对并购收益进行分配时尽量争取对普通股股东有利的分配方式。优先股股东对并购交易无决策权，可资利用的自我保护手段就是在章程修改中的类别投票权。但是，如果优先股股东拒绝修改章程，公司困境无法改变，优先股股东亦无法获得收益。并购交易架构乃由董事会及管理层设定，将章程修改要求合并到并购交易程序中可以有效制衡优先股股东类别投票权的行使。这也解释了本案中经过对交易架构的反复权衡，除原告外，大部分优先股股东在投票中还是同意了管理层提出的修改提案。

在美国，章程修改引发的普通股股东与优先股股东之间的纠纷是常见的案件类型。美国法院倾向于对此类案件采用严格合同解释原则，保持司法克制态度，对于章程修改事项严格依照章程中的约定进行，努力促进当事人在章程设定时尽量完善有关条款，推动双方通过合同条款实现各自的保护（详见后文"Warner 案"和"Avatex 案"的有关讨论[1]）。

二、并购收益的分配

一个公司与另一个公司合并，原债券持有人或债权人的利益不受影响，有权对存续公司或新设公司主张权利。但是，优先股并非如此。若优先股发行人

---

[1] Warner Communications Inc. v. Chris-Craft Industries，Inc.，583 A. 2d 962 (Del. Ch. 1989); Elliott Associates，L. P. v. Avatex Corporate，715 A. 2d 843 (Del. 1998). 详见本书第六章相关部分内容。

与另一个公司合并,则其优先股股东与普通股股东处于同一战线,因为合并计划完全可以重新组织其股权资本架构,并购双方原来的优先股等固定收益证券最终可能变成现金、普通股、具有其他权利的优先股或者债权等各种形式。当然,被并购公司的优先股也有可能继续在新公司中存续,但这并非必然结果。并购收益的分配属于典型的同一资金池中如何分配"蛋糕"的问题,可能直接造成优先股股东与普通股股东之间的冲突。

并购收益的分配在公司状况处于最差与最佳两种极端状态下时,其实不会产生较大的争议,最易产生纠纷的反而出现在资产稍差一些且难以同时满足优先股股东与普通股股东要求的情况下。在资产状况最糟的情况下,发行人的债务负荷过重,在并购重组中优先股的合同权利将转换为到期诉求,优先级高于普通股,不会有争议。在资产状况最佳的情况下,每个人各得其所,优先股的分红可以获得支付,或者通过转换权的行使来保护自己。如果并购方欲将优先股排除在存续公司的资本架构之外,可以依照章程中约定的本金数额回赎优先股;如果并购方认为优先股的财务条款可以接受,也可以选择保留。

但是,在公司经营和资产状况稍差时,就不会有这么清晰的结果。以 LC Capital Master Fund, Ltd. v. James 案[1](以下简称"James 案")为例,QuadraMed 公司以每股 25 美元的价格发行了优先股。QuadraMed 公司章程约定,优先股的优先清算价为每股 25 美元,拥有可累积分红权,也可以按照约定比例转换为普通股。同时,该公司章程中明确约定:公司发生并购时,不触发优先股的优先清算权。自 2008 年起,QuadraMed 公司考虑将公司出售,公司董事会开始与若干意向并购方进行并购谈判。谈判进行之初,优先股股东即向公司表示要求获得每股 25 美元的并购价格。谈判中,有潜在并购方最初提出可以为优先股支付每股 25 美元的清算价值或者将优先股保留在存续公司中。但是,随着谈判的深入,并购方给出的针对优先股和普通股的购买价格都低于最初报价。鉴于无法达到最初预期价格,QuadraMed 公司随后组成了独立董事委员会接手谈判。经过几轮报价比较和谈判,最终的并购协议中约定,普通股每

---

[1] LC Capital Master Fund, Ltd. v. James, 990 A. 2d 435 (Del. Ch. 2010).

股并购价格为 8.5 美元,优先股的每股并购价格为 13.71 美元。[1] 随后,LC Capital Master Fund(以下简称"LC Capital")作为优先股股东提起诉讼,主张合同约定的优先清算价值应高于其在并购中获得的每股 13.71 美元的价格,认为董事会对于并购资金在普通股股东与优先股股东之间的分配不公,董事会以"视同转换"价对待优先股股东在并购中的收益损害了优先股股东的利益,违反了董事对优先股股东的信义义务。

在前述"Postal 案"中,原告优先股股东并非不满公司出售的对外价格,而是认为并购收益在优先股股东与普通股股东之间的分配存在不公平。优先股股东拒绝接受以转换价作为并购价格的处理方式,要求获得比普通股更多的并购收益。但是,对于公司董事会而言,普通股股东才是具有投票权的股东。如果提高了优先股的收购价,则交易很难获得普通股股东的支持。该案法官斯特林认为,优先股股东本来可以要求在章程中解决与并购有关的定价问题,并谈判争取类别投票权或清算待遇,但是他们错过了这个机会,没有在合同谈判中争取到该权利,就不能再要求衡平法院为其补救。

该案涉及合同法保护与公司法保护的碰撞问题,法院坚持依据事前合同约定,排除了公司法中信义义务的适用空间,将优先股股东与普通股股东之间的利益分配完全交由合同来决定,采用简单鲜明的二分法对待优先股股东权益保护问题。

除此类对外出售公司产生的并购收益争夺之外,比较容易发生问题的情况还有"杠杆收购"(leveraged buyout)[2]。在杠杆收购中,普通股股东卖股退出,

---

[1] 根据并购交易发生时的普通股价格及章程中约定的转换比例,每股优先股可以转换为 1.6129 股普通股,1.6129×8.5 即得出每股 13.71 美元的并购价。

[2] 杠杆收购可以以多种架构实现,其典型特征是高杠杆率——收购方仅投入小部分资金,将目标公司的全部或大部分资产用于担保本次债权融资,然后通过债权融资获得收购所需的大部分资金完成并购。最终结果是,目标公司原普通股股东获得杠杆收购的资金后退出公司,而新的最终收购方仅通过小部分资金即获得了对目标公司直接或间接的控制权,同时保留了大量杠杆债权人及杠杆融资。杠杆收购的结果是,公司承担了更多的债务(通常还利用公司资产作担保),变更了所有者,但是几乎没有任何收益。因为杠杆收购中支付的并购资金全部用于支付给原普通股股东,并未流入公司或用于生产经营。对原公司中的优先股股东而言,原本可用于对其进行分红的资金,甚至清算时本应可以由公司持有的资产,都增加了财产负担,为并购提供担保。

将优先股股东留在原公司。由于杠杆的存在,公司资产都被用于为新股东支付的并购资金作担保,因此留在原公司的优先股价值必将受到影响,其股东获得分红和回赎的可能性也大大降低。如果优先股具有转换权,也很有可能被迫以低于预期(因为公司估值降低)的价值转换。

除了真实并购交易中并购资金分配产生的矛盾外,美国特拉华州还出现过利用虚假并购交易剥夺优先股股东收益的案例——Federal United Corp. v. Havender案[1]。该案中,发行人没有直接修改其章程,而是采用"虚假"(dummy)并购策略,设立一个由原公司全资持有的空壳子公司,并与该空壳子公司签订并购协议,约定空壳公司将成为最终存续的公司。同时,并购协议中规定发行人现存股份,不论是优先股还是普通股,都将"转换"为存续公司的普通股,目的是通过转换来剥夺优先股的累积未付分红。

由此可见,并购操作作为公司运营过程中的重大变动事项,除了对公司正常参与人利益的影响外,还会引发普通股股东与优先股股东之间的利益争夺。普通股股东和董事会可能利用并购交易对优先股股东的累积未付分红的利益进行剥夺,也可能通过对优先清算权等权益的章程变更来剥夺优先股股东的权益。美国法院对于此类案件有多个判例,但是所持的态度存在不同,其中最主要的分歧就在于如何对待优先股股东的优先性权利——以完整合同理论纯粹依据合同约定判定,还是利用公司法中的信义原则来判定,不同的法院存在不同的观点。本书第六章将对此进一步展开论述。

三、优先股的回赎

回赎股票是强制以现金或资产替换公司已发行股票的操作。回赎并非优先股专有的权利,普通股也可以回赎,但是需要在章程中明确规定,并对回赎后股票的处理方式进行明确限定。同时,回赎的权利不应与股东"回售"(put)权相混淆——回售权是股东单方享有的一项权利,可以作为一项直接义务要求公司回购其股权,或者作为一种股票转换的手段来运用。不论发行人还是股东享有回赎权利,行使该权利都会受到法律的限制。由于与公司股权权益相关,回

---

[1] Federal United Corp. v. Havender, 11 A. 2d 331 (Del. 1940).

赎操作不得损害公司债权人的权益,[1]因此该财务优先性权利的可执行性处于不确定状态。

因优先股的回赎而产生纠纷的较早期典型案例为1942年发生在美国新泽西州的Mueller v. Kraeuter & Co.案[2](以下简称"Mueller案")。在该案中,原告拥有被告公司Kraeuter & Co.发行在外的1392股优先股中的120股,该优先股拥有累积分红权。被告公司章程规定相关回赎条款如下:"该优先股发行满3年后,在任何时候经董事会大多数投票通过,可以以每股110美元的价格回赎,并且发行满15年后,应该以该价格进行回赎。"原告优先股股东起诉要求被告公司Kraeuter & Co.回赎其所发行的优先股。

在诉争发生时,公司所有的优先股均已发行超过15年,且自1930年起公司就没有支付过分红,每股累积的分红金额已经超过77美元。如果此时回赎,则公司必须支付优先股票面价100美元、溢价10美元以及累积未付的分红,应支付的优先股回赎价格将超过每股187美元。诉讼中,被告公司拒绝履行回赎义务,主张除非董事会认定公司已积累足够的现金用于回赎,并确定该回赎不会对公司造成损害,否则公司没有义务回赎股票。

法院认为,与回赎有关的条款已写入公司章程,条款内容为"发行满15年后,应该以该价格进行回赎",这些合同文字必须被赋予合理的解释。如果没有这个条款,公司有权选择是否回赎股票。但是,在公司章程中明确约定了该条款,就等同于为公司设定了回赎义务,公司应予履行。"虽然根据新泽西州法律成立的公司应该拥有足够的自由对章程进行调整以便适应新的无法预计的运营条件,但是更重要的是,法院在任何情况下都应该支持各类别股东的合同权利。"[3]因此,原告有权行使其优先股的回赎权利。不过,法院同时指出,公司的回赎约定应受到默示保护债权人规则的限制,既不能在公司处于资不抵债状况下进行回赎,也不能因回赎而导致公司资不抵债。这种限制的隐含意义在于保护公司债权人利益,而不是以会否损害普通股股东利益为判断标准。

---

[1] See William W. Bratton & Michael L. Wachter, A Theory of Preferred Stock, *University of Pennsylvania Law Review*, Vol. 161, No. 7, 2013, pp. 1815, 1859.

[2] Mueller v. Kraeuter & Co., 25 A. 2d 874(N. J. Ch. 1942).

[3] Ibid.

基于该原则,法院对被告公司的状况进行了详细考察,从资产、负债到对外投资,再到公司发展策略选择(认定公司董事会长期以来坚持利用所有可得资金用于业务扩展),法院都进行了详细分析和评判,最终得出结论:回赎被告公司 Kraeuter & Co. 优先股所需金额约为 25 万美元,但公司无法在不损害债权人利益的前提下立即筹措到该笔金额。

在判决意见中,法院指出,衡平法院的一个最显著、最有特色的特点在于,它可以使其判决适应所有可能发生的情况,并针对所有利益相关方的权利进行调整。鼓励信任,遏制欺诈,并促进合同的履行,这才是衡平法院的特定职权。为实现这些目标,法院可以下达禁令、判决强制履行,或者两者皆用。如果标的物处于法院管辖权内,则法院的权力和程序将被用于促进这些目标的实现。[1]据此,法院判定,被告应为回赎股票做好准备,应采取任何合理、必要的措施确保自己履行合同。同时,法院还提出了建议解决路径:被告公司应采取分期履行的方式,逐渐降低回赎所需金额。具体来说,在判决作出之日起 30 日内,被告应向所有优先股股东支付 20% 的分红,此后每季度支付 10% 的分红,直至所有累积分红全部支付完毕。如果优先股股东同意,可以立即支付大约 3 万美元(不能超过欠付的总金额)进行回赎,然后剩余部分用本票票据支付,每个季度大约偿还 1.25 万美元,附带低于法定利率的利息。本票的优先级别次于现存债务,但是应提供担保以确保最终得以履行。

该案要点在于,第一,针对回赎承诺的履行,法院以公司债权人保护为出发点,依据不损害债权人利益的原则进行判断,强调优先股的股权属性;第二,为考察公司的偿付能力,法院对公司的资产负债状况和商业经营情况进行了实质判断,并针对公司的财务指标和状况进行了详细分析。不过,这种裁判方式也引发了有关法院裁判切入点的争议。批评者认为,法院忽略了自身作为中立裁判者的身份而介入公司实际运营,裁判标准不够清晰,或导致同类案件结果出现不可预测的情况,属于一种过时的裁判方式。[2]

普通股和优先股是从公司可分配利润形成的同一个资产池中获取收益,优

---

〔1〕 Mueller v. Kraeuter & Co., 25 A. 2d 874(N. J. Ch. 1942).

〔2〕 See William W. Bratton & Michael L. Wachter, A Theory of Preferred Stock, *University of Pennsylvania Law Review*, Vol. 161, No. 7, 2013, p. 1860.

先股股东先拿限定回报的一份,因此厌恶风险,希望公司稳健经营;而普通股股东则更愿意拿优先股股东的投资冒险,执行激进、回报高的经营策略,将池子做大。优先股股东回赎权的行使无疑会对公司资金使用产生影响,除债权人外,还会对普通股股东的可用资金和收入期待产生影响。由于董事会与普通股股东之间联系紧密,因此优先股的回赎事实上演变为普通股股东与优先股股东之间的利益争夺战,保护债权人经常成为公司董事会拒绝履行对优先股股东义务的一个借口。当然,如果公司被优先股股东控制,则情况可能相反,优先股股利的分配、股权回购承诺都将大幅减少公司运营资金。

鉴于对"Mueller 案"法院的判决存在争议,其后有关优先股回赎的案件出现了不同的裁判方向,近些年出现的著名案例就是 SV Inv. Partners, LLC v. ThoughtWorks, Inc. 案(以下简称"ThoughtWorks 案")。该案中,法院放弃了采用实质判断的方式,在判定公司是否应履行回赎优先股的义务时,将决策权交给公司董事会,将价值问题转换为程序问题进行处理,并引用了商业判断规则:如果不能证明董事会在作出相关决策的过程中存在"恶意"(bad faith),就要尊重董事会的决策。由此,该案得出了与"Mueller 案"迥异的判决结果,作为原告的优先股股东未能实现回赎权。[1] 关于该案的具体情况,将在本书第六章进行详细分析。

第四节 优先股股东权利保护的总体途径

公司融资需求多元化、股东异质化的现实以及公司合同理论的演化,为优先股法律制度的发展提供了理论与现实依据。普通股股东拥有比较完整的股权,凡法律上可以归于股权的权利,普通股股东都可以拥有。因此,不同公司的普通股的权利内容基本上没有差别,可以较多地通过统一的法律规范进行调整。但是,优先股的优先权利内容主要取决于发行人公司与投资人之间的谈判与博弈,优先股股东权利是对普通股股权各项子权利的细化和重组。不同公司

---

[1] SV Inv. Partners, LLC v. ThoughtWorks, Inc. 7 A. 3d 973, 976 (Del. Ch. 2010), aff'd, 37A. 3d 205 (Del. 2011).

的优先股,甚至同一公司发行的不同系列、类别的优先股,在各项优先性权利设置上都有差异。此外,作为以合同约定优先性权利条款的股权类别,优先股乃法律规范与合同安排协作之产物。正是由于权利之间的差异以及权利载体的不同,普通股股东与优先股股东之间在各自权利实现过程中往往会发生持续不断的碰撞与磨合,出现各种形式的利益冲突。事实上,不同类别股东之间的冲突体现在公司的整个生命周期,从公司的日常经营、出售资产、收购兼并到清算重组,每个阶段利益冲突的体现方式、原因、各方损益程度都不同,直接影响其后司法利益平衡模式和手段。

优先股股东的优先权利首先来自融资文件和公司章程中的特别规定。同时,投资者还可以通过讨价还价在合同中预设保护权利实现的条款,这是其权利保护的第一道防线。然而,法律也应有所作为,根据优先股发行对象的不同区分规制是必要的。合同规制分为事先规制与事后规制,其中事先规制包括倡导条款——默示条款或菜单式条款,[1]引导当事人有效率的行为,以及强制性条款——当事人不得约定排除的条款,通过国家干预抑制过度私法自治产生的负外部效应;事后规制即依靠司法对各方利益进行再平衡,即法院对优先股股东权利范围的判定和保护。

一、通过合同谈判设定任意性条款实现自我保护

通过合同谈判进行条款设定,并在达到投融资双方都能够接受的最佳平衡点后签订优先股合同,这种方式在封闭公司与公众公司中的实现程度存在很大差异。在封闭公司,当事人能够自由协商且不涉公益,有利于形成良性谈判。因此,各国公司法中对封闭公司优先股条款规制较少,保留了相对宽松的空间,以供当事人进行任意性合同条款的设置。优先股在封闭公司中主要运用于创业企业私募融资领域。

---

〔1〕 默示条款是赋权性公司法规则的一种类型,如果公司章程保持沉默,则适用默认的规则条文;菜单式条款是赋权性规则的另一种类型,除非公司明确表明愿意接受这些菜单式条款及其中所提供选项的约束,或者"选入"这些条款,否则这些规则将不适用于公司。See Yair Listokin, What Do Corporate Default Rules and Menus Do? An Empirical Examination, *Journal of Empirical Legal Studies*, Vol. 6, No. 2, 2009, pp. 279-280.

针对该领域实践,作为行业协会,NVCA 制定了一整套风险投资领域常用的各种法律文本,包括优先股合同条款的完整设置建议,供投融资双方在风险投资谈判中予以引用。中国私募股权投资源于境外投资人投资中国的实践,主要借鉴和使用了英美等公司法发达国家的私募游戏规则,NVCA 优先股合同样本以本土化姿态在中国获得了新的演绎。

倡导式菜单不仅可以提醒当事人,更重要的是,可以在不违反自由缔约精神下实现立法者和监管层等机构对合同内容的重大影响(软规制),有利于实现监管层对优先股实践的重大影响和标准化引导,强化最佳实践和行业惯例的形成,便利司法介入并降低司法裁判成本。

二、介入涉及广泛公共利益的场合进行强制性规制

优先股股东的权利既有优先性权利,也包含受限制性权利,如果完全依赖当事人的谈判,在涉及广泛公共利益的公众公司语境下则存在极大的机会主义空间。一方面,公众公司的投资者数量众多,且认知能力参差不齐,在很多情况下对各种投资条款和事项缺乏作出深思熟虑的合理决定所需的能力、经验或判断力,需要国家通过干预措施提供帮助。另一方面,向公众发行优先股是由发行人单方起草章程文件,中小投资者只能选择是否加入,不具备谈判能力和讨价余地。

为保护投资者利益和防止发行人监管套利,各国公司法对于优先股股东权利的设置都作了一定程度的强制性规定,尤其是着重对上市公司发行优先股的发行条件、发行优先股类型和发行比例、发行对象等问题,均会根据本国具体情况作出宽严不一的规定。此类强制性条款无法通过合同谈判进行更改或规避,从维护社会公共利益的角度出发限制过度自治的溢出效应,对投资者进行保护。

三、法院依据公司法中的信义原则进行事后规制

优先股的优先性权利的最主要属性为合同性,因此在优先性权利行使过程中发生的争议,需要法院通过合同解释进行事后规制。同时,优先股股东权利并不仅限于优先性权利,在合同约定之外的权利如何获得保护,亦需要司法进

行判断和调整。"公司组织法相对于合同法路径最大的好处是有'信义义务'这种衡平法意义下的规则来拾遗补缺,给当事人提供充分的保护。"[1]

美国学者布拉顿和沃切尔曾将优先股法律规制的核心问题总结为"优先权利的行使落入合同范畴还是公司范畴"。[2] 对于优先股股东权利是否适用信义义务保护,反对者认为,应该仅将其置于合同权利之中:首先,优先股股东并非最终剩余价值索取人,因此相对于普通股股东更厌恶风险,如果赋予其公司法信义义务的保护,会使董事不愿意从事具有风险性的项目,从而影响公司体系的效率。其次,在封闭公司中,优先股股东有权事先同普通股股东谈判并设置权利,有机会讨价还价,并非弱势群体。最后,即使对于公众公司优先股投资人而言,如果无法获得充分的讨价还价的机会,也可以不买优先股,还有很多其他投资机会可供选择。综上,优先股股东应该仅依优先股合同条款获得保护,为其提供信义义务保护并无必要。[3]

支持者则认为:其一,反对对优先股股东适用信义义务的观点没有触及最基本的问题——关于优先股及优先股股东到底应该如何保护的基本原则。其二,即使优先股是合同的产物,优先股的优先性权利应该根据合同进行解释,也不能解决合同解释的起点这一底线。虽然优先股股东应该承担为使公司更有效率运行而进行重组等带来的风险,或者为了公司存活而放弃分红或回赎权的风险,但是不能借此认定董事有权将优先股股东的资产占为己有或转移给普通股股东并因此增加普通股股东的资产,这些行为属于偷窃。[4] 换言之,对于公司在正常经营过程中的风险,任何成员都要承担。但是,单纯转移财产却不增

---

[1] 楼建波、马吾叶:《优先股与普通股股东之间利益冲突的处理原则——美国司法实践的演进及其启示》,载《证券法苑》(第十六卷),法律出版社2016年版,第8页。

[2] See William W. Bratton & Michael L. Wachter, A Theory of Preferred Stock, *University of Pennsylvania Law Review*, Vol. 161, No. 7, 2013, p. 1860. 另参见〔美〕罗伯特·考特、托马斯·尤伦:《法和经济学》(第六版),史晋川、董雪兵等译,格致出版社、上海三联书店、上海人民出版社2012年版,第276页。

[3] See Leo E. Strine, Jr., Poor Pitiful or Potently Powerful Preferred?, *University of Pennsylvania Law Review*, Vol. 161, No. 7, 2013, pp. 2025-2028.

[4] See Charles R. Korsmo, Venture Capital and Preferred Stock, *Brooklyn Law Review*, Vol. 78, No. 4, 2013, pp. 1163-1177.

加价值就是偷窃，不应成为基本原则保护的一部分。

支持者着重指出，对优先股股东权利保护适用信义义务的出发点并不是要为优先股股东争取其在合同中放弃的权利，而是在面对那些优先股股东根本没有机会通过合同协商谈判的条款及事件时，避免因约定缺失而给予普通股股东及董事会以"机会主义偷窃"之机。信义义务源于权力差异，目的是防止权力持有方（受托人）机会主义地利用条款的模糊性、歧义或疏漏剥夺对方的正当合同期待。[1] 因此，在对优先股合同条款产生争议，无法单纯借助诚实信用原则解释合同时，裁判目光不能停留在纯粹合同法领域，而要借助公司法方式——信义义务对没有控制权且易受侵害的一方进行保护，以平衡当事人之间的利益，维护权利人的合理期待。

优先股安排以合同关系设立为手段，以组织关系调整为目的，兼具组织权利与合同权利的再分配特征，其行使机制与规制框架因而体现合同法规范与组织法规范的交叉与竞争。[2] 通过合同安排，公司投资人将股权与债权的子权利束分离重组，调整其中财产性权能与治理性权能的偏重与组合，生成既有别于普通股又有别于债权的权利类型，完成基于缔约交换的再分配。从组织法角度看，该过程贯穿于公司经营决策、盈利分配、破产清算全程，涉及普通股股东与优先股股东、优先股股东与债权人之间的利益冲突与权利竞合，体现出公司经营权与收益权的洗牌与重构，对公司治理提出全新需求与全新路径。优先股涉及内容包括经营阶段的董事选举权、决策权与一票否决权，利润分配阶段的分红优先权，以及投资活动尾端的股权回赎权与清算优先权，既是对传统公司科层结构的"叛离"与革新，也是对以"公司"为名的固定化默认合同条款群的"选出"与替换。

鉴于"合同"与"商事组织"在构造和性质上的天然同质性，[3] 优先股问题

---

[1] See Timothy J. Muris, Opportunistic Behavior and the Law of Contracts, *Minnesota Law Review*, Vol. 65, No. 4, 1981, p.553.

[2] 参见潘林：《优先股与普通股的利益分配——基于信义义务的制度方法》，载《法学研究》2019年第3期。

[3] 参见李清池：《商事组织的法律构造——经济功能的分析》，载《中国社会科学》2006年第4期。

不免在合同法规范体系与组织法规范体系的边界地带左右摇摆：在合同法视域下，优先股既可能成为投资人之间针对情境化问题对利益与风险分配的效率性调整，又可能因意思表示主体适格性的缺失或缔约决策过程的瑕疵而沦为一方当事人扭曲风险分配、榨取合作剩余价值的反效率工具。在组织法视域下，优先股则既可能实现不同股东群体差异性投资需求的有益拼接与配合，也可能因公司决策中股东压制机制与融资决策失误等导致投资人（股东与债权人）之间横向利益冲突的激化或者组织科层结构（投资者与决策者）中纵向代理成本的扩大。

第三章
优先股合同磋商与合意识别

对于公开发行的优先股而言,双方合同依据即发行人的章程文件和募股说明书等,约定范围较为明晰,且往往一次性公布,极少出现不同版本规定龃龉、条款内容反复变动的情况。合同内容识别的难点往往出现在私募、风险投资或并购等交易领域。这些领域交易内容复杂、双方需求多变、不确定性高、涉及利益关系繁复,且交易可能还涉及与投融资方之外诸如控股股东、担保人等其他主体的博弈,磋商过程与缔约活动漫长且具有反复性特征,往往难以一次性约定全部条款。在开始进行谈判和最后交易完成两端之间,当事人经常会以"备忘录""意向书""草约"等名义形成所谓的"初步协议",对交易中某些能够确认的如价格、数量等实体条款,或对日后继续磋商程序条款如约束力排除条款、诚信协商条款等进行约定。在这个过程中,投融资双方的缔约活动不仅涉及大量拟定合同的"正式机制",也有基于信任、交易惯例的"非正式机制"。美国学者将这类投资活动中常见的囊括合意内容变换,不同名目的文本叠加、补充或替代,以商事习惯、在先交易经历、信誉等支撑的复杂缔约过程,称为合同的"编织"(braiding)机制。[1]

优先股合同是优先股优先性权利的起点。本部分应对的是在优先股合同磋商过程中常见的合并条款和中间协议的效力问题,二者是优先股合同识别的前提性问题,即投融资双方优先股安排的具体内容是否达成了合意,以及达成了什么合意。

第一节 合并条款的效力

合同双方协商过程中可能就特定问题有所偏重地作出一系列合同安排,形成优先股系列协议。然而,前后不同版本的合同之间可能存在内容错节。实践中常见的是,为保证交易安全,当事人可能规定与实体性内容相伴的辅助的程序性条款,对实体性条款的效力范围作进一步说明,典型如"约束力排除条款"(non-binding clauses)和"合并条款"(merger clauses)等,对于此类条款效力范围约定条款如何解释,对当事人权利义务具有直接影响。以下两个典型案例即涉及约束力排除条款的效力认定问题。

一、"海富投资案"

对于苏州工业园区海富投资有限公司(以下简称"海富公司")与甘肃世恒有色资源再利用有限公司(以下简称"世恒公司")、香港迪亚有限公司(以下简称"迪亚公司")、陆波公司增资纠纷(以下简称"海富投资案")[2],学界和三级法院论证的争点在于现金补偿条款是否有效,理论和结论各有不同,本书将在其后对此进行分析。然而,少有人关注的是,"海富投资案"事实上先后涉及前后两份投资性合同,前后对现金补偿规定存在龃龉,也是双方当事人争议的另

---

[1] See Ronald J. Gilson, Charles F. Sabel & Robert E. Scott, Braiding: The Interaction of Formal and Informal Contracting in Theory, Practice, and Doctrine, *Columbia Law Review*, Vol. 110, No. 6, 2010, pp. 1377-1447.

[2] 参见甘肃省兰州市中级人民法院(2010)兰法民初字第71号民事判决书、甘肃省高级人民法院(2011)甘民二终字第96号民事判决书、最高人民法院(2012)民提字第11号民事判决书。

一个焦点。

一审法院查明,2007年11月1日前,甘肃众星锌业有限公司(以下简称"众星公司")作为甲方,海富公司作为乙方,迪亚公司作为丙方,陆波作为丁方,共同签订《甘肃众星锌业有限公司增资协议书》(以下简称《增资协议书》),约定:甲方注册资本为384万美元,丙方投资占100%。各方同意乙方以现金2000万元人民币对甲方进行增资,占增资后甲方总注册资本的3.85%,丙方占96.15%。其中,《增资协议书》第7条第1项特别约定:本协议签订后,甲方应尽快成立"公司改制上市工作小组",着手筹备安排公司改制上市的前期准备工作,工作小组成员由股东代表和主要经营管理人员组成。本协议各方应在条件具备时将公司改组成规范的股份有限公司,并争取在境内证券交易所发行上市。该条第2项业绩目标约定:甲方2008年净利润不低于3000万元人民币。如果甲方2008年实际净利润完不成3000万元,乙方有权要求甲方予以补偿;如果甲方未能履行补偿义务,乙方有权要求丙方履行补偿义务。补偿金额=(1-2008年实际净利润/3000万元)×本次投资金额。该条第4项股权回购约定:如果至2010年10月20日,由于甲方的原因无法完成上市,则乙方有权在任一时刻要求丙方回购届时乙方持有之甲方的全部股份,丙方应自收到乙方书面通知之日起180日内按以下约定回购金额向乙方一次性支付全部价款。若自2008年1月1日起,甲方的净资产年化收益率超过10%,则丙方回购金额为乙方所持甲方股份对应的所有者权益账面价值;若自2008年1月1日起,甲方的净资产年化收益率低于10%,则丙方回购金额为(乙方的原始投资金额-补偿金额)×(1+10%×投资天数/360)。此外,《增资协议书》还规定了信息披露、违约责任等,并约定协议自各方授权代表签字并加盖公章、于协议文首注明之签署日期生效。协议未作规定或约定不详之事宜,应参照经修改后的甲方章程及股东间的投资合同(若有)办理。

2007年11月1日,海富公司作为甲方,迪亚公司作为乙方,签订《中外合资经营甘肃众星锌业有限公司合同》(以下简称《合资经营合同》),有关约定为:众星公司增资扩股将注册资本增加至399.38万美元,甲方决定受让部分股权,将众星公司由外资企业变更为中外合资经营企业。在合资公司的设立部分约定,合资各方以其各自认缴的合资公司注册资本出资额或者提供的合资条件为限对合资公司承担责任。其中,甲方出资15.38万美元,占注册资本的3.85%;乙方出资384万美元,占注册资本的96.15%。甲方应于本合同生效后10日内一次性向合资公司交付人民币2000万元,超过其认缴的合资公司注册资本的部分,计入合资公司资本公积金。《合资经营合同》第68条、第69条关于合资公司利润分配部分约定:合资公司依法缴纳所得税和提取各项基金后的利润,按合资各方持股比例进行分配。合资公司上一个会计年度亏损未弥补前不得分配利润。上一个会计年度未分配的利润,可并入本会计年度利润分配。另外,《合资经营合同》还规定了合资公司合资期限、解散和清算事宜,并特别约定:合资公司完成变更后,应尽快成立"公司改制上市工作小组",着手筹备、安排公司改制上市的前期准备工作,工作小组成员由股东代表和主要经营管理人员组成。合资公司应在条件具备时改组,设立股份有限公司,并争取在境内证券交易所发行上市。至2010年10月20日,如果由于合资公司自身的原因造成无法完成上市,则甲方有权在任一时刻要求乙方回购其持有的合资公司的全部股权。本合同于审批机关批准之日起生效。同时,《中外合资经营甘肃众星锌业有限公司章程》(以下简称《公司章程》)第62条、第63条规定与上述条款内容相同。其后,海富公司缴存众星公司银行账户2000万元。2008年2月29日,甘肃省商务厅批准增资和股权变更,众星公司依此批复办理了相应的工商变更登记,更名为"甘肃世恒有色资源再利用有限公司"。

一审法院认为,《增资协议书》系各方真实意思表示,但其第7条第2项的业绩目标约定,即世恒公司2008年实际净利润完不成3000万元,海富公司有权要求世恒公司补偿的约定,不符《中华人民共和国中外合资经营企业法》第8条关于企业净利润根据合营各方注册资本的比例进行分配的规定。法院又特别指出,依据《中华人民共和国中外合资经营企业法实施条例》第10条第2款的规定,合营企业协议与合营企业合同有抵触时,以合营合同为准,故海富公司要求迪亚公司承担补偿责任的依据不足,依法不予支持。

对于上述第二个争点,二审法院则认为,关于世恒公司、迪亚公司、陆波在答辩中称《增资协议书》已被之后由海富公司与迪亚公司签订的《合资经营合同》取代,《增资协议书》第7条第2项对各方已不具有法律约束力的主张,因《增资协议书》与《合资经营合同》缔约主体不同,各自约定的权利义务也不一致等,故其抗辩主张本院不予支持。

世恒公司、迪亚公司不服,向最高人民法院申请再审,请求撤销二审判决,维持一审判决。最高人民法院认为,在《增资协议书》中,迪亚公司对于海富公司的补偿承诺并不损害公司及公司债权人的利益,不违反法律法规的禁止性规定,是当事人的真实意思表示,是有效的,但对于世恒公司、迪亚公司所称《增资协议书》已被其后《合资经营合同》取代之抗辩,最高人民法院却未置一词。

二、"安言信科投资案"

在"陈某某等与北京安言信科投资有限公司申请撤销仲裁裁决案"(以下简称"安言信科投资案")中,[1]申请人陈某某、广东生之源数码电子股份有限公司(以下简称"生之源公司")申请称,他们与北京安言信科投资有限公司(以下简称"安言信科公司")于2011年1月8日签订《对生之源公司增资的增资协议》(以下简称《增资协议》),在此之后于同日签订《对生之源公司增资的增资协议之补充协议》(以下简称《补充协议》),再后于2012年7月间签订《关于执行〈对广东佛山生之源数码电子有限公司增资的增资协议之补充协议〉的协议》(以下简称《补充协议之执行协议》)。《增资协议》约定因本协议发生争议由中国国际经济贸易仲裁委员会仲裁,《补充协议》未约定仲裁事项,《补充协议之执行协议》约定发生争议由人民法院管辖。《补充协议之执行协议》是在《增资协议》和《补充协议》签订之后签署的,是对《增资协议》和《补充协议》的补充与变更。《补充协议之执行协议》第4条明确约定"增资补充协议依然有效,本协议与增资补充协议如果有冲突之处,以本协议为准";第11条明确约定"执行本协议过程中,如果存在异议,各方应尽量通过协商途径解决;如果协商不成,可直接向北京市人民法院提起诉讼"。两申请人据此认为,《补充协议之执行协议》是对《补充协议》进一步履行及发生争议的管辖作出的明确约定,既是对《补充协议》的变更与修正,也是对《增资协议》的变更与修正。因此,安言信科公司依据《增资协议》的仲裁条款向仲裁委员会申请仲裁是错误的,本案只能依据《补充协议之执行协议》的约定管辖,向人民法院起诉解决争议。

---

[1] 参见北京市第二中级人民法院(2015)二中民特字第00014号民事裁定书。

法院认为,从各份协议的签署主体来看,《增资协议》和《补充协议》的签约方相同,《补充协议》中约定:"若补充协议之条款,与增资协议有冲突的地方,则以本协议为准。"但是,《补充协议之执行协议》的签约方仅是上述协议签约方中的部分主体,从协议内容上看,《补充协议之执行协议》是有关生之源公司2011年度利润承诺目标不能实现的补偿安排的具体落实,且是在部分相关方之间所作的补偿安排,安言信科公司提出的仲裁请求并不是依据《补充协议之执行协议》,故《补充协议之执行协议》的管辖约定不适用于系争仲裁案件,仲裁委员会依据《补充协议》中的仲裁条款对系争案件具有管辖权,陈某某、生之源公司的此项申请理由本院不予采信。

三、评析

该两案中的磋商过程均是优先股安排经常适用的投融资领域的典型情景。这类投资活动的投资一方往往以公司上市、特定业绩目标为要求,并针对前者设立回购权,针对后者约定现金补偿安排。由于投融资涉及重大利益以及多方利益相关人,各方共识几度反复的情形并不鲜见,往往会形成当事人构成不一、涵盖内容既有重叠又有分离的多份合同文本,而一旦日后出现纠纷并诉诸法院,应适用哪份合同文本确定当事人真实合意,就成为诉讼各方主张权利时的第一次交锋。

该两案的上述争议条款类似于英美合同法的合并条款或完整协议条款,即规定该书面合同是完整性合同,内容以本项文本为准,该书面合同之外的证据不能作为合同解释的证据。[1] 在复杂交易中,当事人可能已经过多次谈判与磋商,或已就合同交易事项达成过口头协议,或已签署过其他文件(如意向书、备忘录、协议书等),而合并条款基本功能是试图实现当事人的如下预期:通过表明书面合同是完全完整和最终的,希望与合同交易事项有关的全部事项均以当前合同为准,排除各方之前的任何约定或表示否定、补充当前合同约定的可能,从而为交易关系提供确定的标准,增加可预见性,达到保证交易安全、降低

---

[1] See Alan Schwartz & Robert E. Scott, Contract Theory and the Limits of Contract Law, *Yale Law Journal*, Vol. 113, No. 3, 2003, pp. 589-590.

诉讼成本的目的。

"海富投资案"中各方关注的是对赌条款是否无效,却"掩盖"了另一个争点的重要性;"安言信科投资案"中的管辖条款看起来不触及对赌合法性评价,但该案仲裁或诉讼的选择对当事人有着关键的影响:从"海富投资案"到其后的类似案件,即使不同法院对原告请求的认识不同,但对股权回购约定的违法性却必须和最高人民法院保持一致,而仲裁庭却可以有不同态度,这可能成为原告确认投融资双方股权回购与现金补偿安排效力的唯一"逆转"机会。[1]

在该两案中,法院皆以前后合同缔约主体不同为由,否定了后签订合同中的效力排除条款的适用。但是,在"海富投资案"中,虽然《增资协议书》与《合资经营合同》缔约主体不同,但是迪亚公司和海富公司实同为两份合同的缔约方,两份合同针对的是同一个公司增资行为的约定。世恒公司是迪亚公司原100%持股股东,陆波是世恒公司的法定代表人,其实二者和迪亚公司就是同一方当事人,海富公司作为增资方是另一方当事人。那么,为何迪亚公司和海富公司在《合资经营合同》中仅约定了股权回购,未再提及"3000万元人民币"的现金补偿?为何《合资经营合同》中明确规定,"该合同取代双方就上述交易事宜作出的任何口头或书面的协议、合同、陈述和谅解"?而海富公司对世恒公司的增资事实上是依照批准后的《合资经营合同》履行的。同为商事主体,迪亚公司和海富公司对《合资经营合同》约束力排除条款的法律后果知晓或应当知晓,裁判者不应该简单地以缔约主体形式上的不同而否认约束力排除条款的合意,这无疑纵容了海富公司"逃逸合同"的机会主义行为。

同样,在"安言信科投资案"中,原、被告也同为《增资协议》和《补充协议之执行协议》之签约主体,《增资协议》规定了关于生之源公司2011年度利润承诺目标不能实现的补偿安排,《补充协议之执行协议》则涉及该补偿如何具体落实,两份合同指向的是同一个目标,补偿安排有效性又是主要实体争点。虽然原告安言信科公司提出的仲裁请求名义上并不是依据《补充协议之执行协议》,但是《补充协议之执行协议》中的具体安排正好也应该是仲裁裁决应当关注的

---

[1] 参见北京市第二中级人民法院(2015)二中民特字第00014号民事裁定书;于晖:《"甘肃世恒对赌案"后的一起"逆转"裁决》,载《投资与合作》2014年第5期。

事项。仲裁机构难道在实体审理过程中可以无视《补充协议之执行协议》中对补偿安排的约定？如果仲裁机构依照《补充协议之执行协议》中双方补偿安排的具体内容的合意作出了具体履行裁定，那么《补充协议之执行协议》约定法院管辖的条款效力为何被否认？

在美国，关于合并条款解释的合同法实践已有上百年的历史，经历了从20世纪20年代承认合并条款的决定性约束力到逐渐限制其效力的过程。美国《第一次合同法重述》第228条曾规定，"如果协议当事人采用一个或多个书面文件作为协议的最终和完全的表达，则该协议具备完整性"，从而排除双方磋商过程中曾作出的保证、允诺等口头证据，所以又被称为"口头证据规则"。即如果当事人存在应为其协议完全且最终表示的书面形式，法院应当严守合同字面解释，防止一方当事人提供证据证明存在其声称的先前约好的条款，但这些条款并没有包含在合同的最终书面文本中。[1] 仅当文义解释会导致该完整协议产生含糊或不确定结果时，才允许法院适用不完整协议解释规则。[2] 口头证据规则在一定时期后得到普遍承认，并为美国《统一商法典》所吸收，适用于货物买卖合同。[3] 然而，该规则随即引发诸多批评与实践的困惑。[4] 正如科宾所言，含糊与不定本就是一切表达形式的特征，只是程度有所不同，因此，即使在先的各种表达与文本不产生合同效力，但其在最终协议的解释中亦不被剥夺证据价值。[5] 于是，在美国《第二次合同法重述》中，上述强硬的文本解释规则有所软化。《第二次合同法重述》将协议分为完全完整、部分完整和非完整三类，仅完全完整的协议排除缔约过程证据的适用。而协议的完整性本身以双方

---

[1] 参见〔美〕杰弗里·费里尔、迈克尔·纳文：《美国合同法精解》（第四版），陈彦明译，北京大学出版社2009年版，第241—243页。

[2] 参见美国《第一次合同法重述》第230条。

[3] 参见美国《统一商法典》第2—202条。

[4] 参见〔美〕E. 艾伦·范斯沃思：《美国合同法》（原书第三版），葛云松、丁春艳译，中国政法大学出版社2004年版，第428—430页。

[5] 参见〔美〕A. L. 科宾：《科宾论合同》（一卷版·上册），王卫国等译，中国大百科全书出版社1997年版，第465页。

意思为根据,须通过双方使用的语言、行为等周围情境加以确定。[1] 合并条款的例外还有违法、错误、欺诈胁迫、显失公平等。实际上,现代美国合同法上的合并条款已经不能完全实现当事人的预期意图,法院有可能突破对于合并条款的"客观"文本解释而通过"上下文主义"解释方式探求当事人主观真意,呈现出"混沌不清"的特征。[2]

有趣的是,《欧洲合同法原则》借鉴美国法采纳类似的规则,态度看起来更坚决,其第 2:105 条第 1 款规定,如果书面合同包含经过协商的条款,称该书面合同囊括了合同的全部条款,则未纳入该书面合同的先前声明、承诺或合意均不能成为合同的组成部分。此外,《国际商事合同通则(2004)》第 2.1.17 条同样明确规定,若一份书面合同中载有的一项条款表明该合同包含各方当事人已达成一致的全部条款,则此前存在的任何陈述或协议均不能被用作证据对抗或补充该合同。

在我国合同法律实践中,"合并条款"至今仍是个陌生的概念,但是合并或类似条款效力问题在商事投融资实践中却很常见,是一个不容回避的问题。暂且不论不同国家立法或学理是否存在内涵共通的"合并条款"概念,合并条款效力本质上是一个合同解释问题。

《中华人民共和国民法典》(以下简称《民法典》)第 142 条第 1 款规定:"有相对人的意思表示的解释,应当按照所使用的词句,结合相关条款、行为的性质和目的、习惯以及诚信原则,确定意思表示的含义。"该条款明确将合同"词句"与"相关条款、行为的性质和目的、习惯以及诚信原则"的效力位阶相区分,将"词句"作为基础,而将后者作为综合考虑因素,形成以文义解释为基础,以体系解释、目的解释、习惯解释等为补充的解释规范。[3] 同时,体系解释、目的解释、习惯解释内部也存在位阶关系,仅前一解释无法释明条款所表示的含义时,

---

[1] 参见〔美〕E. 艾伦·范斯沃思:《美国合同法》(原书第三版),葛云松、丁春艳译,中国政法大学出版社 2004 年版,第 432—434 页。

[2] 参见〔美〕A. L. 科宾:《科宾论合同》(一卷版·上册),王卫国等译,中国大百科全书出版社 1997 年版,第 619—672 页。

[3] 参见最高人民法院民法典贯彻实施工作领导小组主编:《中华人民共和国民法典总则编理解与适用》(下),人民法院出版社 2020 年版,第 714 页。

才能采用下一解释方法。[1] 客观主义为主、主观主义为辅是我国应采取的合同解释原则。当然,在有些情况下,当事人表示出来的意思尽管首先是以合同用语为载体,但由于主客观方面的原因,合同用语不能准确地反映当事人的真实意思,有时甚至相反。这就要求解释合同不能拘泥于合同文字,而应全面考虑与交易有关的环境因素(情势),包括书面文件、口头陈述、各方表示其意思的行为以及当事人各方缔约前的谈判活动和交易过程、履行过程或惯例。[2] 但是,即使法院在某些情形下不认可对此类合并条款的进行严格文本解释,也要以司法眼光在合同文本和缔约过程事实之间"流连",以一个理性人处于缔约环境中对合同用语的理解为准,来探寻合同用语的含义,而不是简单粗暴地以前后合同另有其他缔约主体等形式上的理由,完全拒绝进一步探求当事人的真实合意。

第二节 中间协议的效力

一、中间协议效力的司法实践

在优先股谈判的实践中,在开始进行谈判和最后订立合同两端之间,经常会出现的情形是,当事人先以"备忘录""意向书""草约"等名义形成所谓的中间协议,对交易某些事项进行约定,并期望日后达成"最终合同"并完成交易,[3] 但是双方最后没能签订最终合同。此时,应否以及如何给予守约方救济?或者

---

[1] 参见最高人民法院民法典贯彻实施工作领导小组主编:《中华人民共和国民法典总则编理解与适用》(下),人民法院出版社 2020 年版,第 718 页。

[2] 参见崔建远:《合同解释的三原则》,载《国家检察官学院学报》2019 年第 3 期。

[3] 如下文所详述,尚需签署最终交易合同之认购书、意向书等协议,可能有最后交易约束力,也可能没有。美国学者如范斯沃思等将有约束力和无约束力的初步协议统称为"初步协议",以下采纳此中性用语,以对应当事人意图之"最终合同"。See E. Allan Farnsworth, Precontractual Liability and Preliminary Agreements: Fair Dealing and Failed Negotiations, *Columbia Law Review*, Vol. 87, No. 2, 1987, pp. 249-250; Alan Schwartz & Robert E. Scott, Precontractual Liability and Preliminary Agreements, *Harvard Law Review*, Vol. 120, No. 3, 2007, pp. 663-664. 为避免比较法上用词混乱,除非另有说明或标识,下文所称"预约"是狭义上的,仅指有交易约束力的初步协议,即德国法上所言之"预约"。

更根本的,是履行利益还是信赖利益的赔偿?[1] 在中国合同法司法实践中,此类问题经常是以预约合同的名目呈现出来。2012年《最高人民法院关于审理买卖合同纠纷案件适用法律问题的解释》(以下简称《买卖合同解释》)第2条对预约合同进行了专门规定:"当事人签订认购书、订购书、预订书、意向书、备忘录等预约合同,约定在将来一定期限内订立买卖合同,一方不履行订立买卖合同义务,对方请求其承担预约合同违约责任或者要求解除预约合同并主张损害赔偿的,人民法院应予支持。"《民法典》第495条参考《买卖合同解释》第2条,对预约合同进行了专条规定:"当事人约定在将来一定期限内订立合同的认购书、订购书、预订书等,构成预约合同。当事人一方不履行预约合同约定的订立合同义务的,对方可以请求其承担预约合同的违约责任。"

(一) 学理概说

预约是大陆法系的概念,理论制度成熟于德国,德国法是我国研究预约法律问题的基础借鉴蓝本。[2] 对于预约的概念、性质和成立要件,除表达详略不同外,学理通说没有区别:预约乃约定将来订立一定合同的合同;预约以订立本约为其债务内容,性质是独立于本约之合同;预约生效有两个要件:当事人承诺缔约的合意和预约内容确定。从学理和司法裁判思考路径出发,预约合同民事责任可以划分为前后衔接的两个问题:预约合同效力和违约救济。前者为问题核心,界定了当事人受约束之合同义务,也在很大程度上决定了最终应给予守约方怎样的救济。然而,出人意料的是,虽然国内通说一致同意了预约的概念、性质和构成要件,但是无论对于预约效力还是违约救济,均莫衷一是,有些观点甚至大相径庭。对于预约效力,大致有三种观点:一是"善意(必须)磋商说",认为当事人仅负有善意磋商义务,但磋商未必一定达成本约;二是"实际履行(应当缔约)说",认为当事人的义务就是依约订立合同,即使磋商不成,也须达成本约;三是"内容决定说",主张区分不同情况,若预约中具备本约的主要条款,产生应当缔约的效力,否则产生善意磋商的效力。

---

[1] 参见[德]海因·克茨:《欧洲合同法》(上卷),周忠海等译,法律出版社2006年版,第59页。
[2] 有关德国预约理论和判例的介绍,参见叶新民:《预约效力的十字路口》,载《月旦裁判时报》2012年第18期;汤文平:《德国预约制度研究》,载《北方法学》2012年第1期。

在违约救济上,对于继续履行救济,有否定者,有赞同者,也有主张根据案件情况酌情处理的;对于损害赔偿,有认为应为本约履行利益赔偿,也有认为是信赖利益损失赔偿,后者对赔偿具体范围是否应包括机会损失等还存在不同认识。[1] 而《最高人民法院关于买卖合同司法解释理解与适用》对《买卖合同解释》第 2 条的解读,不仅有关合同效力的论述前后矛盾,而且对于违约救济争议问题也未置可否,均称尚待研究论证。[2]

在实在法层面,在《民法典》颁布之前,除《买卖合同解释》第 2 条外,2003 年《最高人民法院关于审理商品房买卖合同纠纷案件适用法律若干问题的解释》(以下简称《商品房买卖合同解释》)第 4 条、第 5 条,2000 年《最高人民法院关于适用〈中华人民共和国担保法〉若干问题的解释》(以下简称《担保法解释》)第 115 条都曾对预约合同有具体条文的规定,但如下文所述,虽然最高人民法院始终重视预约合同案件审理,但这些条文内在逻辑相互冲突,法院对这些条文的引用、阐述处于混乱和随意状态。

《民法典》第 495 条第 2 款规定的"当事人一方不履行预约合同约定的订立合同义务的,对方可以请求其承担预约合同的违约责任",不过是与"违约应当承担违约责任"相同逻辑的循环语句,其形式意义远大于实质。最高人民法院 2020 年 12 月 29 日修正了《买卖合同解释》,将原解释第 2 条预约合同的规定取消,但《民法典》合同编相关司法解释是否对此另行规定尚未确定。而同批修正的《商品房买卖合同解释》第 4 条、第 5 条之条文内容和次序与原司法解释则保持不变。最高人民法院 2020 年 12 月 25 日通过的《最高人民法院关于适用〈中华人民共和国民法典〉有关担保制度的解释》取消了原《担保法解释》中的关于

---

[1] 有关理论观点的评介,参见最高人民法院民事审判第二庭编著:《最高人民法院关于买卖合同司法解释理解与适用》,人民法院出版社 2016 年版,第 58—62 页。新近文献可参见王利明:《预约合同若干问题研究——我国司法解释相关规定评析》,载《法商研究》2014 年第 1 期;梁慧星:《预约合同解释规则——买卖合同解释(法释〔2012〕8 号第二条解读)》,中国法学网,2012 年 11 月 6 日,http://iolaw.cssn.cn/bwsf/201211/t20121106_4618794.shtml,2020 年 9 月 15 日访问;陆青:《〈买卖合同司法解释〉第 2 条评析》,载《法学家》2013 年第 3 期;汤文平:《论预约在法教义学体系中的地位——以类型序列之建构为基础》,载《中外法学》2014 年第 4 期。

[2] 参见最高人民法院民事审判第二庭编著:《最高人民法院关于买卖合同司法解释理解与适用》,人民法院出版社 2016 年版,第 4—6 页。

定金的规定,拟将定金规则放入《民法典》合同编司法解释中规定。最高人民法院认为,对于《民法典》施行后的担保行为引起的民事纠纷案件,法院在审理时能否沿袭原来的审判思路,取决于《担保法解释》关于定金的规定是否与《民法典》相冲突,如《担保法解释》第 115 条关于立约定金的规定与《民法典》并不矛盾,故仍可以适用。[1] 显然,实在法维持了现状,预约合同的效力和责任问题的争议和混乱并未因《民法典》和相关司法解释修正而消失。需要特别说明的是,本书下文所研判案例都是法院在 2021 年 1 月 1 日《民法典》和相关修正司法解释生效前作出的,为紧扣法院意见展开,相关的评析也以上述原司法解释为实在法背景。但是,修正后的实在法维持了现状,评析所欲针对却是当下。

(二)司法实践的实证考察

对于预约合同的裁判,《最高人民法院公报》在 2005 年后先后刊发了 5 件相关案例和裁判文书:在《买卖合同解释》出台前,有"戴雪飞案"(2006)、"仲崇清案"(2008)、"俞财新案"(2011);[2] 在《买卖合同解释》出台后,有"张励案"(2012) 和"成都讯捷案"(2015)。[3] 然而,即使在公报案例之间,亦存在程度不同的抵牾,"成都讯捷案"甚至明确反对"张励案"所主张的合同性质认定规则。除了上述 5 件公报案例,本节实证内容还包括 2005 年后刊登在《人民法院案例选》《中国审判案例要览》《人民司法》等刊物上的与预约合同效力和法律责任认

---

[1] 参见最高人民法院民事审判第二庭:《最高人民法院民法典担保制度司法解释理解与适用》,人民法院出版社 2021 年版。

[2] "戴雪飞诉华新公司商品房订购协议定金纠纷案"("戴雪飞案"),载《最高人民法院公报》2006 年第 8 期;"仲崇清诉上海市金轩大邸房地产项目开发有限公司合同纠纷案"("仲崇清案"),载《最高人民法院公报》2008 年第 4 期;"俞财新与福建华辰房地产有限公司、魏传瑞商品房买卖(预约)合同纠纷案"("俞财新案"),载《最高人民法院公报》2011 年第 8 期。

[3] "张励与徐州市同力创展房地产有限公司商品房预售合同纠纷案"("张励案"),载《最高人民法院公报》2012 年第 11 期;"成都讯捷通讯连锁有限公司与四川蜀都实业有限责任公司、四川友利投资控股股份有限公司房屋买卖合同纠纷案"("成都迅捷案"),载《最高人民法院公报》2015 年第 1 期。

定相关的典型案例 15 件,[1]刊登时间跨度为 2005 年至 2015 年。本节对于公报案例和典型案例主要是作定性分析,目的是较为全面地描述和总结最高人民法院曾经和如今所提出(或赞同)的"参考性"审判思路。预约合同纠纷并非新型案件,而司法实践是渐进的连续过程,故有必要对基于个案的分散性规则进行归纳整合。

对于诸如认购书等案涉协议中约定将来订立合同的案件,法院的审理思路

---

[1] 因涉及案例较多,为检索和对照方便,现将下文讨论的典型案例集中列示,并以刊登日期为顺序编号如下:(1)"黄静诉厦门联宏房地产开发有限公司、姜淑琴、厦门中兴房地产开发有限公司商品房买卖合同案"[(2005)厦民终字第 1930 号,"黄静案"],载《人民法院案例选》2006 年第 2 辑;(2)"桑志勇诉滁州华欣置业股份有限公司商品房预售合同案"[(2007)滁民一终字第 740 号,"桑志勇案"],载《中国审判案例要览》2008 年民事审判案例卷;(3)"刘烈昉诉余深斌等房屋买卖、抵押权纠纷案"[(2007)集民初字第 503 号,"刘烈昉案"],载《人民法院案例选》2008 年第 4 辑;(4)"曹求玉与广东省中山市中南物业开发有限公司商品房预约合同纠纷上诉案"[(2008)中法民一终字第 54 号,"曹求玉案"],载《人民司法·案例》2008 年第 18 期;(5)"珠海万里路企业有限公司诉珠海辰泰房地产开发有限公司商品房买卖合同案"[(2008)珠中法民一终字第 104 号,"珠海万里路"案],载《中国审判案例要览》2009 年民事审判案例卷;(6)"王彬诉自贡新鸿房地产开发有限公司商品房买卖合同案"[(2008)贡井民一初字第 7 号,"王彬案"],载《中国审判案例要览》2009 年民事审判案例卷;(7)"北京优高雅装饰工程有限公司诉北京亨利戴艺术家具有限公司违反预约合同义务损害其期待利益建筑合同案"[(2007)二中民终字 01756 号,"北京优高雅案"],载《人民法院案例选》2009 年第 1 辑;(8)"纪玉美诉厦门翔安新城投资开发有限公司房屋买卖合同案"[(2010)思民初字第 6447 号,"纪玉美案"],载《中国审判案例要览》2011 年民事审判案例卷;(9)"曹灿如与上海莱因思置业有限公司等商品房预约合同纠纷上诉案"[(2010)沪二中民二(民)终字第 609 号,"曹灿如案"],载《人民司法·案例》2011 年第 12 期;(10)"刘道琳诉南京航空瑞华置业有限公司等房屋买卖合同案"[(2010)宁民终字第 3975 号,"刘道琳案"],载《中国审判案例要览》2011 年民事审判案例卷,另载《江苏省高级人民法院公报》2012 年第 1 期;(11)"吴建平诉无锡深港国际服务外包产业发展有限公司商品房预售合同纠纷案"[(2012)锡民终字第 0619 号,"吴建平案"],载《人民法院案例选》2013 年第 1 辑;(12)"郭志坚诉厦门福达地产投资有限公司买卖合同纠纷案"[(2012)厦民终字第 1277 号,"郭志坚案"],载《人民法院案例选》2013 年第 1 辑;(13)"陈荣根诉江阴兰星公司、钱树忠买卖合同纠纷案"[(2012)锡民终字第 0024 号,"陈荣根案"],载《人民法院案例选》2013 年第 2 辑;(14)"上海钰翔国际贸易有限公司与天津三建建筑工程有限公司买卖合同纠纷案"[(2013)津高民二终字第 20 号,"上海钰翔案"],载《人民法院案例选》2014 年第 1 辑;(15)"山东菱重机电设备有限公司与中国人民解放军第三三零四工厂土地转让与租赁协议纠纷申请再审案"[最高人民法院(2013)民申字第 1715 号,"山东菱重案"],参见杨卓:《当事人可为预约合同约定附加生效条件》,载《人民司法·案例》2014 年第 14 期。

大致相同:先界定协议的性质(本约抑或预约),如认定为本约,则依一般合同法规则审理;如认定为预约,则需论证合同效力,然后决定违约救济事项,由此形成了以下三种审判路径:

1. "视为本约"审理路径

在"视为本约"路径下,协议性质可能是本约,也可能是预约,区分标准是协议主要内容是否缺失。"张励案"(判决摘要)指出:"判断商品房买卖中的认购、订购、预订等协议究竟是预约合同还是本约合同,最主要的是看此类协议是否具备《商品房销售管理办法》第 16 条规定的商品房买卖合同的主要内容。"[1]

虽然没有明文援引,但是"张励案"实际上参照了《商品房买卖合同解释》第 5 条。该条的制定理由是,在商品房交易中,有时因开发商未取得预售许可或项目未竣工验收,对诸如交付标准、面积差额处理等诸多条款尚无法确定,存在"事实上和法律上的障碍",当事人签署认购书等预约合同有其实务价值。而如果认购书已经具备《商品房销售管理办法》的主要内容,可以说明已经跨过预约阶段,障碍已经消除,此时当事人签署的认购书"名为预约,实为本约"。[2]

然而,"张励案"严格说来不属于"名为预约,实为本约"的情形,[3]因为在商品房项目竣工验收或取得商品房预售许可证后,当事人需另行签订正式的商品房买卖(或预售)合同,即使认购书上没有明文约定,这也是强制性要求,因为买卖(预售)合同而非认购书才是办理房屋过户等手续的必备文件,也是当事人履行义务的最终合同依据。[4] 同时,如果将认购书直接作为本约处理,认购书

---

[1] "张励与徐州市同力创展房地产有限公司商品房预售合同纠纷案"("张励案"),载《最高人民法院公报》2012 年第 11 期。

[2] 同上。

[3] "名为预约实为本约"说法来自我国台湾地区学者,"预约系约定将来订立一定契约之契约。倘将来系所订之契约履行而无须另订本约者,纵名为预约,乃非预约"。参见王泽鉴:《债法原理》(第二版),北京大学出版社 2013 年版,第 169 页。"简而言之,无须另外订立合同,为本约;反之,为预约"。另参见梁慧星:《预约合同解释规则——买卖合同解释(法释〔2012〕8 号第二条解读)》,中国法学网,2012 年 11 月 6 日,http://iolaw.cssn.cn/bwsf/201305/t20130530_4622053.shtml,2020 年 9 月 25 日访问。

[4] 参见《城市房地产开发经营管理条例》(2011 年修订)第 23 条、第 28 条,《城市商品房预售管理办法》(2004 年修订)第 10 条、第 12 条,《商品房销售管理办法》(2001 年)第 6 条、第 16 条。

就是一般商品房买卖合同,无须进行特别规定,适用《商品房买卖合同解释》第 5 条反而会导致困惑:买卖合同通常具备标的和价格等必要条款即成立,而命名为"认购书"的买卖合同(本约)是否仅因不具备作为行政规章的《商品房销售管理办法》第 16 条所规定的主要内容而不成立? 因此,将该第 5 条描述为"实为预约但视为本约处理"似更符合实际;即使尚需另行签订最终交易合同,但如果认购书等协议具备《商品房销售管理办法》第 16 条规定的主要内容,也可视为本约已经成立。实践中,法院对于该路径的司法适用观点差异明显。

(1) 宽松适用

《商品房买卖合同解释》第 5 条没有明确"主要内容"的认定标准,而如果结合最高人民法院《关于适用〈中华人民共和国合同法〉若干问题的解释(二)》(以下简称《合同法解释二》)第 1 条之规定,认购书等协议似乎只要有标的物和数量之约定,就可以被认定为本约,合同缺漏的内容包括价格都可以由法院补充。在"刘烈昉案"中,当事人在协议书中约定了房号、价款和违约责任,法院认定该协议书名为预约但内容具体明确,买卖合同成立并生效。在"刘道琳案"中,法院的观点相同。

(2) 严格适用

在更多的公报案例、典型案例中法院看起来持谨慎态度。在"张励案"中,法院认为最主要的是看此类协议是否具备《商品房销售管理办法》第 16 条内容规定的商品房买卖合同的主要内容,从而认定此类协议已经具备商品房买卖合同本约的条件,判决摘要给出了一个主要内容的认定标准:"只要具备了双方当事人的姓名或名称,商品房的基本情况(包括房号、建筑面积)、总价或单价、付款时间、方式、交付条件及日期,同时出卖人已经按照约定收受购房款的,就可以认定此类协议已经具备了商品房买卖合同本约的条件。"但是,该案判决书主文在协议性质部分却仍然使用了多少隐含有否认第 5 条适用意味的概括性语言("等等"),认定预订单的性质为预约,"双方对商品房的交付时间、办证时间、违约责任等等诸多直接影响双方权利义务的重要条款在预订单中没有明确约定,属于未决条款,需在签订买卖合同时协商一致达成"。类似的表达还存在于"俞财新案""曹求玉案"以及"吴建平案"中。

(3) 否认适用

在"成都迅捷案"中,一审法院采纳了宽松适用观点,认为购房协议书中的当事人名称、标的等主要条款明确具体,根据《合同法解释二》第1条,认定协议书具备合同成立的必备条款,并参照《城市房地产开发经营管理条例》第33条规定,判定被告应在收到全部购房款后90日内协助原告办理产权过户手续。二审法院(经审判委员会决定)也认为,一审判决认定双方间的房屋买卖合同关系已经成立并无不当。但是,最高人民法院再审改判认为,原审法院的合同性质认定错误,购房协议书之性质应为预约而非本约。最高人民法院指出:"预约的形态多种多样,有的预约条款非常简略,仅表达了当事人之间有将来订立本约的意思,至于本约规定什么内容留待以后磋商决定;有的预约条款则非常详尽,将未来本约应该规定的内容几乎都在预约中作了明确约定。而若仅从内容上看,后者在合同内容的确定性上基本与本约无异,即使欠缺某些条款,也往往可以通过合同解释的方式加以补全。因此,仅根据当事人合意内容是否全面,并不足以界分预约和本约。"再审判决(裁判摘要)强调,"判断当事人之间订立的合同系本约还是预约的根本标准应当是当事人的意思表示,也就是说,当事人是否有意在将来订立一个新的合同,以最终明确在双方之间形成某种法律关系的具体内容";"如果当事人存在明确的将来订立本约的意思,那么即使预约的内容与本约已经十分接近,且通过合同解释,可以从预约中推导出本约的全部内容,此时也应当尊重当事人的意思表示,排除这种客观解释的可能性"。

最高人民法院该判决完全推翻了其在"张励案"中曾认同的视同本约的审理路径(尽管态度暧昧),明确强调预约与本约的区分,即如果当事人有意在将来订立一个新的合同,无论协议内容详略、是否具备主要内容,性质只能是与本约相对应的预约。[1] 在该案后,法院即便在商品房买卖预约纠纷中适用《商品房买卖合同解释》第5条,也会存在疑问:如果把第5条当作商品房买卖的特别规定,就意味着法院将因最终交易对象的不同而需要对合同性质进行区分认

---

[1] "张励案"之前的"仲崇清案"其实就已经隐含了这种审判思路。虽然法院认为意向书"就条件成就时实际进行商铺买卖的主要内容达成了合意",但是一、二审法院均未提及《商品房买卖合同解释》第5条或《商品房销售管理办法》第16条之规定,直接认定意向书"是具有法律约束力的预约合同"。

定,这显然没有道理。为避免规则冲突,最高人民法院对第 5 条的适用条件进行了重新解读:与其说该条解释采纳了"视为本约说",毋宁说该规定承认了预约与本约之间的可转化性。预订单等协议除了应具备合同主要内容,还必须"当事人一方或者双方已经实际履行",此时"预约转化为本约"[1]或"预约被本约所吸收"[2]。然而,如此解读可能使该第 5 条成为一个虚置条款。因为无论当事人之间是否存在约定将来签订合同的协议书,法院均可以径直依照《合同法》第 36 条、第 37 条,以当事人履行合同的事实行为而认定本约成立。

2. "预约—履行"审理路径

即使法院在纠结后认定案涉协议性质为预约,对于预约的效力仍有两种观点。在"俞财新案"中,法院赞同实际履行说,持"预约—履行"之审理路径。最高人民法院在该案中维持了一审判决,认定商铺认购书因内容欠缺,其性质是预约合同,被告应当在"收到订金后 30 日内领取商品房预售许可证并与俞财新签订购房合同"。在与"成都迅捷案"几乎同期审理、同是再审案件的"山东菱重案"中,最高人民法院(裁判要点)同样支持应当缔约说:"判断预约合同成立的标准是当事人是否达成将来缔结本约合同的合意。预约合同不同于民事主体在合同签订过程中达成继续磋商的合意,其生效后,当事人负有必须缔结本约的义务。"

"预约—履行"路径与"视为本约"路径,最终法律后果并无不同,法院对协议进行合同性质事先区分只具有概念上的意义。如果当事人磋商不成,最后无法达成合同,法院应当"判决其履行,以维护相对人之利益"("郭志坚案"裁判摘要)。而如果原告主张违约损害赔偿,法院则判定被告赔偿原告的履行利益损失,如房屋价格上涨差价("陈荣根案")。

---

[1] 最高人民法院民事审判第二庭编著:《最高人民法院关于买卖合同司法解释理解与适用》,人民法院出版社 2016 年版,第 55 页。

[2] 司伟:《预约与本约的区分与界定——申请再审人成都讯捷通讯连锁有限公司与申请再审人四川蜀都实业有限责任公司、一审第三人四川友利控股股份有限公司房屋买卖合同纠纷案》,载最高人民法院民事审判第一庭编:《民事审判指导与参考》(2014 年第 1 辑),人民法院出版社 2014 年版,第 210 页。

3. "预约—磋商"审理路径

然而,持善意磋商说的"预约—磋商"路径似乎才是最高人民法院的主导性审判思路。例如,"张励案"判决书指出,"预约合同的目的在于当事人对将来签订特定合同的相关事项进行规划,其主要意义就在于为当事人设定了按照公平、诚信原则进行磋商以达成本约合同的义务"。"戴雪飞案""仲崇清案""成都讯捷案"中法院均持此观点。[1]

善意磋商说与实际履行说的本质区别在于,除了合同法规定之责任减免事由,被告还可以主张尽到善意磋商义务而免责。"张励案"被告未通知原告签约并将涉案房产安置给他人,使"进一步磋商没有可能",法院容易认定其违反了磋商义务。"戴雪飞案"(裁判摘要)给出了善意磋商义务的一般认定标准:"在继续进行的磋商中,如果一方违背公平、诚信原则,或者否认预约合同中的已决条款,或者提出令对方无法接受的不合理条件,或者拒绝继续进行磋商以订立本约,都构成对预约合同的违约,应当承担预约合同中约定的违约责任。反之,如果双方在公平、诚信原则下继续进行了磋商,只是基于各自利益考虑,无法就其他条款达成一致的意思表示,致使本约不能订立,则属于不可归责于双方的原因,不在预约合同所指的违约情形内。"

"戴雪飞案"是商品房买卖定金返还之诉,法院的判案依据是《商品房买卖合同解释》第 4 条,该条特别规定了定金罚免责事由("因不可归责于当事人双方的事由"),"善意磋商"即属于"不可归责于双方的事由"。事实上,与《担保法解释》第 115 条不同,[2]《商品房买卖合同解释》第 4 条之定金罚担保的是当事

---

[1] "预约合同的意义,是为在公平、诚信原则下继续进行磋商,为最终订立正式的、条款完备的本约创造条件"("戴雪飞案"裁判摘要);"预约合同生效后……一方当事人未尽义务导致本合同的谈判、磋商不能进行,构成违约的,应当承担相应的违约责任"("仲崇清案"裁判摘要);"根据《购房协议书》,双方的主要合同义务是就达成房屋买卖合意进行诚信磋商"("成都迅捷案"判决书)。

[2]《担保法解释》第 11 条为立约定金之规定,担保的是当事人在将来正式缔约,如果当事人拒绝缔约,即可适用定金处罚。参见曹士兵:《中国担保制度与担保方法》(第三版),中国法制出版社 2014 年版,第 404 页。

人诚信谈判而非缔约,属于认同"预约—磋商"路径的条款。[1]

在"预约—磋商"审理路径下,即使认定一方违反了善意磋商义务,对于违约的救济方式和范围,法院仍然争议颇大。《最高人民法院关于买卖合同司法解释理解与适用》一书中称,对是否允许强制缔约"曾数易其稿","始终处于犹豫状态",故"解释对该问题没有明确态度"。[2] 实践中法院有承认和拒绝两种意见:"黄静案"法官评论说,原告请求判令被告与其签订商品房买卖合同,违反合同法规定的合同自愿原则;而"张励案"(裁判摘要)则指出,一方违反预约合同,守约人可以请求违约方"履行订立本约的义务或者赔偿损失"。

对于原告请求解除合同并赔偿损害,最高人民法院认为其性质属于本约订立过程中的缔约过失责任,被告应赔偿原告"相信本约能够签订的信赖利益损失",包括缔约费用、准备履行费用、已经给付金钱之利息损失等。但是,对于缔约过失责任是否包括机会损失利益(订约机会利益)这个争议问题,最高人民法院持保留态度,认为"尚待研究论证和法律明确",法院可以酌情裁判。[3] 在采取"预约—磋商"审理路径的公报案件和典型案件中,共有四例涉及损害赔偿,但四种不同意见:

在"曹灿如案"中,法院(裁判要旨)明确反对机会损失赔偿,认为"在确定缔约过失的赔偿范围时,应当以信赖利益的损失为限,不应包括机会丧失及期待利益的损失",主要理由是"机会所形成的利益很难合理确定"。

"仲崇清案"的裁判观点与上述最高人民法院观点类似,"对守约方因信赖利益落空产生的损失应酌情予以赔偿"。二审法院同意信赖利益损失包括原告

---

[1] 参见最高人民法院民事审判第二庭编著:《最高人民法院关于买卖合同司法解释理解与适用》,人民法院出版社 2016 年版,第 63 页;参见最高人民法院民事审判第一庭编著:《最高人民法院关于审理商品房买卖合同纠纷案件司法解释的理解与适用》,人民法院出版社 2003 年版,第 62 页。

[2] 参见最高人民法院民事审判第二庭编著:《最高人民法院关于买卖合同司法解释理解与适用》,人民法院出版社 2016 年版,第 60—61 页。

[3]《最高人民法院关于买卖合同司法解释理解与适用》给出了一个循环式的意见:"预约合同的损害赔偿应以信赖利益为限,在最高不超过信赖利益的范围内,由法官依据诚实信用和公平原则,结合案件实际情况,综合考虑守约方履约情况、违约方的过错程度、合理的支出等因素,酌情自由裁量。"参见最高人民法院民事审判第二庭编著:《最高人民法院关于买卖合同司法解释理解与适用》,人民法院出版社 2016 年版,第 62 页。

因此丧失与第三人另订类似合同的机会所遭受的损失,但反对原告提出的差价赔偿请求,认为"双方签订的预约合同毕竟同正式的买卖合同存在法律性质上的差异",机会损失如何赔偿应考虑签订本约的概率有多大以及本约可能确定的内容等事实。

"张励案"裁判摘要代表第三种观点,对机会损失进行完全赔偿(差价赔偿),认为原告在与被告签订预订单后,"有理由相信被告会按约定履行订立本约合同的义务,从而丧失了按照预订单约定的房屋价格与他人另订购房合同的机会,因此被告因违约给原告造成的损失应根据订立预订单时商品房的市场行情和现行商品房价格予以确定"。

"北京优高雅案"裁判要点则代表第四种意见,被告未尽预约合同义务导致磋商不成,赔偿性质应为根据《合同法》第113条计算的合同履行利益,"应对对方期待利益的损失承担赔偿责任"。

综上,如公报案例和典型案件所显示,对于预约合同纠纷案件,最高人民法院仍没有形成一贯的审理思路(如表3-1所示),审判结果几乎无法预测:不仅存在三种审理路径,而且相同审理路径的内部裁判适用标准还可能大相径庭。

表 3-1 公告案例和典型案例审理情况表

审判路径 (数量)	案例 (刊登年份)	裁判结果
视为本约 (2例)	"刘烈昉案"(2008)	实际履行
	"刘道琳案"(2011)	被告返还预付款和双倍返还定金
预约—履行 (7例)	"俞财新案"(2011)	原告违约在先,解除合同,被告返还订金和利息
	"王彬案"(2009)、"郭志坚案"(2013)、"山东菱重案"(2014)	实际履行
	"纪玉美案"(2011)	政策变动构成情势变更,解除合同返还预付款
	"陈荣根案"(2013)	赔偿履行利益损失(房屋差价)
	"上海钰翔案"(2014)	被告违约,支付违约金

(续表)

审判路径 （数量）	案例 （刊登年份）	裁判结果
预约—磋商 （11 例）	"戴雪飞案"（2006）、"桑志勇案"（2008）、"曹求玉案"（2008）、"吴建平案"（2013）	未就本约达成一致不可归责双方，返还定金
	"仲崇清案"（2008）	赔偿信赖利益损失，酌情赔偿机会利益损失
	"张励案"（2012）	赔偿信赖利益损失，全额赔偿机会损失
	"曹灿如案"（2011）	酌情赔偿信赖利益，但不包括机会利益损失
	"北京优高雅案"（2009）	赔偿本约履行利益
	"黄静案"（2006）	驳回实际履行请求，可另行主张损害赔偿
	"珠海万里路案"（2009）	原被告磋商均有过错，解除合同分摊损失
	"成都迅捷案"（2005）	构成事实买卖合同，继续履行

二、达成最终交易合意的协议的效力和救济

暂且不论不同国家立法或学理是否存在内涵共通的"预约"概念，《买卖合同解释》第 2 条意图解决的实践纠纷也是外国法院同样需要面对的问题：在开始进行谈判和最后订立合同两端之间，当事人有时会先以"备忘录""意向书""草约"等名义形成所谓"初步协议"（中间协议），对交易某些事项进行约定，并期望日后达成最终合同，完成交易。[1] 但是，如果双方没能签订最终合同，应否以及如何给予守约方救济，或者更根本的，是作出履行利益还是信赖利益的赔偿？[2]

---

[1] See E. Allan Farnsworth, Precontractual Liability and Preliminary Agreements: Fair Dealing and Failed Negotiations, *Columbia Law Review*, Vol. 87, No. 2, 1987, pp. 249-250; Alan Schwartz & Robert E. Scott, Precontractual Liability and Preliminary Agreements, *Harvard Law Review*, Vol. 120, No. 3, 2007, pp. 663-664.

[2] 参见〔德〕海因·克茨：《欧洲合同法》（上卷），周忠海等译，法律出版社 2006 年版，第 59 页。

当事人原本无须自找麻烦而直接达成交易,却先选择签订初步协议,其背后原因或意图并非唯一,初步协议体现了当事人针对将来预期最终交易的允诺和安排。当事人受约束的义务(缔约抑或磋商)取决于当事人签订协议时所达成的合意,只能由法院基于个案事实查明,不能预先设定。初步协议中约定将另行签订最终合同的条款本身决定不了什么——这总是双方签订此类初步协议的目的所在。在查明当事人合意之后,违约民事救济也要相应地区分对待,前者是缔结最终合同义务,后者是最终合同前义务,泾渭分明。

在上述案例中,根据案涉认购书等协议内容和其他案件事实,可以划分为以下三种类型:(1)类型A案件,协议约定合同必要条款和当事人将来签订合同承诺。除"成都迅捷案"等3例外,其余公报案例和典型案例皆属此类,并以"张励案""仲崇清案"等(商品房)预约合同纠纷案件为典型代表:被告与原告签订商品房预订单等协议,约定所购商品房位置、面积、价款等,原告向被告预缴部分购房款,并约定在被告取得相关许可后签署正式合同。(2)类型B案件,协议约定合同必要条款以及尚需对相关事项继续磋商或类似意图。"成都迅捷案"即属于此类。原、被告签订购房协议书,约定了房屋位置、价款、违约责任等条款,同时另行约定有待磋商条款,如"甲乙双方应就购房合同及付款方式等问题在本协议原则下进行具体磋商","甲乙双方就该宗房屋买卖合同签订时,本协议自动失效"。(3)类型C案件,协议未约定合同必要条款。在"山东菱重案"中,原租赁合同终止,当事人仅约定"双方应于土地及厂房交付后另订补充协议执行"。"北京优高雅案"情况与其类似。

(一) 类型A案件应推定已达成最终交易合意

1. 合意推定

(1)"张励案"等类型A案件的典型事实特征都是在初步协议文本中约定了交易主要条款,且双方当事人(或一方应另一方当事人要求)[1]无保留地表达了日后签订最终合同之承诺。此类协议除了合同标的特殊(缔约行为)外,与

---

[1] 例如,"张励案"当事人在预订单中约定:"在甲方(被告)通知签订《商品房销售合同》之前,乙方(原告)可随时提出退房……在乙方按照本条约定签订《商品房销售合同》前,甲方不得将该房另售他人。"

当事人承诺货物交付等普通合同并无二致。因此，除非存在其他表明合意欠缺的相反事实，否则法院应首先推定双方对完成最终交易达成了合意，协议效力即当事人一方或双方的义务应为执行缔约承诺（"预约—履行"路径或"视为本约"路径）。当事人是否曾有交付房产或缴纳定金、房款等履行行为并不影响达成交易合意的认定，我国合同法不以是否给付对价作为合同约束力成立的前提。

　　按德国法等大陆法通说，如果合同内容确定、具备主要条款，则当事人允诺以商定条款订立最终合同（本约）的初步协议有订立最终合同的约束效力。"预约的宗旨，实际上是一方当事人或双方当事人承担一种承诺的债务，即当对方进行本约的要约时必须对此进行承诺从而使契约成立的债务（双方都负有此债务的，为双方预约、双务预约；只有一方负有此债务的，为单方预约、单务预约）。"[1]

　　英美法同样执行当事人意图最终交易的承诺。美国《第二次合同法重述》第 27 条专门指出，"如果事实表明当事人已对交易达成合意，该协议的约束力并不因当事人还同时声明嗣后要另行准备和签订书面协议而被否认"[2]。如果当事人同意所有应同意之必要条款，仅称还要另行签订合同，则并不影响协议成立。[3] 在此种情形下，初步协议是可强制执行的协议，双方的义务不仅仅是协商，而是协商不成仍必须以已商定条款达成最终合同，合同漏洞由法院依职权裁量，或判定违约方承担履行利益损害赔偿。[4] 英美法虽没有为此专门发明法律概念，但并非可以据此揣测"不承认预约"，或"不承认当事人约定在将

---

〔1〕〔日〕我妻荣：《债权各论》（上卷），徐慧译，中国法制出版社 2008 年版，第 47 页。

〔2〕 Restatement(Second)of Contract §27cmt. a (1981).

〔3〕 See 16 John E. Murray, Jr., Corbin on Contracts § AG-2.06 (4)(Matthew Bender 2013).

〔4〕 See E. Allan Farnsworth, Precontractual Liability and Preliminary Agreements: Fair Dealing and Failed Negotiations, *Columbia Law Review*, Vol. 87, No. 2, 1987, p.250; Alan Schwartz & Robert E. Scott, Precontractual Liability and Preliminary Agreements, *Harvard Law Review*, Vol. 120, No. 3, 2007, p. 674.

来时点订立契约之约定具有契约效力"。[1] 在英美法中,此时二者就是一回事:如果当事人事后未能达成最终合同,意向书本身就成为具备全部约束力的最后合同,初步协议只是形式上的。[2]

(2) 大致浏览"张励案""仲崇清案"等类型 A 案件中持"预约—磋商"路径的法院裁判文书,就能发现其论证逻辑往往是首先断定,如果协议中有另行签订交易合同的约定,当事人的意图就一概是对未来签订合同进行"规划",是就合同未决事项"按照公平、诚信原则进行磋商以达成本约合同"。而支持这种认识的理由大致有两点:其一,协议中既然有未决事项,交易即未定局,应给予当事人另行磋商的机会;其二,预约既然独立,法律效力和责任与本约就应该不同,否则"预约"概念就缺乏独立意义。[3]

然而,德国预约制度的规范功能并不是为确认当事人谈判过程中的善意磋商义务——这没有多少实际价值,因为根据商业谈判的进展情况,即使没有签订初步协议,各国法律本来也给当事人施加了强弱不等的善意磋商、信赖照顾义务,中断缔约可能构成缔约过失,[4] 以保护当事人的合同期望,并允许当事人因行政核准或其他法律、事实障碍造成"订立本约,尚未臻成熟",而在现在对

---

[1] 参见林诚二:《民法债编总论——体系化解说》,中国人民大学出版社 2003 年版,第 46 页。

[2] See E. Allan Farnsworth, Precontractual Liability and Preliminary Agreements: Fair Dealing and Failed Negotiations, *Columbia Law Review*, Vol. 87, No. 2, 1987, p. 253; Alan Schwartz & Robert E. Scott, Precontractual Liability and Preliminary Agreements, *Harvard Law Review*, Vol. 120, No. 3, 2007, p. 674; Teachers Ins. & Annuity Ass'n v. Tribune Co., 670 F. Supp. 491, 498 (S. D. N. Y. 1987).

[3] 一个典型的论述是:"一旦预约符合了买卖合同的确定性要求,往往又会僭越到本约规范的领地。其结果是,即使承认预约有其独立存在的可能性,它也只能在大量无拘束力的文本和本约的夹缝中成长了。这是否有违最高人民法院将认购书等合同缔结过程中的大量协议认定为独立的合同类型(预约合同)并加以专门规范之本意?""在订立预约时,交易并未定局,依然存在着一些未决事项。即使是已决事项,理论上也应该给予当事人在最终订立本约时根据客观情势的变化再磋商和作出修正的权利,以便终局性地通盘确定当事人之间的交易关系。此点也正是预约区别于本约的核心功能。"参见陆青:《〈买卖合同司法解释〉第 2 条评析》,载《法学家》2013 年第 3 期。表述不同但实质类似的观点,参见汤文平:《论预约在法教义学体系中的地位——以类型序列之建构为基础》,载《中外法学》2014 年第 4 期。

[4] 参见叶金强:《论中断磋商的赔偿责任》,载《法学》2010 年第 3 期。

将来要完成(而非继续磋商)最终交易进行计划。[1] 英美学者同样认为,"当事人完全可能为了准备随后签订书面协议而订立一项能够强制执行的合同来使他们受到约束"[2]。当事人通过签订此类协议,可以绕过各种原因障碍,如交易惯例、监管要求、法律费用、税收等,在签订正式文件前就可以确保达成交易。[3]

逻辑上,预约合意和本约合意自是不同,预约有别于本约,但是预约无可否认应指向本约交易。预约和本约在法律后果上的无差别正是确保交易功能的体现,德国法就认可执行双方业已达成的完成本约交易之承诺。但是,在前述"预约—磋商"路径下,"预约"效力指向的却是就本约交易的继续磋商,此"预约"实非德国法上的"预约",二者的语境截然不同。

现实中,没有合同是完备的(对必要与非必要之点皆合意,合同确定成立)。当事人或者没能预见,或者不愿意花费时间精力去讨论不太可能发生、琐碎的事情,或者因现阶段有些信息未知而无法以可以被法院事后验证的方式有效约定,因而对合同若干条款闭口不谈是再正常不过的现象。如果合同有未定缺漏事项就意味着当事人尚未达成合意,那么发生争议时没有合同能够成立,因为意图逃脱合同责任的当事人总是会声称有关事项还有待磋商。

法院无法事后确认已经成为过去的当事人签约时的内心真实意思,往往只能将当事人合同文本中的外在客观表述作为当事人共同意思的判断准据,这是合意判断的基本出发点。合同法确立已久的合意(合同)成立判断规则是:当事人对必要之点达成一致,而对于非必要之点,若当事人未经表示,法院应推定当事人已经达成合意。[4] 预约合同也不例外。德国通说和实务对于预约内容确

---

[1] 参见王泽鉴:《债法原理》(第二版),北京大学出版社2013年版,第168页。

[2] 〔美〕A. L. 科宾:《科宾论合同》(一卷版·上册),王卫国等译,中国大百科全书出版社1997年版,第62页。

[3] See E. Allan Farnsworth, Precontractual Liability and Preliminary Agreements: Fair Dealing and Failed Negotiations, *Columbia Law Review*, Vol. 87, No. 2, 1987, p. 251.

[4] 参见王泽鉴:《债法原理》(第二版),北京大学出版社2013年版,第200页;陈自强:《民法讲义Ⅰ:契约之成立与生效》,法律出版社2002年版,第95—97页;林诚二:《民法债编总论——体系化解说》,中国人民大学出版社2003年版,第52—54页。

定性的要求与本约相同,如果当事人承诺依商定条款缔约,且条款足以探知本约之内容,则应推定双方已就最终交易达成合意。[1]英美法同样如此,"存在空白条款的初步协议所涉及的合同确定性要求与存在空白条款的最终合同没有多大区别,法院对这个条件的容忍对于最终合同和初步协议是同样的"[2]。

范斯沃思称,此类如本约般确定、当事人之间没有另待磋商内容约定的协议为"意图交易的协议",合同当事人不能因为事后无法就其他条款达成一致而否认其已经作出的交易允诺。[3]也如弗卢梅所称,"A 和 B 针对某一标的订立买卖合同的情形,与他们约定将来要订立买卖合同并且在该约定中确定买卖合同内容(特别是确定买卖标的和价款)的情形之间不存在任何区别。至于是在前一种情形下直接产生标的给付和价款支付的义务,还是在后一种情形中当事人仅负有缔结形成与上述义务相同义务合同的义务,则在所不问。"[4]在美国权威案例"Teachers Ins. 案"[5]中,法院将初步协议案件区分为类型Ⅰ案件和类型Ⅱ案件,将当事人在协议中对意图协商一致的合同必要条款都达成一致并同意在最终合同中载入承诺内容的案件归为类型Ⅰ案件。法院指出,类型Ⅰ案件中双方已经达成交易,当事人约定将另行签署更加详细完备的最后合同的条款只是与当事人完成交易合意无关的、一个形式上的要求,类型Ⅰ案件涉及的仅是时间问题——当事人应在何时开始履行义务。科宾对类型Ⅰ案件具有的事实特征曾作过一般性的描述:在当事人签订正式合同之前,"当事人对所有的必要条款都表示明确的允诺,对那些并非必不可少但其他人通常包括在类似合同

---

[1] 参见〔德〕维尔纳·弗卢梅:《法律行为论》,迟颖译,法律出版社 2013 年版,第 734—735 页。

[2] John E. Murray, Jr., Corbin on Contracts § AG-2.06 (3) (Matthew Bender 2013).

[3] See E. Allan Farnsworth, Precontractual Liability and Preliminary Agreements: Fair Dealing and Failed Negotiations, *Columbia Law Review*, Vol. 87, No. 2, 1987, p. 256.

[4] 〔德〕维尔纳·弗卢梅:《法律行为论》,迟颖译,法律出版社 2013 年版,第 734 页。

[5] 该案例至少被美国 13 个州、16 个联邦地区法院和 7 个联邦巡回法院所遵循。See Alan Schwartz & Robert E. Scott, Precontractual Liability and Preliminary Agreements, *Harvard Law Review*, Vol. 120, No. 3, 2007, pp. 664, 691.

中的其他相关事项却不置一词",如果案件事实能被归入此类,则"一个有效的合同即为已经成立。即使当事人一方或双方可能认识到该正式文件在制备时将包含他们不妨随后达成一致的追加规定"。[1]

2. 对合意推定的反驳

理论上,主张未达成合意的一方仍有机会反对合意推定,如举出有利证据证明因存在错误或欺诈情形而事实上未达成合意。在特别情形下,如修建地铁等重大合同,法院亦可依交易背景、习惯等因素认定在未正式签订书面合同时双方尚无受合同约束的意思,[2]但为维护交易安全,否认合意推定应为"实务中罕见其例"。[3]

我国法院审理的类型Ⅰ案件,如绝大多数涉及商品房买卖合同的预约纠纷案件,当事人完成交易的意图是显而易见的:开发商为确保日后卖出房屋和尽快回笼部分或全部资金,购房者则为避免房价日后上涨风险。当事人之所以先以订购书、意向书等名义签约,原因是开发商未取得预售许可证或项目未竣工验收,当事人此时根本无法签订"有效"的商品房买卖(预售)合同,[4]这属于当事人已同意交易但因事实或法律障碍而无法现时签订最后合同的典型应用。如果说法院查明签约文本客观表述含义时不应仅从受领人出发,还应考察"通情达理的人们在处于与当事人相同的情形时,他们将具有怎样的目的",[5]那么,对于此类法律关系简单、市场竞争充分、找到替代品一般并不困难的日常交易,如果还认为双方签订协议并交付定金或预付款的意图仅是为获得前景未知、没有交易拘束力的磋商机会,则不仅有悖于普通人的日常经验,也会如"张

---

[1] 参见〔美〕A. L. 科宾:《科宾论合同》(一卷版·上册),王卫国等译,中国大百科全书出版社1997年版,第66页。

[2] 参见陈自强:《民法讲义Ⅰ:契约之成立与生效》,法律出版社2002年版,第98页。

[3] 王泽鉴:《债法原理》(第二版),北京大学出版社2013年版,第202页。

[4] 这正是"仲崇清案"的另一个主要法律争点。该案法院认为,法律对商品房预售合同的强制性规定并不适用于预约合同,即使被告最终没有取得相关许可。

[5] 〔德〕海因·克茨:《欧洲合同法》(上卷),周忠海等译,法律出版社2006年版,第159—160页。

志坚案"法官所评论的,将鼓励机会主义和背信弃义。[1]

(二)违约认定和救济

1. 违约认定

如果当事人已达成最后交易合意,那么除非构成不可抗力、情势变更(如"纪玉美案")等合同法定抗辩事由或当事人另有约定,当事人应依约签订交易合同。"善意"非免责事由,违约并不存在"恶意"违约与"善意"违约之分,此时法院若采纳"预约—磋商"审理路径,实际上是在当事人意思之外给意图毁约方凭空增加了协议所没有约定的免责事由。

从公报案例和典型案例来看,即使法院不断强调"应当",善意磋商义务也不过是个形式,除非当事人一方明示拒绝磋商,如"张励案""仲崇清案"中被告将涉案房屋转让他人,似乎只要当事人存在某种磋商动作或意愿即可以满足其要求。如此,当事人大可以假意磋商,之后任选一个未约定条款以未达成合意为借口,就能取消以前所作的允诺。"戴雪飞案"即为显例,该案法院认为,无论原告诸多未签约推辞是否成立(如要等丈夫回来签约等),有前往磋商的表现即属不违约,"只要原告有意愿继续磋商,被告不能以此为由拒绝与原告继续磋商本约"。类似观点还体现在"桑志勇案""曹求玉案""吴建平案"裁判中。

在前述类型 A 案件中,法院采纳"预约—磋商"路径的有 29 例,其中法院认定一方违反磋商义务的有 10 例,均属当事人一方明示拒绝磋商情形,而在非该情形的 19 例中,18 例被认定"不可归责双方",当事人几乎都逃脱了缔约责任。而采纳"预约—履行"路径的判决(73 例)中,除 1 例为法院判决双方违约外,仅有 4 例(因限购等政策变化)被认定"不可归责双方",在其余 68 例案件中,当事人未依约签订合同即被法院认定构成违约。

---

[1] 在美国,不动产交易中买卖双方惯例是先草签诸如"押金收据""临时协议"(binder)等简单格式文件,以后再对具体事项协商和签订最后完备合同。法院通常认为该种协议有最后约束力,当事人不得拒绝签订买卖合同。See E. Allan Farnsworth, Precontractual Liability and Preliminary Agreements: Fair Dealing and Failed Negotiations, *Columbia Law Review*, Vol. 87, No. 2, 1987, p. 250.

2. 违约救济

如果当事人已达成最后交易合意,那么债权人依初步协议(预约)享有的本约缔结利益和本约履行利益范围是一致的:债务人不为意思表示订立本约时,权利人自得诉请履行;若他方仍不为缔约意思表示,则法院可以判决确定视为已为意思表示。如果合同存在漏洞,法院可以通过合同解释的方式审查确认。[1] 理论上,原告只能诉请被告履行订立本约义务,不能直接请求履行本约合同义务。但是,这无关紧要,因为如果原告愿意,可以调整诉讼技术:诉请本约订立—判决订立本约—诉请履行本约。为避免不必要之诉讼拖累,法院应允许诉讼合并。[2] "郭志坚案"的审理法官指出,"为符合诉讼经济原则,如果本案原告诉请一并履行本约,应给予支持"。"王彬案"的审理法官则未多加解释,直接判定被告依据房号确认单负有继续履行确认单约定的房屋交付义务。

法院在下列情形下判决实际履行无须"犹豫":不能认为实际履行有违合同自由,因为法院执行的正是当事人同意的意思;不能认为因"行为给付"而"难以强制",[3] 因为法院强制执行的最终结果不过是迫使被告依约交付商品房等标的物,与强制执行雇佣、劳务等人身属性合同情形并不相同;"一方当事人所给付的对价是有限的","实际履行会导致当事人之间的给付均衡受到影响"的观点也不甚妥当,[4] 因为要求被告缔约并未超出其承诺的义务,德国学理上称之为"意定的缔约强制"。[5]

---

[1] 德国联邦最高法院2006年的一则判决曾对漏洞补充提出一个解决方案:原告得于起诉时诉之声明中主张本约应有的内容,若被告同意或未表示意见,则法院得判决以原告的主张成立本约。若被告不同意原告所提出的本约内容,则可在答辩状中自拟符合预约规定的本约作为抗辩,原告同意被告补充的本约内容,则可以诉之变更的方式接受该内容,否则,由法院审查两造所提出的建议,以诚信原则为基础比较两者中何者较符合系争预约应有的履行义务。参见叶新民:《预约效力的十字路口》,载《月旦裁判时报》2012年第18期。

[2] 参见王泽鉴:《债法原理》(第二版),北京大学出版社2013年版,第170页。

[3] 安徽省高级人民法院在2014年发布的指导性案例"王宁平诉芜湖市君泰置地投资有限公司商品房预售合同纠纷案"中,特意指出对于铺位定购书这个预约合同,原告无权强制被告与其缔约,属"债务的标的不适于强制履行"之情形。

[4] 参见王利明:《预约合同若干问题研究——我国司法解释相关规定评述》,载《法商研究》2014年第1期。

[5] 参见汤文平:《德国预约制度研究》,载《北方法学》2012年第1期。

如果债务人难为实际给付,或债权人径行请求解除协议并要求损害赔偿,法院也无须纠结于赔偿是否包括机会损失以及如何计算;初步协议如约定了违约金或定金条款,则应依其约定;如未有约定,法院应判处本约履行利益损害赔偿。履行利益损害赔偿是拟制的替代给付,是与实际履行并行的救济方式,都是使"债权人应当处于正常提供给付的状态"[1]。但是,"张励案"一方面承认实际履行救济的合同责任,另一方面却将损害赔偿定性为合同前缔约过失责任赔偿,属责任形态错配,违背了违约救济的一般原理。

三、未达成最终交易合意的协议的效力和救济

当然,即使协议内容确定,也不能认为初步协议效力一概都是应当缔约(这正是持善意磋商说论者所一再担心的)。因为当事人签订初步协议时的确有可能只同意日后继续谈判,双方(或一方)保留完成交易的选择权。[2] 具体情形包括:当事人对诸如谈判费用分摊、保密条款等先行记录,方便继续谈判;通过签订协议确认交易诚意以增强谈判地位,或为排除竞争(如约定一定时期的排他性谈判条款);由于项目复杂或前景不明,当事人缺乏足够信息,无法约定重要条款,需要日后视情况再定,因此先签订协议搭建合作框架;等等。如果当事人尚无意达成最终交易,可以在协议文本上进行有约束力的明示保留,比如载明最终合同达成前协议没有约束力等,棘手的问题是当事人没有对协议约束力进行明示保留的情形。

(一)类型 B 和类型 C 案件应推定未达成最终交易合意

1. 不合意推定

第一,在合意解释上,对于类型 C 案件,初步协议缺乏必要条款、内容不确定的事实本身就可以推定当事人尚没有对最终交易达成合意,协议效力为善意磋商而非缔约。事实上,法院即使希望确认初步协议有交易约束力,也无法通

---

[1] 〔德〕迪特尔·梅迪库斯:《请求权基础》,陈卫佐等译,法律出版社 2012 年版,第 78 页。

[2] 如果初步协议约定了诸如保密、费用分摊、协商等条款,则当事人受这些条款约束。本书讨论和关注的是初步协议对完成最终交易的约束力。

过解释代替当事人拟定诸如交易标的、数量等必要条款。[1] 合同因缺乏必要条款不成立,"不完整的预约合同与不完整的主合同同属无效"[2]。

对于类型 B 案件,虽然协议内容确定,但是当事人对有关事项进行了待磋商保留,法院也应首先推定当事人尚未达成最终交易合意。在德国法上,即使待磋商条款为合同次要(附属)事项,当事人如果保留,协议也会因"显性不合意"而不成立。此时,初步协议在德国法上已非预约,而是无最后交易约束力之所谓"草约"。根据德国《民法典》第 154 条第 1 款,只要当事人没有对所有"依照即便只是一方当事人的表示也应当达成一致"的事项达成合意,就没有达成合意。[3] 该条"有意识地容忍当事人可以尚未就次要事项达成协议为由使已就主要事项达成合意的合同不成立","不能排除长期谈判已就合同的法定部分完全达成一致的合同最终因某一次要事项而不成立的情形"。即使是"合同事实上也许并非因这一次要事项而不成立,而是由于缔约当事人一方在谈判过程中对其所实施行为的效用所持的观点发生了变化",如果缔约当事人一方希望避免这个结果,那么他就个别问题谈判时"应当与对方达成一致"。[4] 德国《民法典》第 154 条第 2 款随后明确否定了当事人就某些事项有所保留的初步协议成为生效合同的可能。弗卢梅指出,该第 2 款规定的"即使人们已经将针对个别事项所达成的一致记录下来,该记录也不具有拘束力"本身没有存在的必要,因为其第 1 款第 1 句已经包含这一层含义。法律特别提及针对个别事项进行记录(普通法中所谓的"草约")的唯一原因是,德国《民法典》起草者希望明确否定《德累斯顿草案》第 82 条第 1 句的解释原则。按照这一解释原则,当有疑义时,应当认为草约本身包含具有拘束力的合同。[5]

在英美法传统上,法院往往以当事人未达成合意或者以合同缺乏确定性为

---

[1] See 16 John E. Murray, Jr., Corbin on Contracts § AG-2.06 (1) (Matthew Bender 2013).

[2] 〔德〕维尔纳·弗卢梅:《法律行为论》,迟颖译,法律出版社 2013 年版,第 735 页。

[3] 参见〔德〕迪特尔·施瓦布:《民法导论》,郑冲译,法律出版社 2006 年版,第 408 页。

[4] 参见〔德〕维尔纳·弗卢梅:《法律行为论》,迟颖译,法律出版社 2013 年版,第 750 页。

[5] 同上书,第 755 页。

由,认为就部分条款留待协商的初步协议是不可执行的。[1] 当事人之间一个所谓的关于将来应就某些条款"达成协议的协议"(agreements to agree),在字面上就是自相矛盾的。范斯沃思指出,必须将当事人合同不完备与没有达成合意进行区别。如果苹果出卖人和买受人的确对苹果质量进行了讨论,但是不能对如何解决这个问题达成一致,那么这种欠缺将致命性地影响该协议的强制性效力,并非因为不确定,而是因为欠缺合意。合同存在空白即就某一个事项保持沉默的情形,与双方进行了讨论而未能达成协议的情形有着关键的区别。[2] 科宾也指出,如果当事人在同意制定某份文件或合同时,打算在其中包含任何尚未经当事人一致同意的条款,则合同还没有成立,因此这种所谓的"缔结合同"就本不是合同。[3] 在上述"Teachers Ins. 案"中,法院将此类当事人同意一部分主要条款而将另一些条款留待将来协商的初步协议的案件归为类型Ⅱ案件。与类型Ⅰ案件不同,类型Ⅱ案件中的初步协议对当事人通常没有最终交易约束力。

第二,"成都讯捷案"为类型 B 案件,最高人民法院反对协议书性质为本约之结论虽然正确,但是裁判论证存在误导:该案裁判摘要强调应重视对当事人的意图的考察,"判断当事人之间订立的合同系本约还是预约的根本标准应当是当事人的意思表示",但是实际上失之表面。该案裁判摘要所强调的不过是区分本约和预约的意思,即"当事人是否有意在将来订立一个新的合同",并没有多少"参考"价值,毕竟预约和本约的区分在理论上并无争议。当事人对最终交易究竟达成了怎样的合意,这才是法院所应探究的问题核心。

就此而言,"成都讯捷案"中的购房协议书之所以没有交易约束力,是因为其效力为待磋商之"预约"合同,并不在于形式上当事人所签协议非本约,而在于当事人约定了待磋商条款的事实,即该案裁判摘要所忽略但裁判文书明确表

---

[1] See E. Allan Farnsworth, Precontractual Liability and Preliminary Agreements: Fair Dealing and Failed Negotiations, *Columbia Law Review*, Vol. 87, No. 2, 1987, p. 674; Robert E. Scott & Jody S. Kraus, *Contract Law and Theory*, 4th Edition, Lexis Nexis, 2007, pp. 299-303.

[2] 参见〔美〕E. 艾伦·范斯沃思:《美国合同法》(原书第三版),葛云松、丁春艳译,中国政法大学出版社 2004 年版,第 208 页。

[3] 参见〔美〕A. L. 科宾:《科宾论合同》(一卷版·上册),王卫国等译,中国大百科全书出版社 1997 年版,第 62 页。

达的一个裁判理由：："双方当事人虽然约定了房屋的位置、面积及总价款，但仍一致认为在付款方式等问题上需要日后进一步磋商，双方的这一意思表示是明确的。"依相同逻辑，该案原审法院认定协议书为本约之所以错误，也是因为此待磋商条款之约定。因此，法院应首先推定当事人对交易尚无合意，即使初步协议内容确定，甚至约定了最后交易的大部分条款。

应当强调，虽然《合同法解释二》第1条参考美国《统一商法典》等外国立法例，放松了对合同必要条款的要求，法院拥有包括价格在内的最大合同漏洞填补空间，但是合同漏洞填补必须建立在经解释当事人已对最后交易达成合意的基础上。协议如有磋商条款保留，法院则因合同不成立而不能填补。[1] "合同方如果意图是价格被确定或者协商后才受约束，而价格没有确定或协商，合同不成立。这是'美国《统一商法典》第2篇第204条第3节的基本原理'。"[2]

2. 对不合意推定的反驳

当事人同样可以反驳不合意推定。然而，应引起注意的是，与前述只有在极例外情况下法院才允许推翻达成交易合意的推定不同，法院通常会基于各种公平理由认定当事人已经达成交易合意，理论言说和司法实践并不一致。

在当事人已经提供某种实质性给付或者做出其他重要行为的情形下，法院会将一个表面上未完成的协议判定为事实上已完成。[3] "尽管当事人尚未就个别次要事项达成协议，但是已经达成一致的规则经双方同意全部或部分得到履行时，《德国民法典》第154条所面临的问题具有根本性的不同"；"合同当事人通过有意识履行尚不完备合同的行为来宣布合同'原则'上生效"。[4] 即使没有给付等行为，当事人已商定了主要条款，待磋商事项相对交易来说并非那么重要，法院也会倾向于认为当事人达成了交易合意。"即使某些事项被指明

---

[1] 参见〔德〕维尔纳·弗卢梅：《法律行为论》，迟颖译，法律出版社2013年版，第753页。

[2] 〔美〕威廉·H.劳伦斯、威廉·H.亨宁：《美国货物买卖和租赁精解》，周晓松译，北京大学出版社2009年版，第88—89页。

[3] 参见〔德〕海因·克茨：《欧洲合同法》（上卷），周忠海等译，法律出版社2006年版，第66页以下；〔美〕A.L.科宾：《科宾论合同》（一卷版·上册），王卫国等译，中国大百科全书出版社1997年版，第63页。

[4] 参见〔德〕维尔纳·弗卢梅：《法律行为论》，迟颖译，法律出版社2013年版，第751页。

要留待将来商定,他们也可能并不被当事人看作是为他们的当下协议所必不可少的。"[1]在美国,法院发展出一个清单,通过对磋商过程中的当事人行为、书面文本完备程度、条款的重要性、交易的规模和复杂程度以及交易惯例等因素进行综合评估,判断双方是否已经达成合意。然而,这个清单中任何一个事实因素都不是决定性的,而且案件众多事实还可能是冲突的,每个事实因素判断结果可能指向不同方向。[2] 在美国一个有影响的案件中,当事人明文约定交易在双方都批准的最后合同签订后方生效,但是被告对外宣称双方完成了交易。仅凭这一点,终审法院否认了约定条款的排除效力,认为这种情况下判断当事人是否合意已经不是一个"法律"问题,而是应交由陪审团决定的"事实"问题。[3] 陪审团的介入导致最终判决结果愈发难以预测,使此类初步协议审理成为"很难在合同法领域发现另外一处更多不确定性的地方"[4]。

并非只有强调个案公正的英美法院如此,大多数国家法院都"必须对双方当事人是否愿意现在就约束自己,虽然有些事情尚待合意,或他们是否只有在他们随后就未决事项达成一致时才接受约束的问题,作出艰难的裁定"[5]。法院置当事人明示磋商保留于不顾,刻意去"发现"当事人曾经可能的交易合意,当然是一件容易引发争议的事情。然而,从另一角度观察,诉讼结果的不确定性正好反映出法院总是试图维护交易的审判理念。

在"成都迅捷案"中,因存在双方事实履行行为,法院最后判决合同成立。在"山东菱重案"中,协议内容极不确定,最高人民法院再审指出,由于协议没有

---

[1] 〔美〕A. L. 科宾:《科宾论合同)》(一卷版·上册),王卫国等译,中国大百科全书出版社 1997 年版,第 62—63 页。"同意进行协商的协议"和类似协议即使"缺乏某些相当重要的事项","并不总是导致合同的不成立"。参见〔英〕P. S. 阿狄亚:《合同法导论》(第五版),赵旭东等译,法律出版社 2002 年版,第 116 页。

[2] See E. Allan Farnsworth, Precontractual Liability and Preliminary Agreements: Fair Dealing and Failed Negotiations, *Columbia Law Review*, Vol. 87, No. 2, 1987, p. 258.

[3] See Arnold Palmer Golf Co. v. Fuqua Industries, Inc., 541 F. 2d 584, 588(6th Cir. 1976); 16 John E. Murray, Jr., Corbin on Contracts § AG-2.06 (4)(Matthew Bender 2013).

[4] E. Allan Farnsworth, Precontractual Liability and Preliminary Agreements: Fair Dealing and Failed Negotiations, *Columbia Law Review*, Vol. 87, No. 2, 1987, p. 259.

[5] 〔德〕海因·克茨:《欧洲合同法》(上卷),周忠海等译,法律出版社 2006 年版,第 66 页。

约定剩余购地款的其他履行方式,如果当事人不能另行签订租赁协议,则土地转让及租赁协议剩余购地款的履行方式是缺失的。这显然不符合双方的真实意思,双方的合意是达成将来缔结本约的合意。

(二) 违约认定和救济

如果当事人尚未达成交易合意,那么,即使签订了初步协议,双方也仍处于合同磋商过程中,违约方中断缔约可能承担最终合同缔约过失之信赖赔偿责任。[1] 但是,在司法实践中,法院面临的裁判任务却不轻松。

1. 违约认定

法院必须细致区分谈判中的适当行为和不适当行为。但是,二者之间并没有清晰的界限,[2] 法院很难查实善意磋商的具体义务范围,以及该义务是否得到了履行。[3] 前文"戴雪飞案"所给出的"善意"认定标准不过是看起来正确的指示:"诚信"是内容模糊的兜底术语。在市场交易谈判中,公平、诚信不能被解释为当事人必须接受不利或亏本交易,否则将损害当事人合同自由和市场效率。因此,即使一方在磋商中提出"令对方无法接受的不合理条件",也未必"不善意"。之所以"无法就其他条款达成一致",是因为当事人"基于各种自利考虑",还是为摆脱责任而故意刁难实难划分。此外,协商也不能无期限,当事人有权在合理时间后寻找其他交易方而"拒绝继续磋商"。就此而言,前文所述国内法院对当事人是否尽到善意磋商义务的宽松认定也情有可原。

2. 违约救济

实际上,即使法院认定一方当事人存在磋商过错,"张励案"所确立之实际履行救济也不成立,原因并非"行为给付难以强制",而是当事人并未承诺过缔

---

[1] "以本约为参照,预约总体上属于本约的缔约阶段";"违反预约的行为既是预约违约行为,也可以视为本约缔约过失行为,所以理论上可以认为有可能发生缔约过失责任和违反预约之违约责任之竞合"。参见最高人民法院民事审判第二庭编著:《最高人民法院关于买卖合同司法解释理解与适用》,人民法院出版社 2016 年版,第 61 页。

[2] 参见〔德〕海因·克茨:《欧洲合同法》(上卷),周忠海等译,法律出版社 2006 年版,第 59 页。

[3] 参见〔美〕杰弗里·费里尔、迈克尔·纳文:《美国合同法精解》(第四版),陈彦明译,北京大学出版社 2009 年版,第 218—219 页。

约。磋商谈判义务不同于签约义务,法院可以要求当事人"必须"谈判但不能强制其一定达成合意。磋商义务也意味着可能达不成交易,法院判令实际履行事实上是推定善意磋商双方必定达成交易,这已然背离了磋商义务的本质,结果将导致无意定之"缔约强制"。"如果交易重要条款尚待协商,那么对当事人意图最好的猜测是当事人只允诺为达成一个共赢的交易去努力,当事人不能被迫同意交易,因为协议中并没有他们承担亏本买卖的承诺。"[1]同样,"张励案"所确立的损害赔偿规则也难以成立,因为计算机会损失的信赖利益赔偿与最终合同履行利益往往并无二致,同样会导致事实上的缔约强制。

在"张励案"中,法院认为,"被告因违约给原告造成的损失应根据订立预订单时商品房的市场行情和现行商品房价格予以确定"。举例说明:如果协议约定交易价格为 10 万元,协议签订时市场价格是 9 万元,履约时市场价格为 15 万元,买家(原告)应得到的本约履行利益为 5 万元;而如果被告拒不签约,原告因信赖而丧失了当初可以 9 万元和他人签订合同的交易机会,所遭受损失是 6 万元,二者相差 1 万元。而在充分竞争性交易市场(交易价格和市场价格相同),机会损失利益与履行利益通常无差别。[2]

通常认为,履行利益赔偿可使守约方处境与合同得到履行后相同,守约方可以获得其所期望的将来差价利益,即所谓的积极损失(利润);信赖利益赔偿是使守约方处境回到合同(未信赖允诺)前,即所谓的消极损失(成本费用支出等)。然而,包含机会损失使信赖利益与履行利益界限变得模糊不清。[3] 合同法本质上就是对各种信赖的保护,合同履行利益赔偿也可以看作一种机会损失赔偿——订约都有机会成本,当事人签订此合同就意味着放弃与他人签订彼合

---

[1] E. Allan Farnsworth, Precontractual Liability and Preliminary Agreements: Fair Dealing and Failed Negotiations, *Columbia Law Review*, Vol. 87, No. 2, 1987, p. 674.

[2] See E. Allan Farnsworth, Precontractual Liability and Preliminary Agreements: Fair Dealing and Failed Negotiations, *Columbia Law Review*, Vol. 87, No. 2, 1987, p. 225; Robert Cooter & Melvin A. Eisenberg, Damages for Breach of Contract, *California Law Review*, Vol. 73, No. 5, 1985, p. 1434.

[3] 富勒提出:"信赖利益在概念上另外一个重要弱点是它包含了机会利益。"转引自许德风:《论合同法上信赖利益的概念及对成本费用的损害赔偿》,载《北大法律评论》编辑委员会编:《北大法律评论》(第 6 卷·第 2 辑),北京大学出版社 2005 年版,第 701 页。

同的机会。然而,狭义上(信赖利益范畴)的机会损失赔偿不也正使守约方可以获得彼合同可以期望的、"积极"的将来差价利益?竞争性市场有多个卖家,A可以相同条件和B或C签合同,B履行合同或者B不履行换作C履行合同,结果是一样的。[1] 这或许是前述"北京优高雅案"中法院认为信赖利益赔偿即为合同期望利益损失的原因。

此外,既然当事人同意的是磋商,原告就没有理由确信"被告会按约定履行订立本合同的义务",双方当初期望为什么就不能是可能谈不拢交易、双方互不担责呢?如果原告有足够理由确信被告同意签约,在外观主义下,似乎就可以认定双方达成了最后交易的合意,而非善意磋商的合意。当然,法院可以基于达成交易只有可能性,对机会损失打折计算(如"仲崇清案"),但是对这个"可能性"如何判断?认定为50%的签约可能导致原告放弃了50%的与他人订约的机会吗?再者说,因可能的签约不成而放弃的"机会"到底是什么(此时合同有些交易条款还未商定)?不确定的、臆想的损失是否可以被补偿(如"曹灿如案",法院明确反对机会损失赔偿)?

事实上,法院给当事人施加诚信磋商义务目的是保护交易以促进谈判,但任意取消当事人中断谈判的权利不仅阻碍合同自由,也会遏制谈判。[2] 因此,何种中断缔约行为将招致哪种责任是在保护缔约自由和维护交易安全、信赖利益之间的价值平衡,法院可以综合评判守约方信赖的合理性和过错方的过错程度等多种因素,在完全赔偿到零赔偿区间中选择合适的点,这和抽象谈论履行利益、信赖利益或机会利益等法律名词没有多大关系,而是寻找另外的解决问题的办法。

---

[1] See Robert Cooter & Melvin A. Eisenberg, Damages for Breach of Contract, *California Law Review*, Vol. 73, No. 5, 1985, p. 1445.

[2] "每一方当事人都应承担因其信赖合同成立而支出费用或错过其他缔约机会的风险。司法解释经常遇到中断契约是否产生缔约过失责任的问题。原则上,中断缔约无须具备理由,甚至'无重大原因'而中断缔约原则上也不产生任何责任。"〔德〕维尔纳·弗卢梅:《法律行为论》,迟颖译,法律出版社2013年版,第737页。"如果一方当事人以造成对方当事人大量的费用为代价中断谈判,那么,这种自由将受到严重损害。"〔德〕海因·克茨:《欧洲合同法》(上卷),周忠海等译,法律出版社2006年版,第50页。Also see E. Allan Farnsworth, Precontractual Liability and Preliminary Agreements: Fair Dealing and Failed Negotiations, *Columbia Law Review*, Vol. 87, No. 2, 1987, p. 221.

四、小结

在优先股谈判的商事缔约实践中,双方当事人往往采取各种不同"强度"的合同安排应对磋商的漫长性与情势的多变,包括"正式性缔约"(formal contracting)和"正式性执行"(formal enforcement)模式,或者干脆没有签订成文的合同,采用"非正式性缔约"(informal contracting)和"非正式性执行"(informal enforcement)模式。对于前者,在当事人意欲求助司法系统对当事人履行行为进行评价,并针对双方特定化的权利与义务施加违约救济的情况下,正式性缔约以合同的正式执行为保障,以此激励合同的履行。后者则适用于双方当事人意图通过个人行为而非司法介入非正式地执行合同的情况,以实现双方非正式的交互或合作意愿。不过,非正式性缔约也包括执行保障和违约惩罚机制,以应对未来可期待交易的取消(针对合同相对方)、声誉损失(针对相关经济与社会群体中潜在的交易相对方)或者互惠性私人安排的落空。

缔约过程的前合同责任本身就是各国合同法上的难题,[1]远非本书篇幅所能容纳。此处仅强调,通常而言(凡事总有例外),对原告信赖利益救济结果不能等同于最终合同履行利益(无论是否采取机会成本这个修辞),因为被告始终未同意交易。特别是在共同投资、并购等复杂交易中,当事人之所以签订保留效力协议,是因为其灵活性,当事人双方都需要有足够的腾挪空间和余地,在观察和评估项目进展以及对方能力、诚信后分阶段作下一步决定。当事人自己可以采取某种方式(如在协议中分阶段约定项目进展目标,又如达不到即有权解除合同),市场也有各种非法律执行机制(如声誉惩罚、道德自我约束等)保证合作。法院在这种高度不确定诉讼中极易犯错(磋商义务高度不确定,引发的后果也难以验证)。因此,法院的"硬性"执行机制应当充当"低强度介入"(low-

---

[1] 有研究假设了13个不同事实案件,向欧洲的英国、德国、法国等15个国家的学者发送调查提纲,得出的一个主要结论是:大约一半案件的救济结果类似。但是,各国学者给出的理由有很大不同,即使少数处理结果看起来是基本相同的,法律基础事实上也存在巨大的不同。See John Cartwright & Martijn Hesselink, *Precontractual Liability in European Private Law*, Cambridge University Press, 2009, p. 471. 有关国外立法和理论一个较为全面的综评文献,参见朱广新:《信赖责任研究——以契约之缔结为分析对象》,法律出版社2007年版。

powered enforcement)的补充角色,而不能"高强度介入"(high-powered enforcement),以各种名义要求被告赔偿原告基于交易成功才可能得到的利益。

非正式与正式性合同的整合或相互容纳,打破了"一场交易中仅能有一份规定当事人最终权利义务的合同安排"的假设。如果当事人签署了相关风险投资、优先股入资协议,即使协议内容确定,当事人对有关事项进行了待磋商保留,法院也应首先推定当事人尚未达成最终交易合意。如果双方能够举证证明在先合同文本的签订中,当事人抱有日后再作打磨、协商、确认的共识,法院选择对在先的不成熟约定的"硬性"执行就与合同法的意思自治原理格格不入。即使在与创投公司几轮谈判后无疾而终,法院根据当事人的此前付出确定相应的损害赔偿,也足以保护投资人的合理期望。

正如吉尔森、斯考特等所指出的,当事人只是承诺了依约开展合作,因此判令赔偿另一方因此支付的花费(能够验证的沉淀损失)往往就已经足够弥补非法律执行机制的不足,反对当事人可能的机会主义行为和消除一方前期投资而导致的"锁定"困境,督促双方诚信合作。更为重要的是,在这些学者看来,对于信赖利益赔偿给予法院过多的裁量权是有害的,虽然法院未必都判决被告承担全部交易利益损失,但是如果任由法院自由裁量(如"仲崇清案"),则会给交易方施加不可预知的责任(法院与其说是酌情,不如说是猜测),可能导致不同程度的缔约强制,使当事人一开始就惮于责任而拒绝前期合作和谈判,将极大阻碍交易发生——毕竟当事人交易前约定进行意向性投资或可行性调研经常是复杂交易达成的必要前提。[1]

---

[1] See Ronald J. Gilson, Charles F. Sabel & Robert E. Scott, Braiding: The Interaction of Formal and Informal Contracting in Theory, Practice, and Doctrine, *Columbia Law Review*, Vol. 110, No. 6, 2010, pp. 1415-1416, 1423-1424, 1427-1431, 1427-1444; Alan Schwartz & Robert E. Scott, Precontractual Liability and Preliminary Agreements, *Harvard Law Review*, Vol. 120, No. 3, 2007, pp. 666-667, 676-690, 703.

第四章
优先股股东运用任意性合同条款进行自我保护

  优先股的优先权利首先来自融资文件和公司章程中的特别规定。优先股合同是优先股优先性权利的起点,也是优先股股东权利保护的第一道防线。在融资过程中优先股投资者可以通过讨价还价,在合同中预设保护权利实现并达到投融资双方能够接受的最佳平衡点。优先股合同体现出公司各不同参与人对公司"蛋糕"的利益分配格局。基于优先股股东与普通股股东之间固有的利益冲突,优先股合同条款设定的有效性、权利分配安排以及条款变更的调整等对于优先股股东最终利益的实现具有实质影响。

  优先性权利的设定虽源于投资者与融资公司之间的合同谈判,但这种方式在封闭公司与公众公司中所能实现的程度存在很大的差异。封闭公司至少在理论上可以形成真实的"一对一"谈判场景,当事人自由协商且无涉公众。因此,各国公司法中对封闭公司优先股条款规制较少,保留了相当宽松的空间以供当事人进行任意性合同条款的设置。但是,如果公司向公众发行优先股,在程序安排上则只能由发行人单方起草章程文件,中小投资者只能在其后被动选择是否加入,而不存在真实意义上的讨价还价的场景,而且公开发行涉及不特定投资者,多数中小投资者智识和经验不足,即使勉强能读懂公司发行文件,也很可能是一头雾水。为保护投资者利益和防止发行人监管套利,各国公司法针对公众公司优先股合同条款均设置了宽严不一的强制性条款规则,此类强制性条款无法通过合同谈判进行更改或规避。

本章着重从封闭公司,尤其是创业企业中创业企业家与投资者之间合同条款的设置,以及从立法如何实现良性引导和软规制的角度探讨优先股股东权利如何通过合同实现自我保护,下章着重从公司法强制性条款规范的角度讨论公众公司优先股股东权利保护问题。

第一节 优先股权能设定的合同基础

一、有关公司本质的理论之争

优先股作为公司的一类股票,对其权利内容设定依据的考察,首先需要考察公司的本质以及公司存在的理论基础。对于公司本质的解释,存在不同的理论,影响较大的有公司契约论、公司社区论、团体生产论以及公司宪政论等。其中,以芝加哥法学派为代表的公司契约论,对当代美国公司理论影响日隆,已经成为美国公司法研究的主流范式。

公司契约论由经济分析法学派(法律经济学派)提出,认为公司实质上是一组契约关系,公司各参与人,包括股东、经理、雇员、债权人、供应商以及其他参与人等,都是依据契约确立相互之间的关系。基于代理关系的存在,代理人在执行决策时会产生代理成本,这种成本来源于代理人与被代理人之间的利益偏离。而公司中降低代理成本的各种措施可以通过市场机制来选择,理性经济人可以按照自己的意愿并以实现自己最佳利益为目标缔结契约。在这个过程中,自然形成良性的公司治理机制。[1] 公司契约论主张自由放任的经济模式,倡导公司自治,减少政府监管。

公司契约论的"契约"概念源于经济学理论,与严格法学意义上的"合同"存在区别。法学意义上的"合同"对于合意构成要素有严格的界定,强调合意和对价等;而经济学意义上的"契约"则是隐喻性的,泛指股东、雇员、供货商等生产

---

[1] See Frank H. Easterbrook & Daniel R. Fischel, The Corporate Contract, *Columbia Law Review*, Vol. 89, No. 7, 1989, pp. 1416-1448.

要素提供者在经济生活中形成的各种安排,强调基于自愿基础进行合作。公司契约论强调公司的自治和私法属性,认为公司法的主要作用在于减少契约机制的交易成本,而公司法减少交易成本的方法就是通过提供一个标准的(公司章程)格式契约,以默认条款的方式减少契约订立及履行成本。当事人在订立契约的过程中,仅需要就与默认条款偏离的部分进行协商并重写条款,未及部分则适用公司法提供的默认条款。公司契约论为股东与公司之间设定多样化关系、设定不同种类的股权提供了解释依据。

公司社区论则是从传统的公平和正义理念出发,将公司视为一个社区,强调董事在关注股东利益的过程中对非股东的公司利益相关人的负面影响问题。[1] 针对公司契约论的观点,公司社区论认为,广泛而无成本的缔约过程不存在,非股东的公司参与人难以获得充分的契约保护。基于信息不对称等原因,此类参与人也无法预见到自己可能受到的伤害并提前在契约中规定。因此,非股东的公司参与人需要获得法律的特殊保护,不能完全依赖市场机制。公司社区论倡导公司社会责任,认为董事有义务保护非股东的公司参与人的利益,主张将公司社会责任严格地法律化。但是,这种刻意淡化股东利益而试图加重其他公司参与人利益的观点,其副作用是无法为董事行为提供清楚的指导,使得董事无所适从,且"一主二仆"也为董事提供了借口。

公司团体生产论主推者为美国乔治敦大学布莱尔和斯托特。[2] 该理论虽然也运用了经济分析工具,但是与公司契约论反监管的诉求不同,主张公司是由不同的参与人为了共同的利益而组成的一个生产团队。因为任何一方的不当行为都可能对公司生产活动产生影响以及损害其他人利益,所以大家负有相互保护和支持的义务,以维系参与人之间信任和依赖的关系。然而,保证各参与人相互保护和支持,从而维持公司这个经济共同体,却难以通过事前的契约机制实现,毕竟公司在现实中遇到的情况复杂多样,事先契约难以涵盖。该理

---

[1] See David K. Millon, New Directions in Corporate Law Communitarians, Contractarians, and the Crisis in Corporate Law, *Washington and Lee Law Review*, Vol. 50, No. 4, 1993, pp. 1377-1379.

[2] See Margaret M. Blair & Lynn A. Stout, A Team Production Theory of Corporate Law, *Virginia Law Review*, Vol. 85, No. 2, 1999, pp. 247-328.

论提出,公司管理层作为一种内部利益协调机制,可以在动态中对各方利益进行协调和平衡,以保证各参与方各得其所,实现公司正常运行。董事作为公司的受托人,服务于公司各方参与人的利益。公司团体生产论与公司社区论同样强调公司社会责任,被认为是对公司契约论的一个建设性修正。

公司宪政论采用政治学分析方法对公司进行解读,将公司视为一个独立存在的政治体,具有严谨有效的组织结构和运行程序,以解释公司内部存在的复杂层级结构和权力运行机制。该理论对公司契约论提出挑战,认为其并不符合大型公众公司的现实。在大型的、股权分散的公众公司中,公司治理结构在本质上应该是代议制的。[1] 公司宪政论以政治决策机制和民主理念解释公司运营,强调形式上的公司决策结构和程序的重要性,但是多少有些忽视公司运营过程中商业决策的重要性以及公司对效率的追求目标,同样存在问题。

各种有关公司本质的理论从不同角度解读公司的架构和治理机制,尝试对公司、不同参与者之间的关系进行诠释。公司理论庞杂,不同理论从不同角度诠释公司性质,即使是同一理论,如公司契约论,不同学者强调的理论着力点也可能有所不同。然而,至少对封闭公司股东关系的架构,公司契约论更接地气。作为自由市场中的主体,投资关系是以契约为关联点建立的,市场经济人以自身利益最大化的立场选择加入公司,同时选择自身角色和设定自身与公司及其他参与人之间的关系。由于利益异质化,投资人可以选择以公司法默认规则中的普通股形式投资于公司,也可以选择采用其他权利义务构造的股权形式加入公司,这就是类别股及优先股股东权利的来源。在权利设置中,优先股股东以对公司控制权的有条件让渡换取经济利益优先性,在符合自身风险与收益预期的前提下参与公司运营,契合公司契约论对公司结构的解释。

二、股东权利的自治性

优先股股东权利的约定,在根本上是一个股东自治的问题。"自治"的同义概念是"自主",是指集体内部成员对自身事务进行自主管理和监督,并对其行

---

[1] See Stephen Bottomley, The Birds, the Beasts and the Bat: Developing a Constitutionalist Theory of Corporate Regulation, *Federal Law Review*, Vol. 27, No. 2, 1999, pp. 243-264.

为后果负责的状态。公司是股东投资的工具,股东是公司的所有者权益的承担者。[1] 公司源起的动力在于私人对财富的追求,构建于自发的盈利行为。在公司制度的创始之初,公司即体现出强烈的股东自治属性。即使在最初的特许设立阶段,股东也是公司制度的首要供给者。具体而言,特许设立流程的启动,是由投资者——发起人按照相互之间事先商定好的意愿起草申请,提交议案,并在申请或议案后附带其草拟的章程类文件。特许程序的后果虽为拒绝或批准,但获准设立的公司却是依发起人最初意愿所组建。[2] 在公司设立并进入经营阶段后,会更加明显地体现股东自治的属性。维护股东自治的目的在于维护股东的私有财产,所有权与控制权分离也是为促进私有财产的最佳收益而设置的。

投资人合作成立公司工具的目的是让每个参与人"各得其所",这是公司活动的逻辑和现实起点。公司资本来源于股东,其经营失败的风险自然由股东承担,故而股东拥有足够的动力和激励通过自治进行公司活动安排,以实现对公司的控制。此外,作为合作成立公司的参与人,股东发挥自治性而订立的协议和公司章程是公司治理规则的基础,同时也是联结其他参与人的"连通器"。[3]

股东自治的基础及主要手段就是公司章程。公司章程是公司内部的"宪法",其中规定的内容涵盖了公司自设立、经营到解散、清算这一完整流程中的各种具体规则及特殊安排,包括股东与公司之间、股东与管理层之间以及股东相互之间的各种利益划分等。公司章程的效力来源在于,股东是公司的所有者,是收益的最终获取者以及风险的最终承受者,因此股东应有权也有动力设定该公司内部治理规则,对公司的对内对外操作、内部运作、人员之间的关系、发展战略等进行安排。

公司章程与普通民事合同存在区别:(1)章程彰显公司的独立法人人格,具有公示性,不具有相对性。[4] (2)公司章程的效力不仅及于股东,公司以外的

---

〔1〕 参见常健:《股东自治的基础、价值及其实现》,载《法学家》2009 年第 6 期。

〔2〕 See Paul L. Davies & Sarah Worthington, *Gower and Davies' Principles of Modern Company Law*, 9th Edition, Sweet & Maxwell, 2012, p. 13.

〔3〕 参见常健:《论公司章程的功能及其发展趋势》,载《法学家》2011 年第 2 期。

〔4〕 参见邓峰:《普通公司法》,中国人民大学出版社 2009 年版,第 117—118 页。

人也可以通过章程对公司的治理结构和内部制度（如决策等级、分工等）给予信赖,对公司行为予以预见性期待。(3)在效力上,民事合同效力仅及于签约各方当事人,而公司章程对参与制定章程的发起人和股东以及之后加入公司的股东均有效力。(4)在制定与修改程序上,公司章程可以不经各方主体一致同意而进行修改,民事合同的修改则必须取得合同当事方的一致同意方可实现。正如我国《民法典》第134条第2款规定的:"法人、非法人组织依照法律或者章程规定的议事方式和表决程序作出决议的,该决议行为成立。"

当然,公司作为在市场中运营的主体,也应服从国家为维护整体市场秩序而设定的法律规范,即股东在自治的同时应厘清公司与社会公共利益关系的边界。实际上,公司服从强制性规范也是对股东自治进行某种程度的限制。在国家强制规范划定的基本框架与格局内,公司可以通过民事合同进行意思自治的发挥及填充,并达到一种自我平衡及发展。在国家强制规范框架内,股东可以自主设置意思条款,并推动公司制度的创新,如设定不同权利内容的股权类型,回应不同类型投资者的需求,允许不同股东对其自治权利进行不同方向的处置,实现各自的利益诉求。

第二节　封闭公司优先股合同条款优化设定之"软家长"主义引导

如前所述,封闭公司优先股实践主要集中于创业企业融资语境中,是投资者对于不确定性、信息不对称和代理成本之金融投资等固有问题的主动回应机制。创业投资由当事人自由协商,各方当事人具有平等协商的条件和机会,与公众公司优先股发行中的"一对多"销售情境存在差别。因此,对于封闭公司而言,强制性条款的介入并无太大必要。但是,强制性条款也并非一无用处:毕竟在"一对一"的合同谈判中,基于投融资各方在投资经验、合同谈判、条款设定等方面的知识能力和缔约能力差异,难免发生由于投资者经验不足造成对某些内容的忽略、对某些条款的理解偏差或因不够重视而导致后来发现背离了原本投资初衷等情形。好在立法其实并非只能在要么自治要么管制之间"二选一",还可以采取"软家长(规制)"主义的第三种路径,通过优化公司法默认规则设计,起到在不违背自由缔约下实现对合同内容的引导和软规制之作用，这是更有效率的选择。

一、公司法默认规则对当事人选择的影响

公司法中的默认规则并非只是供当事人参考的样本条款，事实上有着强大的"黏性"(sticky)特征，对当事人选择有潜移默化的影响力。行为经济学家认为，现实中的社会人并不是理性的，其行为选择受到选择人所处的社会背景的影响，从而可能导致选择本身带有偏见。这一背景被称为"选择架构"(choice architecture)[1]，其规划和设计会影响主体的选择结果。例如，自助餐厅中食物摆放的不同会影响到不同食物的消费数量。这就意味着，如果自助餐厅期待改变用餐者的膳食结构，促使其消费更多的健康食物而非垃圾食品，可以通过重新安排餐厅中食物摆放的位置、次序等方法（比如，将甜点放在前排还是后排，将薯条还是胡萝卜放在与眼睛等高的位置）影响用餐者的选择。此时，食物的品种并没有变化，主体依然有选择自由，仅仅是主体作出选择的背景，也就是选择架构发生了改变。[2]

在规则设计上，通过选择架构的设计实现敦促式干预的典型适例为默认规则。在手机销售、租赁协议、电脑销售、储蓄计划、人身保险、网站授权等领域，默认规则都得到广泛的应用，且在很多情况下主体的最终选择都是顺从并保留了默认规则，体现出此类规则的黏性特征。有研究者曾利用会议午餐样式安排的机会进行了一项实验：某会议主办方在会议召开前告知与会者，除非其单独提出要求，否则主办方将向其提供默认的食物。虽然主办方明知绝大多数与会者并不喜欢其所提供的默认的午餐食物，但是事实上超过80%的人未能排除该规则而选择了接受默认样式。[3] 此类实验结果表明，默认规则对主体选择的

---

[1] See Cass R. Sunstein, The Storrs Lectures: Behavioral Economics and Paternalism, *Yale Law Journal*, Vol. 122, No. 7, 2013, p. 1834.

[2] See Richard H. Thaler & Cass R. Sunstein, *Nudge: Improving Decisions About Health, Wealth, and Happiness*, Yale University Press, 2008, pp. 1-3.

[3] See Cass R. Sunstein, Deciding by Default, *University of Pennsylvania Law Review*, Vol. 162, No. 1, 2013, p. 11.

方向及结果影响很大,即使选择的结果有时并不符合其最佳利益。

美国退休金储蓄问题也很好地诠释了默认规则的重要影响。在美国的很多企业中,雇主会提供明确的退休金储蓄计划供雇员申请并提交,但实际上主动提出申请的雇员比例并不高。而有些雇主通过一个简单的方式就极大地提高了储蓄比例:雇主将加入退休金计划的申请设定为自动选择(默认条款),如果雇员对此不作排除选择,则自动加入退休金储蓄计划。这种安排极大地提高了参与退休金计划的雇员比例。一项研究结果显示,在该默认条款设定后,超过85%的新入职员工都加入了退休金储蓄计划,远远高于先前条款设定下的参与比例。针对退休金储蓄而言,自动申请作为默认条款的效果,甚至比给储蓄以税收优惠激励更有效。

以上行为经济学的研究证实,主体在进行决策时所处的背景条件——复杂的决策环境与不明确的偏好倾向——在很大程度上是默认规则获得广泛采纳的重要因素。对于默认规则黏性特质的解释,主要有三种理由:

第一,惯性心理。惯性的心理力量使个体在作出选择时偏好现状,反悔理论也为现状偏见提供了有力的支持。该理论认为,对于同样的不利后果,如果这一后果是因为采取行动所致,那么,相对于这一后果是因为不采取行动所致,它在心理上会更加令人后悔。同样,对行动产生不好结果的反悔预期,通常强于对行动产生好结果的喜悦预期。[1] 因此,为最小化未来可能的反悔,决策者将偏好不行动、偏好现状。

生理学研究进一步表明,在复杂的情境下,默认状况尤为重要。人类大脑中与复杂决策相关联的区域(下额叶皮层)在人们拒绝默认情况时会更加活跃。[2] 这一发现的启示是:如果所需的决策较难,默认规则将会被保留(保持黏性)。复杂性是增强默认规则效力的一个独立原因——当人们疲于作出各种选择时,可能更倾向于保留默认规则。另外,若时间有限或者人们需要作更多的决策,默认规则将会显得更有吸引力。

---

〔1〕 参见〔美〕凯斯·R. 桑斯坦主编:《行为法律经济学》,涂永前、成凡、康娜译,北京大学出版社2006年版,第144—150页。

〔2〕 See Cass R. Sunstein, Deciding by Default, *University of Pennsylvania Law Review*, Vol. 162, No. 1, 2013, pp. 12-14.

第二，背书信任。人们认为默认规则中隐含"暗示的背书"——既然规则设计者明确选择以此作为默认规则，即意味着一种倾向性建议，除非有个别原因或拥有其他相关信息促使人们不得不作出改变，否则应该坚持不排除默认规则的适用。[1] 当主体对面临的决策缺乏经验或专业知识时，他们会相信默认规则是明智之人所作的选择，因此更简单的方法便是选择别人为其选定的选项，与别人所选择的社会共识保持一致。从这个侧面而言，信息的缺位，尤其是对替代选项的不了解，更进一步强化了默认规则的影响力。

第三，"损失厌恶"（loss aversion）心理和"禀赋效应"（endowment effect）。默认规则可以被作为人们决策的"参照点"，人们对损失的厌恶远甚于对收益的获取，以下实验即可形象地验证：为激励教师提高学生学习成绩，实验机构首先采取的措施是进行事后奖励——制订计划并明确，如果学生成绩提高，就向相关教师提供相应奖励。但是，这种激励未能明显奏效。于是，实验机构更换另一种方式：事先将奖励发放给教师，并告知其若学生成绩无真正提高，则奖励应予收回。实验结果显示，在采用该方式后，学生成绩提升效果明显。这个实验说明，与事后奖励（当前未获得实际利益）相比，人们更厌恶现有利益产生损失，因此会更加努力。至于何为"损失"，则需要视参照点确定——当前的默认规则即为参照点。[2]

禀赋效应说明的是同样的问题，人们倾向于保留已经拥有的东西，即使付出更高的代价。在主体对所需决策事项尚未形成明确的偏好倾向时，现有的默认规则将被其视作偏好，并倾向于予以保留而不会随意改变。

总之，行为经济学表明，非理性是现实人的固有特征，如果规则设计者欲改变结果，可以通过改变默认规则得以实现，这甚至可能比经济激励手段更加有效。在医疗、消费者保护、器官捐献、环境保护及其他许多领域，默认规则的设定方向——"选择架构"都非常重要。

---

[1] See Lauren E. Willis, When Nudges Fail: Slippery Defaults, *The University of Chicago Law Review*, Vol. 80, No. 3, 2013, p. 1168.

[2] See Cass R. Sunstein, Deciding by Default, *University of Pennsylvania Law Review*, Vol. 162, No. 1, 2013, p. 11.

二、公司法任意条款的引导功能[1]

第一,在公司契约论的视角下,公司法是为各方缔约便利而提供的一套非强制性模范条款,本质上是合同法的延伸。据此,公司法规则应当如合同法一样,以补充性规则为主,公司可以自主选择适用或不适用。在公司合同的拟定中,只要不产生减损第三方利益的负外部效应,缔结合同的私人通常能够在自愿安排中作出优于立法者的选择,因为"那些用自己的钱做赌注的人可能犯错,但比起那些用别人的钱做赌注的学者和监管者,他们犯错的概率还是要小得多"[2]。相比之下,那些否定公司自治的强制性规范则具有严重的局限性,它无法包罗万象,不可能回应不同类型的公司在所有情境下面对的困境和难题,还会阻碍参与方对公司结构的设计和创新。伊斯特布鲁克法官等人对此有个激情表达,认为公司法的发展历史,就是那些试图将所有的公司统一为单一模式的法律不断被淘汰的历史。面对公司这一套复杂的明示或默示的合同,公司法赋予参与者在大型经济体的诸多风险和机会的不同组合中选择最优安排的可能。一套可以适用于所有情势的最佳方案是不存在的,这一多样化的需求塑造和成就了公司法的赋权结构。[3]

我国2005年《公司法》为公司释放了大量自治空间。但是,在实践中自治并不必然意味着股东可以或有能力"选出"公司法。事实上,公司合同的长期性、信息不对称、参与方理性不足、公司股东在公司设立之初的乐观气氛等原因,都有可能导致投资者或股东对未来的困难和冲突估计不足、约定粗糙或存在漏洞,[4]难以期待公司自治足以应对公司关系中的机会主义行为。正如埃德温·J.布拉德利(Edwin J. Bradley)所说:"假设合同当事人能够理性签约保护自身利益是不符合实际的。小股东没有签订相关合同不应当被理解为同意

---

〔1〕 本部分及以下相关内容参见潘林:《论公司法任意性规范中的软家长主义——以股东压制问题为例》,载《法制与社会发展》2017年第1期,第40—44页。

〔2〕 〔美〕弗兰克·伊斯特布鲁克、丹尼尔·费希尔:《公司法的经济结构》,张建伟、罗培新译,北京大学出版社2005年版,第15页。

〔3〕 同上。

〔4〕 See Robert B. Thompson, Corporate Dissolution and Shareholders' Reasonable Expectations, *Washington University Law Quarterly*, Vol. 193, No. 66, 1988, p. 199.

投资事业严格按照资本多数决的方式运营。相反,正确的理解应是天真的自信、盲目的信任、糟糕的法律建议或者愚蠢的错误。"[1]对公司自治的尊崇是我国公司法的一大进步,然而,公司自治并不必然能带来效率和足以防范机会主义,公司法任意条款的意义不应当仅仅被作为一套减少交易成本的模范文本。

第二,传统上,法律对主体选择的干预往往秉持法律家长主义的姿态和立场。法律家长主义又称"法律父爱主义的干预",如果按照对主体选择所施加强制力的大小,则法律对主体选择的干预可以组成一个成本序列,在这个成本序列的两端是最为强硬的家长主义和最为软弱的家长主义。为增进主体福利,"硬家长主义"(hard paternalism)为其选择施加"实质成本"(material costs);而"软家长主义"(soft paternalism)仅仅影响主体选择,并不对主体选择施加实质成本。[2]为主体保留选择自由是软家长主义的一个核心特质。软家长主义不强迫主体作出某种选择,主体可以低成本地作出不同的选择。在此意义上,软家长主义为那些可能作出糟糕决定的主体带来了巨大福利,同时仅仅让那些能够在充分理性的前提下作出不同选择的主体负担极小的成本。[3]软家长主义的要义在于"只有'真实'(即那些在认知上和意志上没有欠缺)的决定才值得尊重……这不是阻碍自治,而是在实际上保护和提升自治"[4]。

在保留选择自由的前提下对个体决策的干预被称为"敦促"(nudge)。[5]敦促功能的实现往往要借助信息披露、警示、默认规则等策略,这些策略既能保

---

[1] Edwin J. Bradley, An Analysis of The Model Close Corporation Act and a Proposed Legislative Strategy, *Journal of Corporation Law*, Vol. 839, No. 10, 1985, pp. 839-840.

[2] See Cass R. Sunstein, The Storrs Lectures: Behavioral Economics and Paternalism, *Yale Law Journal*, Vol. 122, No. 7, 2013, pp. 1859-1860.

[3] See Colin Camerer, Samuel Issacharoff, George Loewenstein, Ted O'Donoghue & Matthew Rabin, Regulation for Conservatives: Behavioral Economics and the Case for "Asymmetric Paternalism", *University of Pennsylvania Law Review*, Vol. 1211, No. 151, 2003, p. 1212.

[4] 孙笑侠、郭春镇:《法律父爱主义在中国的适用》,载《中国社会科学》2006年第1期。

[5] See Richard H. Thaler & Cass R. Sunstein, *Nudge: Improving Decisions About Health, Wealth, and Happiness*, Yale University Press, 2008, p. 6.

证主体的选择自由,又可引导个体的理性决策。对公司合同缔约方的敦促将一方面保留公司的自治空间,另一方面实现对特定公司参与方的保护。强制性规范的规整策略是一种硬家长主义,而敦促式的干预则是一种软家长主义。[1] 贯彻软家长主义,解析并重新设计公司自治的选择架构能够避免强制性规范在调整公司关系上的武断,并且会成为对机会主义行为的一种有效回应。

如以法律规则与私人秩序之间的关系为标准,公司法律规范可以划分为"赋权性"(enabling)规则、"默认性"(default)规则以及"强制性"(mandatory)规则。[2] 其中,赋权性规则与默认性规则为任意性规范,私人秩序可以变更、排除其适用;对于强制性规范,交易主体必须遵守,不得排除适用。作为不可变更或排除适用的规则,强制性规范的目的在于保护合同内的当事人及合同外的第三方:对于合同内部当事人的保护,秉持家长主义姿态,对交易双方的权利义务进行强制性配置和约束;[3] 而对合同外部当事人的保护,则基于降低交易负外部性考量,从公共利益角度出发对合同当事人的约定和行为进行限制。[4] 由于强制性规范限制了合同自由,抑制了主体的选择,因此仅在出于对社会公共利益保护之目的时方可采用——为那些合同内部或外部的难以实现足够自我保护的主体提供保护,这是强制性规则存在的正当性基础。若此正当性基础不存在,则立法应设计赋权性规则。

赋权性规则与默认性规则均为任意性规范,允许私人秩序对此类规范的适用予以变更或排除。赋权性规则只有在公司参与方主动"选入"(opt-in)的情况下,才会被适用于公司特定的问题。简而言之,除非主体明确表明他们愿意接受这些菜单式条款的约束,"选入"相关条款,否则此类规则并不适用于公司。对于默认性规则,如果公司参与方没有主动"选出"这一规则,即主体在私人秩序的构建中对此保持沉默,规则就会自动适用于特定的问题。也就是说,如果

---

[1] See Cass R. Sunstein, The Storrs Lectures: Behavioral Economics and Paternalism, *Yale Law Journal*, Vol. 122, No. 7, 2013, p. 1835.

[2] See Melvin A. Eisenberg, The Structure of Corporation Law, *Columbia Law Review*, Vol. 89, No. 7, 1989, pp. 1461-1525.

[3] 参见孙良国:《法律家长主义视角下转基因技术之规制》,载《法学》2015年第9期。

[4] See Ian Ayres & Robert Gertner, Filling Gaps in Incomplete Contracts: An Economic Theory of Default Rules, *Yale Law Journal*, Vol. 99, No. 1, 1989, p. 88.

公司参与方无所作为,赋权性规则就不会自动适用,而默认性规则将获得自动适用。

从赋权性规则到默认性规则再到强制性规则,法律的强制性在逐级递增,私人安排的作用在减弱。赋权性规则的适用依赖于参与方的主动选择;默认性规则会自动适用,除非参与方主动排除;强制性规则的适用不容参与方变更或排除。立法者将某一做法或安排纳入法律规则、将一项规则设计为赋权性规则意味着,该做法或安排一旦被参与方"选入",即具有法律上的效力。这表明,该做法或安排获得了立法者的认可,立法者将其明示在法律规则中以供参与方"选入",法律的这种明示消弭了参与方作出此种安排时所面对的不确定性。[1]

赋权性规则的典型体现为菜单式条款。在合同领域,由私人或公共机构,如立法机关、行业协会或私人机构等,提供菜单式条款具有诸多优势,可以节约决策成本并降低错误成本。[2] 同时,菜单式条款可以降低合同起草和谈判要求,而且如果多数公司采用,还可以形成网络效应,并能引入第三方(如立法机关等条款提供方)对条款适时进行更新。

总之,法行为学者所倡导的软家长主义理论带来的启示是,公司法任意条款设计最优化是非常重要的。"立法者或法官不能不管公司法的具体规定,而完全依赖公司参与者之间的谈判来达成有效率的结果。相反,政策制定者应当投入实践和精力去创设提升价值的默认规则和治理菜单。"[3]换言之,强制性规范并不是干预公司自治的唯一手段,而任意性规范能够在保全主体选择自由的前提下,敦促参与方作出理性选择,从而贯彻软家长主义。在此立场下,惩罚性默认性规则、清单式赋权性规则乃至章程示范文本将推动更为理性的公司自治,既有利于发扬私法自治的理念,又有利于实现股东之间的实质公平。

---

〔1〕 参见〔加〕布莱恩·R. 柴芬斯:《公司法:理论、结构和运作》,林华伟、魏旻译,法律出版社 2001 年版,第 269—273 页。

〔2〕 See Cass R. Sunstein, Deciding by Default, *University of Pennsylvania Law Review*, Vol. 162, No. 1, 2013, pp. 5-6.

〔3〕 Yair Listokin, What Do Corporate Default Rules and Menus Do? An Empirical Examination, *Journal of Empirical Legal Studies*, Vol. 6, No. 2, 2009, p. 305.

第三节 菜单式条款的软规制——NVCA 示范合同文本的作用

如前所述,立法者可以通过设置强制性规则或者改变默认性规则以及菜单式条款选择架构,对人们的行为产生影响。菜单式条款是指事先拟定的一个或多个合同条款,供缔约方在缔约时选择纳入其最终订立的合同中。鉴于现实中情况复杂、难以统一,法律中的菜单式条款涵盖的并非默认性规则那样系立法者所看中的最佳操作,而是涵盖各种"可接受的操作"。但是,立法者的努力方向不仅是设置强制性规则或改变默认性规则,还有更为温和的方式,即将立法者的选择设定为菜单式条款,以多选项列举方式呈现供缔约方选用。[1] 默示条款、菜单式条款与格式条款并不相同。格式条款由商业机构——交易的一方制定,交易相对方只能选择接受或者拒绝,无法对条款进行修改。因此,格式条款中经常出现不公平条款并剥夺弱势方的缔约谈判自由。默示条款、菜单式条款则是以公共产品形式存在,不限制选择自由,人们可以自由选择适用其中所提供的不同条件或选项,或依自身需要进行修改。

利用菜单式条款对商业行为进行软规制,以实现立法者或监管者对合同内容的重大影响,是当前美国法律行为学最为显著的理论发现。[2]

一、灵活适应不同情形

与默认性规则相同,公司合同的菜单式条款能够产生规模经济和范围经济,降低缔约方的交易成本。菜单式条款一旦制定,可反复使用,复制成本极低,助力文本提供者获得规模经济效应。在没有立法菜单情况下,公司参与方如欲订立特别的非默示条款,则需要另行起草或参考其他若干合同样本以寻找符合自身要求的条款、用语,除需要付出较高的时间成本外,还会造成条款语言

---

[1] See Ian Ayres, Menus Matter, *University of Chicago Law Review*, Vol. 73, No. 3, 2006, p. 15.

[2] Lauren E. Willis, When Nudges Fail: Slippery Defaults, *The University of Chicago Law Review*, Vol. 80, No. 3, 2013, p. 1169.

的不一致,难以形成协调一致的用语措辞等问题。

与默认性规则相比,菜单式条款因涵盖各种"可接受的操作"而具有更大的灵活性。通过增加可选菜单中的选项提供多种选择,当事人视各自需求选用,无须进行唯一的选择,所付出的时间和精力远低于自行拟定合同的成本。这种需要当事人主动选择的方式在个体交易差异化明显且无法形成典型情境从而适用普遍性规则时无疑具有优势。菜单式条款的另一个优势是,可以减少利益集团对条款立法过程进行游说或干预,毕竟此时立法提供的仅仅是可供选择的菜单,而非默示适用的条款,对于利益集团的吸引力不大。

二、降低交易成本,产生网络效应

菜单式条款能够产生网络效应。在经济学上,某种产品对一名用户的价值在很大程度上取决于使用该产品的其他用户的数量。随着用户数量的增加,所有用户都可能从网络规模的扩大中获得更大的价值,产品价值往往呈几何级数增长。公司合同的菜单式条款的网络效用包含以下方面:

首先,统一法定菜单选项的设置,有助于在司法实践中获得统一的解释和适用,增强条款被选用后效力的确定性。换言之,公司参与方可假定在法定菜单中所列之选项,包括有关公司治理的安排,在法律上乃被允许之操作。李斯托金针对美国各州有关反收购安排的实证研究显示,在法律没有明确采用菜单选项列明公司在反收购安排中可设定以公允价格处理的州中,设定此公允价格安排的公司明显少于法定菜单中列明可以采用该方式的佐治亚州。他认为其中部分原因在于,这些州的公司并不确定其自行设定的标准是否会被法院认定为无效,缺乏对法律确定性的信心。[1]

其次,菜单式条款有利于促进通用实践和惯常做法的形成。公司参与人在法定菜单选项中选择其欲采用的条款作为最终签订的合同条款,有利于围绕此类选项形成若干通用实践,形成行业惯例。例如,对于保险公司而言,在保险行业惯例中早已接受这种事实:在整个行业中采用相同的条款和通用语,形成网

---

[1] See Yair Listokin, What Do Corporate Default Rules and Menus Do? An Empirical Examination, *Journal of Empirical Legal Studies*, Vol. 6, No. 2, 2009, p. 305.

络效应和效仿效应(learning effect),有利于更好地为其合同定价。

最后,菜单式条款还可便利公司参与人在选定条款后获得更优质的法律服务。将菜单式条款中的常用条款"选入"不同客户的公司治理合同中,并针对具有个性化需求的条款进行单独调整和设计,可以将节约的时间和精力集中用于个性化条款的设计,减少律师犯错误的概率(如文本用语失误、事前调查不完备或因谈判策略错误而导致判断失误等),提高客户获得的法律服务的质量。[1]

三、降低代理成本,扭转"逆向推断",促进谈判

菜单式条款可以缓解公司参与人在进行合同谈判中所面对的信息不足问题。在合同谈判中,基于信息不足的现实,当一方当事人提议设置某个合同条款时,很可能被其他方误读为其隐瞒了某些信息。例如,如果有人欲购买市场上一件并不值钱且无人问津的物品,就会使物品所有者怀疑该物品是否应值更高的价格。在公司合同谈判语境下,也会出现这种情况。如果某个股东提出一种有关公司治理的设置建议或要求,则其他股东或董事会有可能认为提议者对其所提议的条款设置、安排拥有某些秘密信息或者会以其他股东不知晓的方式获益。此类秘密信息有可能并非内部信息,但是只要其他方认为其并不了解该提议,且与自己所规划的设置、安排不一致,就可能反对这种提议。当然,这种反向推断有时并不正确,该提议完全有可能对所有股东及公司利益均有利。但是,问题在于,很难对该提议的效果进行证明或评价,或提议者难以说服相对方,从而导致公司合同谈判陷入僵局,难以推进。这种谈判僵局正可以通过菜单式条款加以解决:考虑到菜单式条款乃由无利害关系的第三方如立法机关提供,因此合同谈判中的相对方并无理由认为提议者所提议之条款背后藏有个人目的或其他私利,菜单式条款更易于获得各方共同认可,避免谈判僵局。

---

[1] See Michael Klausner, Corporations, Corporate Law, and Networks of Contracts, *Virginia Law Review*, Vol. 81, No. 3, 1995, p. 782.

第四节 NVCA 示范合同文本

一、NVCA 示范合同文本背景与总体架构

菜单式条款被广泛采用的突出示例为美国风险投资行业中普遍采用NVCA 拟定的风险投资操作示范样本(NVCA 示范合同文本)。诚如 NVCA 在其网站上写明的,美国风险投资行业每年完成数以千计的投资,每一次投资都会耗费投资者、公司管理层及专业顾问团队大量的时间与精力。每一次投资的实现和优先股工具的设定,都意味着繁复的谈判与冗杂的合同起草过程。即使是非常典型的融资案,也需要反复斟酌,达到既贴合特定交易实际又符合行业最佳实践的标准,使得风险投资实践变成每天都在进行的"耗时费力的重复性劳动"[1]。鉴此,NVCA 制定了一整套风险投资领域常用的各种法律文本,包括章程样本、投资者与管理层协议文书样本、股票购买协议及风险投资条款清单样本等,供投融资双方在风险投资谈判中予以引用,将人们从动辄几百页的法律文书中解放出来。NVCA 示范合同文本采纳了美国风险投资领域的最佳实践经验,同时标准化条款的设定也能够在很大程度上避免合同各方由于相互不够信任而设置陷阱或障碍等情况的发生,成为美国风险投资实践领域通用的样本及业务规则。

NVCA 较早一版示范合同文本发布于 2013 年,最新版本是 2020 年版,其网站申明:该版示范文本旨在减少交易成本和时间,反映、指导和建立风险投资与创业企业投资的行业规范,提供各种融资条款并映衬潜在选择空间,预见并消除不可执行或不可行条款的陷阱,提供一整套系统的融资文件。2013 年版示范文本起到了非常良好的示范作用,成为风投公司对初创企业投资过程中极其宝贵的资源。在该版本运行七年之后,NVCA 于 2020 年 7 月对其进行了修订和更新。本次更新乃通过对已签署的风险融资协议中的交易条款进行分析,基于"超过 35000 笔交易(代表 17000 多名独立投资者)和跨越十年的数据",运用

---

[1] NVCA Term Sheet,http://NVCA.org/resources/model-legal-documents/,last visited on Nov. 4th, 2021.

多个数据点阐释条款清单中特定条款的使用和频率,并据此对2013年版示范合同文本中的条款清单和示范章程等进行修订、增补,使风险投资行业中的投资者、企业家及相关从业者不仅可利用自己的历史数据,而且"可利用数千名其他投资者分阶段所做的数据来衡量未来交易"[1],便利其获得有价值且及时更新的见解,作出最佳决策。

NVCA最新版本示范合同文本包括多项内容,其中关涉合同谈判及缔约流程的主要文本是《融资条款清单》(Term Sheet,简称《条款清单》,也有人将其译为《投资意向书》)[2]与《股份购买协议》(Stock Purchase Agreement)[3]。《条款清单》的主要作用是提示主要条款项目,便于投融资双方在谈判之初确定初步意向和敲定关键条款,以便后续深入详细设计条款内容。因此,《条款清单》中列明了有关拟发行优先股的价格信息及其所附带的各种权利和优先性权利内容,包括融资金额、每股价格、公司估值、优先分红权、优先清算权、表决权、保护性条款、转换权、反稀释条款、回赎安排等各项内容,作为后续合同条款详细拟定的基础。同时,示范文本中以样例形式列出每项权利的设置建议,但是相对比较概括,仅仅体现了意向安排,而非详细条款设定。此外,《条款清单》中还列明了完成整个交易安排的系列协议文件提示,与《股份购买协议》中附件内容相对应。

《股份购买协议》中载明了公司与投资人之间就优先股的出售和购买所涉及的基本条款,包括购买价格、交割日期与条件等,并列出与之相关的其他融资文件。但是,《股份购买协议》的正文中不会载明所出售股票的具体权利内容,而是将其置于章程修正案中,并将章程修正案作为《股份购买协议》的附件,使其构成统一的系统文件。事实上,《股份购买协议》正文主要解决优先股发行人与投资人之间的信用问题,通过复杂详细的条款语言设置保障交易信用的条

---

[1] NVCA Partners with Aumni to Add Market Analysis to the NVCA Model Legal Documents, https://nvca.org/pressreleases/nvca-partners-with-aumni-to-add-market-analysis-to-the-nvca-model-legal-documents/, July 28, 2020, last visited on Dec. 4th, 2021.

[2] Term Sheet For Series A Preferred Stock Financing, http://NVCA.org/resources/model-legal-documents/, last visited on Nov. 4th, 2021.

[3] Series A Preferred Stock Purchase Agreement, http://NVCA.org/resources/model-legal-documents/, last visited on Nov. 4th, 2021.

款,包括各相关主体——公司、创始股东及投资人之间的相互承诺和保证,确保各方真正基于诚实信用原则实施出售与购买行为,确保交易安全。涉及优先股本身具体条款、权利和优先性权利内容的协议则设置在章程修正案中,作为《股份购买协议》的附件。这种处理方式从合同起草、审查及修改角度降低了当事人的成本,不仅有助于各方在具体条款设定时重点关注关键内容,还便于解决公司章程与股东协议之间的效力问题。

《股份购买协议》包括正文和附件。正文分为六个部分:第一部分是优先股的购买与出售安排的操作性条款,主要包括 A 系列优先股出售的价格、数量、交割与交付、所得款项用途及协议术语定义等内容。第二部分是优先股发行公司的陈述与保证,主要解决投资者投资的安全性问题,确保协议内容真实准确,遵循意思自治原则,以保障协议履行。该部分主要包括优先股发行公司向投资者披露公司及其业务相关信息,以及与协议出售的优先股直接相关的信息,如公司资质、股本结构、优先股发行授权、公司涉诉情况、财务状况、公司合规状况等信息,目的是进行全面的信息披露。第三部分是优先股购买者的陈述与保证部分,内容相对简单一些,主要是购买者承诺自身具有缔约能力和资格、完全具备意思自治能力以及承诺保证履约等内容。第四部分是购买者在优先股交割时承担义务的前置条件,是为了进一步保护购买者/投资者利益而设置的条款,主要包括公司应履行其承诺的义务、优先股已经具备出售条件并满足各项程序性要求等前提。第五部分为保障公司利益而设,规定了公司在交割时承担义务的前提条件,设置了购买者的前置义务,进一步确保购买者具备购买资格和能力,并履行其承诺的义务。第六部分是杂项条款,完善了协议的内容,包括管辖法律、副本、权利义务的继承与转让、通知等协议中通常包含的内容。正文之后是构成本协议完整部分的所有附件,包括购买时间表、章程修正案、信息披露清单、补偿协议清单、投资者权利协议文本、管理权文件文本、优先购买权和共同出售权协议文本、投票权协议文本、公司法律顾问法律意见等。有关优先股具体权利设置的内容均体现在附件所列文本中,需要发行公司与投资者依据公司具体情况及其谈判结果自行协商确定。

优先股合同谈判过程中涉及的主要内容以《股份购买协议》与《条款清单》的内容为主线。这种以菜单式条款出现的示范文本构成了一种公共产品,集中了典型优先股融资交易中涉及的主要内容,并将共性条款与个性条款分别列明,供交易双方依据特定交易背景选择适用。其中,涉及优先股附带之权利及优先性权利的条款主要体现在《公司章程修正案》(Amended and Restated Certificate of Incorporation)中。

二、优先股权能条款设置——NVCA 公司章程示范文本借鉴

股东权利的主要来源是公司章程中的条款约定,不存在完美的优先股,只有条款约定的构成优先股的各种权利集合。但是,合同约定受到合同解释的限制,如果约定不明并发生纠纷,就有可能导致优先股股东原本希望获得的权利不被认可,无法达到运用合同约定实现自我保护的目的。本部分拟从优先股权能条款设置中应关注的主要问题、易引发纠纷的事项角度,讨论各项主要优先性权利的具体条款设置,并借助 NVCA 章程示范文本中相关条款规定进行阐述。

(一)优先分红权设置

优先股合同中的优先分红权条款存在多种形式,一个极端约定是承诺只要公司存在适当的盈余,即向优先股股东支付分红且可以累积;另一个极端则是仅授予优先股不可累积的优先分红权——优先股股东仅在分红支付的当年度可以优先于普通股股东获得分红,但是以往年度未分派的分红不可累积,即使当时公司有盈利可供分配。在两个极端的中间地带,是通常情况下常见的约定:"完全累积优先股"(fully cumulative preferred stock)——不论以往年度是否有盈利,只要未支付分红,则公司都有义务在普通股股东获得分红之前将以往年度所有未支付分红全部付清;或者是"有盈利则累积优先股"(cumulative preferred stock only if earned)——仅以往年度中有盈利但未支付的分红可累积,无盈利的年度则可不支付分红,也不会累积。此外,公司也可以发行完全无优先分红权的优先股,即仅有优先清算权的优先股。[1] 优先分红权安排属优

---

[1] See William W. Bratton, *Corporate Finance: Cases And Materials*, 7th Edition, Foundation Press, 2012, pp. 620-621.

先股合同当事人自主安排范围，因此应该在公司章程条款设定中明确约定各种分红安排，包括是否强制分红、是否可累积、在何种情况下累积、是否有参与权等。

NVCA 章程示范文本中建议的分红条款分为三种情况：

第一，优先股无优先分红权，而是在公司向普通股宣派分红时与普通股获得同等分红。

第二，优先股除与普通股拥有同等分红外，还额外拥有固定股息率的分红优先权。

第三，优先股除与普通股拥有同等分红外，还拥有特定的累积分红优先权，该文本建议的具体条款设置为：（1）如果条款清单规定不向优先股分派特定分红，而是在宣布分派普通股分红时向优先股均等分派分红，则优先股合同条款设置范本为："公司不得宣布分派、支付或预留公司任何其他类别或系列的股本的分红（应支付的普通股股份的分红除外），除非当时流通的优先股股东优先或同时收到每股流通的优先股的分红。"[1]（2）如果条款清单规定，在董事会宣派分红时，优先股除与普通股拥有同等分红外，还额外拥有固定股息率的分红权，则优先股合同条款设置范本为："在董事会宣派分红的情况下，在优先股股东根据前款规定获得与普通股股东同等的分红之前，公司不得宣布分派、支付或预留公司任何其他类别或系列的股本的分红（应支付的普通股股份的分红除外）。此外，优先股股东还有权在优先于任何其他股息（以普通股股份支付的普通股股份股息除外）的宣派或支付之前从合法可用的任何资金和资产中获得每股优先股原始发行价格的____％的股息。但是本条款所规定的优先股股份的分红权不得累积，且公司是否宣派分红的决议由董事会作出，如果董事会决议不分红，则优先股股东无分红权。"[2]（3）如果条款清单规定，在董事会宣派分红时，公司应向优先股股东分派应付的特定累积分红，则优先股合同条款设置范本为："任何优先股应自发行日起计息，利率为每股每年____美元。未得支付的分红应按日累计，不论是否已宣布，并应累积。但是，如果董事会决定不宣派分

---

〔1〕 NVCA，Amended and Restated Certificate of Incorporation，last updated July 2020，p. 5.

〔2〕 Ibid.

红,则公司无义务支付分红。在 A 系列优先股的股东优先或同时收到每股流通的 A 系列优先股的分红前,公司不得宣布分派、支付或预留公司任何其他类别或系列的股本的分红。"[1]

此外,NVCA 章程示范文本中还详细规定了优先股分红的计算方式,以及依据公司宣派的股票股利、股票分割、合并或其他类似资本重组对分红金额进行适当调整的条款。

(二) 优先清算权设置

1. 优先清算权的触发条件

优先股合同通常会规定:在公司发生"清算、解散或注销"的情况下,优先股股东有权在普通股股东(或其他次级证券持有人)获得分配之前获得指定金额的资产。由此分配的"本金"通常等于优先股的票面价值或者在优先股初始发行时支付的金额,也有可能两者都不是。除了请求"本金"之外,优先股合同通常还会在公司解散时赋予优先股股东优先获得所有累积分红的权利,而且如果是自愿解散,还会有溢价,通常要求以现金支付。

NVCA 章程示范文本在规定具有明确法律含义的清算、解散或停业事件外,还规定了"视同清算事件"的具体范围:"(a) 符合以下条件的并购或合并:(i) 公司是其中一方或(ii) 公司的子公司是其中一方,并且公司因此次并购或合并发行了股份,除非在涉及公司或其子公司的该等并购或合并中,公司在该等并购或合并之前所持有的股份在该等并购或合并之后继续代表、被转换为或交换为代表(1)继续存在或新形成的公司或(2)(如果继续存在或新形成的公司在该等并购或合并之后即成为另一家公司的全资子公司)继续存在或新形成的公司的母公司的至少(大多数)股份(就投票权而言);或(b) 在单次交易或一系列相关交易中,通过出售、出租、转让、排他性特许或其他方式处置公司以及和它被视为一个整体的子公司的所有或几乎所有资产,或出售、处置(不论是以并购、合并还是其他方式)公司一家或多家子公司,且公司以及和它被视为一个整

---

[1] NVCA, Amended and Restated Certificate of Incorporation, last updated July 2020, p. 5.

体的子公司的所有资产基本上都由该等附属公司持有,除非该等出售、租赁、转让、排他性特许或其他处置方式的对象是公司的全资子公司。"[1]

2. 优先清算权范围、参与性及清偿序位的规定

如果公司章程没有约定或者成文法没有作出规定,则在公司清算、解散时,优先股不得在普通股之前参与分配——不享有优先清算权。法律可以规定优先股在某些情况下的参与权,公司章程也能够特别授予优先性权利。因此,如果章程没有授予优先股以清算时的优先性权利,则在多数情况下无法推定优先清算权的存在。

由于优先清算权通常为明确约定的,因此难题主要在于优先性权利的限定效果:优先股是否仅可在普通股之前获得票面价值和分红?优先股是否可以与普通股共同参与剩余金额的分配?这两个问题都涉及合同解释问题。美国纽约州早期的一个著名判决认定,如果公司没有盈利可供支付分红,对于"票面价值和分红"优先性权利,则仅允许向优先股支付票面价值——没有利润就不能分红。[2] 但是,美国绝大多数法院却持相反意见,将规定为"票面价值和分红"的优先清算权解释为即使没有利润也能享受全面优先性权利,因为即使没有盈余,分红也应累积。实践中,许多公司章程规定,公司应支付的金额不依赖于收益,或者采用应支付"等额于票面价值(或约定金额)及累积分红"等类似的用语。

至于在优先性权利外优先股能否再行参与清算,仍存在疑问。如果公司章程没有约定,那么大部分法院会认为其没有参与权。如果合同约定仅向优先股支付票面价值和累积未付的分红,则不会存在额外参与清算的权利。另外,仅仅约定优先股在清算方面的权利无助于额外参与权的认定。

清算中应支付的金额通常是事先约定的。如果是非自愿清算,则优先股会获得票面价值或者约定的金额,再加上累积未付的分红额;如果为自愿清算,则通常会加上相应的溢价。如果资产不足以全额支付优先清算权,则通常会依据事先约定的类别股优先顺序决定,一般不会出现依各类别股票的票面价值按比

---

[1] NVCA, Amended and Restated Certificate of Incorporation, last updated July 2020, pp. 8-9.

[2] See Wouk v. Merin, 128 N.Y.S. 2d 727 (1st Dept. 1954).

例分配的情况。还有一个重要的问题是：在同一个股票类别内，当资产不足以清偿时，如何处理各个系列优先股的优先性权利问题？对此，公司章程可以要求严格依照比例原则对同一类别内各个不同系列优先股进行分配，按照每一系列到期应付的总额为基础计算比例，从而解决此类问题，毕竟每一系列累积未付的分红额都不同。

NVCA 章程示范文本主要针对优先股在优先清算权之外能否再行参与清算财产分配的问题作了区分并规定：(1) 优先股股东无再行参与清算权；(2) 优先股股东在优先获得清算财产外仍可参与剩余财产的清算分配。相应的具体条款设置建议为：

"在《条款清单》规定采用非参与优先股的情况下，如果出现任何自愿或非自愿的公司清算、解散或停业或视同清算的事件，当时流通的 A 系列优先股的持有人有权在普通股持有人因持有普通股而从公司获得任何款项支付之前，从公司可用于向股东分配的资产中获得款项支付。每股获得的款项等于以下二者中的较大值：(i) A 系列原始发行价加任何已宣布但未支付的股息的____倍；或 (ii) 假设在即将发生清算、解散、停业或视同清算事件之前，所有 A 系列优先股已根据章程其他条款的规定转换为普通股应支付的每股金额（根据本句规定应付的金额以下简称'A 系列优先股清算金额'）。如果在公司发生任何清算、解散、停业或视同清算事件时，公司可用于分配给股东的资产不足以向 A 系列优先股股东支付其根据本条规定有权获得的全部款项，则 A 系列优先股的持有人应当根据就其所持股份进行全额分配时各自可获得的金额，按比例在分配中分享可分配的资产。同时，在向 A 系列优先股持有人优先支付款项后，可向股东分配的公司剩余资产则根据普通股股东所持有的股份数量按比例分配。

"在《条款清单》规定采用参与优先股的情况下，如果出现任何自愿或非自愿的公司清算、解散或停业或视同清算的事件，当时流通的 A 系列优先股的持有人有权在普通股持有人因其普通股所有权而从公司获得任何款项支付之前，从公司可用于向股东分配的资产中获得款项支付。每股获得的款项等于 A 系列优先股原始发行价加任何已宣布但未支付的股息的____倍。如果在公司发生任何清算、解散、停业或视同清算事件时，公司可用于分配给股东的资产不足以向 A 系列优先股股东支付其根据本条规定有权获得的全部款项，则 A 系列优先股的持有人应当根据就其所持股份进行全额分配时各自可获得的金额,按比例在分配中分享可分配的资产。此外,向优先股股东优先支付款项后的公司剩余资产,应根据优先股股东和普通股股东各自的持股数量,在优先股股东和普通股股东之间按比例进行分配——此时优先股股东持股数量应以假设其依据本章程转换为普通股后的数量计。"[1]

(三)回赎权设置

1. 公司回赎权的约定

回赎股票是指强制以现金或资产替换股票的权利。不论回赎股票的权利由发行人还是股东享有,其行使都会受到法律的限制,这种限制主要是出于公司资本制度及债权人保护等方面的考量。如果在支付或履行义务时公司处于资不抵债状况,考虑到这种支付会损害债权人利益或造成资产减损,则合同很有可能无法履行。因此,回赎条款被解读为"在公司未处于资不抵债状况或者不会因回赎而导致资不抵债(或损害债权人或资本)"时的回赎。

2. 回赎价格的确定及回赎资金来源

回赎价格通常会在章程中事先约定。有关回赎价,没有法定的最低额限制,实践中一般不会低于优先股的发行价。事实上,由于优先股的固定收益增加了公司的融资成本,因此公司只有在寻找到另外一种融资成本更低的替代方式时才会主动行使回赎权。而优先股股东通常厌恶公司的单向回赎权。因此,回赎价通常会包含发行价之上的一个溢价,以补偿投资人无法继续获得有利投资的损失。

NVCA 章程示范文本中对回赎价格条款的规定为:"除非特拉华州关于向股东分配股份的法律禁止,否则公司可按照以下两者中较高的价格回赎 A 系列优先股:(A) A 系列每股原始发行价格,加上所有已宣布但尚未支付的股息,以及(B)公司收到回赎申请之日 A 系列优先股的每股公允市价('回赎价格')。公允市价应为公司和当时大多数已发行 A 系列优先股持有人约定的 A 系列优

---

[1] NVCA, Amended and Restated Certificate of Incorporation, last updated July 2020, pp. 6-8.

先股的每股价值,如果未能就此达成约定,则由公司和当时大多数已发行 A 系列优先股持有人商定的第三方评估人确定。"[1]

针对回赎资金来源问题,NVCA 章程示范文本规定:"收到回赎申请后,公司应将其所有资产用于回赎,不得用于其他公司目的,除非特拉华州关于向股东分配的法律禁止。……如果在任何回赎日期特拉华州关于向股东分配的法律禁止公司回赎全部待回赎的 A 系列优先股,公司应按价格回赎该法律允许其回赎的最大数量的股份,并在该法律允许的情况下尽快回赎剩余股份。"[2]这一规定系在特拉华州衡平法院在 2010 年"ThoughtWorks 案"的判决意见作出后,[3]NVCA 特别进行的修改。在"ThoughtWorks 案"之前,优先股合同对于回赎资金来源通常都会采用"合法可用的资金"的用语,但是"ThoughtWorks 案"对该用语作出了对投资者不利的解释。同时,法院在判决意见中还指出,"强制性回赎权只能提供有限的保护,功能并不完善,特别是当公司面临财务财政困难时"[4]。因此,经验丰富的投资者可以加入一些"额外保护",以使其回赎权有更大的威力。基于对该案判决意见的回应以及对未来类似潜在风险的控制,NVCA 在章程示范文本中增加了上述规定,以期在法律许可范围内最大限度地实现回赎权利。

3. 未付分红的处理

通常而言,回赎价格的确定中包含累积未付分红。多数章程允许在存在未付分红的情况下完全回赎某类别股票,但是禁止不完全回赎某类别股票的全部,或者需经剩余未回赎部分股票持有人同意方可在此情况下实行部分回赎操

---

[1] NVCA, Amended and Restated Certificate of Incorporation, last updated July 2020, pp. 33-35.

[2] 本句是为回应特拉华州衡平法院在"ThoughtWorks 案"中的意见,旨在要求公司使用其全部资产(除支付到期债务和根据适用的特拉华州法律继续经营所需的资产之外)回赎 A 系列优先股。

[3] SV Inv. Partners, LLC v. ThoughtWorks, Inc., 7 A. 3d 973, 976 (Del. Ch. 2010), aff'd, 37 A. 3d 205 (Del. 2011).

[4] Ibid.

作(通常需要 2/3 以上投票同意)。[1] 对优先股股东而言,应该防备公司在没有盈余且存在累积未付分红的情况下进行部分回赎操作,毕竟部分回赎将对未获回赎的优先股股东造成不利。

在美国实践中,因回赎权发生纠纷的情况较为常见,前文提到的新泽西州"Mueller 案"[2],以及后文讨论的"ThoughtWorks 案"[3],是两个典型的回赎权案。在这两个案例中,法院最终判决以及对优先股股东权利保护所采取的态度存在相当大的差异,判决结果也迥异,引发了人们对优先股回赎权利的激烈讨论。尤其是"ThoughtWorks 案",由于该案发生时间较近,且系由特拉华州衡平法院判决,因此被认为代表了特拉华州法院对待优先股股东权利的最新主流观点。该案中法院从商业判断规则出发,对董事会决策采用程序性判断,推翻了"Mueller 案"中对公司经营及财务状况进行实质性判断的方式,提供了董事会议事流程的审查标准。

(四) 转换权设置

转换是指将一种类别证券转变为另一种类别证券的行为,转换权通常由公司章程条款设置。转换权条款作为一项常见的约定,鲜少受法律规则的影响,主要取决于合同约定。可以在公司章程中约定优先股可转换为普通股,同时转换的决定权并不一定只由优先股股东享有,发行人公司也可以享有要求转换的权利。

1. 转换机制

转换权经常被认为是一项持续性要约,而承诺则必须依要约的条款进行。如果章程约定优先股可以在回赎之前进行转换(转换为普通股从而避免被回赎),则承诺进行转换必须在限定日期前完成。即根据章程约定,以书面形式告知选择进行转换,并于限定日期前实际交付拟转换的证券。如果股东想要获得未来分红或其他收益分配,或者参与重要投票程序,则必须严格遵守合同约定

---

[1] See Richard M. Buxbaum, Preferred Stock: Law and Draftsmanship, *California Law Review*, Vol. 42, No. 2, 1954, p. 267.

[2] Mueller v. Kraeuter & Co., 25 A. 2d 874(N. J. Ch. 1942).

[3] 参见本书第六章"ThoughtWorks 案"的相关讨论。

的转换条件。同样,优先股股东在交付股票后何时转变为普通股股东,也应明确约定。另外,章程还应明确界定转换后股东获得普通股股东资格的日期及转换生效日期。否则,对于转换率应该依据股票交付日期还是新股发行日期计算,就会产生争议。NVCA建议将股票转换日期设定为股票交付日期,即明确约定股票转换率应依股票交付之日的转换率来确定。

从公司角度而言,需保持转换股票的能力——保留足够的次级种类股票(普通股股票),并且应该在可转换股票发行之时即做好准备,而非在转换权行使之前。通常,如果发行的可转换股票数量多,则公司应该修改章程并增加授权股票数量。如果公司未能预留足够数量的股票,或者无法或拒绝履行该义务,就会引发诉讼。

对于转换机制的设置,NVCA章程示范文本中建议的条款为:

(1)转换比例。"A系列优先股的持股人可以随时自行决定将每份股份转换成相应数量的已缴足股款和不加缴的普通股,无须支付额外对价,可转换的数量的确定方式为A系列优先股的原始发行价除以转换时有效的A系列优先股的转换价格。"[1]

(2)转换通知。"如果A系列优先股的持有人自愿将A系列优先股的股份转换为普通股股票,应(a)向A系列优先股的转换代理人的办公室(如公司担任其自己的转换代理人,则向公司的主要营业地)发出书面通知,表明其选择转换自己持有的所有或任何数量的A系列优先股,并(b)如果其持有的股份为有证书股份,应向A系列优先股的转换代理人的办公室提交相应A系列优先股的证书。公司应在转换时间过后,尽快(i)向A系列优先股持有人或其指定的人出具和交付在该等转换后根据本协议的条款可发行的所有普通股的证书,以及其提交的股份证书所代表的A系列优先股中没有转换成普通股的部分(如果有)的证书,(ii)支付转换的A系列优先股的所有已宣布但尚未支付的股息。"[2]

(3)股份预留。"当有流通的A系列优先股时,公司应出于转换A系列优

---

[1] NVCA, Amended and Restated Certificate of Incorporation, last updated July 2020, p. 16.

[2] Ibid.

先股的目的，在其被授权发行但未发行的股份中预留出充分数量的被正式授权发行的普通股，以便随时满足 A 系列优先股的转换；同时，如果在任何时候，被授权发行但未发行的普通股的数量不足以满足当时流通的 A 系列优先股的转换，公司应采取必要的公司行为，增加其被授权发行但未发行的普通股的股份至足以满足上述目的数量，包括但不限于尽最大努力获得必要的股东批准以便对公司章程作任何必要修订。在采取任何将导致 A 系列优先股的转换价格降至当 A 系列优先股转换后可发行的普通股当时的票面价值之下的行动之前，公司应采取其法律顾问认为有必要的任何公司行为，以便按照调整后的 A 系列优先股的转换价格有效、合法地发行已缴足股款和不加缴的普通股。"[1]

2. 防止转换权被稀释

优先股股东应在公司章程中设置防止其股票转换价值受侵害的条款。如果目标股票的价格或者数量发生变化，就需要对转换权进行调整。譬如，如果公司进行拆股操作，将现有股票一股拆成两股，则可转换为该类股票的持有人应有权获得原本数量两倍的股票。同时，转换价格或转换率也是可转换证券合同中应包含的内容。对于转换权稀释问题，法律未提供对股东的相应保护规则，因此优先股股东需要通过合同约定弥补这个规则空白。

比较容易操作的是约定有关股票拆分、并股以及重新分类（替换或转换）等情形。相对简单的方式是"视同转换"，即假设可转换股的股东在股票拆分或其他交易前已经将股票转换，可以普通股股东身份参与到转换、重新分类、拆股或并股中，并以此来计算其在转换后应得的股份数量。相对较难的调整发生在公司额外发行或出售的普通股价格低于当前转换价格的时候。这种交易是影响转换权的常见交易形式，而且新股发行通常包括多种形式，如股票分红的支付、认股权证的授予以及可转换为普通股的股票的发行等。因此，这种调整是可转换股票合同中的重要保护条款。针对这种调整存在两种理论：一种理论系以转换价格作为基准进行调整，即调整价格独立于股票的市场价值；[2]另一种理论

---

〔1〕 NVCA，Amended and Restated Certificate of Incorporation，last updated July 2020，p.16-17.

〔2〕 See Richard M. Buxbaum，Preferred Stock：Law and Draftsmanship，*California Law Review*，Vol. 42，No. 2，1954，p. 284.

系由证券分析大师本杰明·格雷厄姆和戴维·多德提出的,认为在新发行的普通股价格低于当前普通股市场价值时就要进行调整。[1]

对优先股股东而言,针对非现金交易进行调整也很重要。因为以资产为对价发行的普通股,对转换权的稀释效果与现金发行相同。虽然公司宣派资产红利(既非现金也非红股)并不常见,但是仍有必要对其后果予以重视。因此,大部分转换证券合同都约定,如果普通股、可转换证券或者认股权证以非现金对价发行,则该股票(包括依据转换权或认股权的行使而可发行的股票数量)应该被视为以等同于该对价的公平价值的现金对价发行。不过,并非所有的交易以及所有股票发行都应该进行调整,库存股以及那些为满足转换权而留存的已发行普通股应该被排除在应调整范围外。

针对转换权稀释风险,NVCA章程示范文本针对公司发行额外普通股、股票分割与合并、股息分派和分配以及公司合并或重组等情况下如何进行转换权的调整,包括转换价格及转股数量等方面,设定了详细的应对条款。

3. 转换后股票的处理

对于转换后的股票如何处理,同样应在公司章程中作出约定,建议在章程中约定转换后的股票应予注销并且不得再次发行。转换后的股票如果不予注销,并不会对优先股股东的转换权造成特别损害。但是,如果以低价重新发行,则有可能稀释库存股票,因此应该在转换权合同中加以明确禁止。如果公司将其认定为不属库存股类别,则这些重新低价发行的行为可能被排除在调整范围之外。

NVCA章程示范文本对转换后股票的处理方式的规定为:"根据相关转换规定已提交转换的A系列优先股的所有股份应不再被视为流通股,与该等股份相关的所有权利应在转换时立刻终止。任何如此转换的A系列优先股股份都应被收回并注销,且不得作为该系列重新发行,此后公司可以采取必要的适当措施(无须股东批准)以相应地减少A系列优先股的数量。"[2]

---

[1] 参见〔美〕本杰明·格雷厄姆、戴维·多德:《证券分析》(原书第6版),徐彬、陈幸子、张宇等译,中国人民大学出版社2009年版,第267—268页。

[2] NVCA, Amended and Restated Certificate of Incorporation, last updated July 2020, p. 18.

(五) 投票权设置

投票权是股东控制公司的行为方式。其中，选举董事会成员的权利是一种理想的间接表达对公司政策的意见和要求的方式，包括对管理层前期工作的概括性批准——对股东会上的决议行使投票权。[1] 对特定事项——并购或发行新优先股等进行投票，是更直接的表达同意与否的方式。此类重大交易对股东与公司的关系具有重要影响，因此需要股东事先同意。

1. 表决权恢复机制

优先股股东为换取经济利益的优先，让渡了对公司的控制权，即放弃对公司重大事项的投票权。章程中典型的否定优先股投票权的用语是"除另有规定外"，然后会具体列出优先股可行使投票权的事项——通常都是法律强制性规定中列明的事项类型。同时，除了对某些交易行使投票权外，几乎所有的章程都会规定在公司无法支付分红时表决权恢复问题。典型的表决权恢复条款是，在公司累积三次、四次或者六次（非连续）不分红时优先股可以作为类别股股东行使投票权。非连续性不分红的规定使公司无法通过间断支付分红，如一年中仅支付一个季度的分红，规避该规则并避免控制权的转移。但是，如果该条款语言模糊，就会引发争议，如"如果出现四次未付分红的情况"，控制权就会转移。此类语言就相当模糊，无法确定必须是连续四次还是非连续的四次未付分红。这种合同语言可能导致股票权利内容的模糊，产生滥用风险，因此最好还是明确约定为宜。

由表决权恢复条款赋予的投票权通常就是选举特定数量董事的权利，数量范围很宽泛：一名、三名、少数董事的最大值，多数董事的最小值，或者全部董事。[2] 同时，投票权本身还需要某些机制协助激活这项权利。如果发生违约（如未付分红）的情况，而当前管理层未能依据新规则召集会议选举董事会成员，则股东可提起诉讼。但是，法律允许管理层以正当理由将会议召集时间延

---

[1] 〔美〕弗兰克·伊斯特布鲁克、丹尼尔·费希尔：《公司法的经济结构》（中译本第二版），罗培新、张建伟译，北京大学出版社 2005 年版，第 73—75 页。

[2] See Richard M. Buxbaum, Preferred Stock: Law and Draftsmanship, *California Law Review*, Vol. 42, No. 2, 1954, p. 291.

迟至下一次定期年度股东会。因此，大多数章程都会允许很小比例的优先股股东（大约5%）即可召集特别股东会选举"他们的"董事。如果根据表决权恢复规则，优先股股东仅有权选举部分董事，那么剩余席位的董事仍由普通股股东选举，所以此类特别股东会是面向所有股东召开的。优先股股东的出席或代表出席人数必须达到法定或约定要求，章程中会对比例进行规定。如果出席人数低于规定比例，则选举不得进行。也有观点主张，在无相反规定的情况下，如果普通股股东出席人数未达规定比例，亦会阻碍选举的进行。但是，这种做法将给予普通股股东极大的机会主义空间，从而阻碍优先股股东行使董事选举权，并可能导致其表决权恢复最终成为空谈。为避免发生此种情况，大多数章程规定，如果普通股股东出席人数低于规定比例，并不会影响优先股股东选举的进行，反之亦然。如果优先股股东出席人数低于法定比例，则优先股股东不得进行选举，应保持现状。也有一些章程特别规定，普通股股东有权选举除优先股股东选举之外的董事名额。但是，在下一次股东会时，即使公司同时支付了分红，只要违约状态未全部消除，优先股股东仍有权再次选举。

假设公司累积未付分红达到四次并构成违约，则由此产生的表决权会持续至违约行为全部纠正之时。"纠正"可以是全部支付所有未付分红，或者已支付的分红将累积未付额降至触发表决权所需的最低分红金额以下。大多数章程都规定，优先股股东的表决权保留至未付分红全部付清。一旦违约行为获得纠正，选举董事会成员的排他性权利立刻回归至普通股股东。为避免董事会出现"跛脚鸭"的情况，许多章程都要求在违约纠正后重新召开股东会，而且其中大多数章程还特别规定应立即终止优先股董事的任期。

2. 类别投票权

除了董事选举权外，章程中还会规定某些交易需获得优先股股东的投票批准。从数量上看，公司的普通股数量通常都占多数，优先股仅占很小比例。对于那些对优先股股东利益产生影响的事项，如果由优先股和普通股进行直接投票，将无法表达优先股股东的真实意愿，难以达到投票权的保护目的。因此，许多国家公司法都规定类别投票权制度，优先股股东必须获得投票权。根据大多数成文法的规定，对于严重影响类别股股东利益的事项，通常需要经过该类别或该系列股票股东的2/3以上投票同意。

类别投票权的设置主要是基于法律规定，但是权利细节设置则依赖于合同条款。为避免因约定不明导致无法实际行使类别投票权，有关条款的设置应该与章程其他部分一样作出全面且清晰约定。单纯搬用法律用语并不可行，毕竟法律规则本身尚需通过解释加以明确。一般来说，如下类型的公司行为需要提交类别股股东进行批准：(1) 典型事项包括发行优先级高于现有优先股的新优先股或者增加现有发行的数量，公司解散、清算、公司停业、出售全部或大部分资产，公司并购或与另一公司合并等，都属于需要获得优先股股东类别投票批准的事项。(2) 通常需要获得类别股股东 2/3 以上批准或者多数批准的行为（虽然法律并未如此要求）是设定或承担超限额债务。负债与发行高优先级优先股一样，会影响优先股的权益，因此新设负债也应该列入优先股股东事先批准的事项范围。许多章程要求针对负债应获得类别股股东 2/3 以上投票通过，也有一些章程规定需获得多数同意。章程规定应详细列明公司创设或负担何种负债应该获得该批准，同时应该排除一些已经通过其他途径提供保护，或者属于普通负债且仅仅因日常经营而产生的负债，避免构成不必要的妨碍。(3) 为避免漏掉一些事前难以预见的情况，在列举式规定外，章程中可以包含一项总括性陈述，或者作一个总括性否定投票权的约定。

鉴于类别投票权对公司行为的潜在影响（主要是指对交易运行效率的阻碍），为了尽量避开类别投票权要求，公司会通过章程设置一些避开类别投票权的规定。例如，章程通常会设定股份最低发行限额，限额以下的股份发行可豁免事先批准。同样很常见的设定是，如果达到某些财务控制要求，则发行同等优先级股票无须获得批准。比较常见的约定是，在发行完成后，所有债务加优先股合计不超过公司合并净有形资产的固定比例，则该发行无须获得批准。比较少见的约定是发行高优先级优先股无须批准的例外规定。当然，这种例外规定并不常见。发行任何"高优先级"股票都会将负担施加于公司及当前的优先股股东，而且其影响会延伸至未来，而未来的公司经济状况是无法确定的。当前看似有利的经济状况，并不必然可以替代批准要求可提供的保护。

类别投票权的条款设置还应注意将子公司等关联方行为列入限制范围内。实践中经常出现公司利用子公司来规避类别投票条款的情况，如利用子公司对母公司进行并购或回购母公司股票等。在 Bove v. Community Hotel

Corporation of Newport 案中，法官就认为，该案的焦点在于"法律是否允许专为取消优先股股东的权利专门设计一场并购安排，并且在未获全部优先股股东的一致同意的情况下完成并购"，以便达到取消优先股 24 年累积未付分红的目的。[1] 因此，在类别股投票权条款设置中，应注意将子公司等关联方的相关行为也列入需要进行类股别股东投票的事项范围内，以防止公司绕开批准要求。

针对类别表决权事项，NVCA 章程示范文本将其归入第 3.3 条优先股保护条款中，具体条款设置建议为："如果在任何时候流通中的(优先股)达到____股(该股份数量在发生与优先股相关的任何股票派息、拆股、并股或其他类似资本重组时，可进行适当调整)，(在法律或公司章程要求的任何其他投票之外)，未经至少持有(指明百分比)的当时流通的优先股股东作为一种类别的股东书面同意或投票赞成(视情况而定)，公司不得直接或间接通过修订、并购、合并或其他方式采取以下任何措施，未经同意或投票而达成的任何此类行为或交易自始无效：3.3.1 清算、解散或停止公司的业务和事务，批准任何并购、合并或任何其他视同清算事件，或同意上述任何事项。3.3.2 (以对优先股的权力、优先性权利或权利产生不利影响的方式)修改、更改或废除公司章程和章程细则的任何规定。3.3.3 (i) 设立或授权设立(或发行或承诺发行)或对任何股份进行重新分类，除非此类股份在其权利、优先权等方面次位于现有优先股，或者(ii) 增加公司优先股或任何其他股份类别或系列的授权股份的数量，除非此类新增的股份数量在其权利、优先权等方面次位于现有优先股。3.3.4 未经(董事会，包括优先股董事)批准，促使或允许其任何子公司以包括预售、发行代币融资(ICO)、代币销售活动或众筹，或通过发行可转换为代币或可交换为代币的任何工具等方式出售、发行、发起、创设或分销任何数字代币、加密货币或其他基于区块链的资产(统称为"代币")。3.3.5 购买或回赎(或准许任何子公司购买或回赎)本公司的任何股份、支付或宣派本公司任何股份的股息、就本公司的任何股份进行分配，除非系(i) 根据本章程的明确授权而进行的优先股回赎、支付股息或分配，(ii) 仅以增发普通股的方式向普通股支付股息或进行其他分配，以及

---

[1] See Bove v. Community Hotel Corporation of Newport, 249 A. 2d 89 (R. I. 1969).

(iii) 在本公司或任何子公司的员工、高管、董事、顾问或其他人员离职时,以不高于原始购买价格从他们手中回购股份[或(iv)经董事会批准,包括(至少一位)优先股董事的批准,而进行的上述购买、回赎、支付或派息活动]。3.3.6 创建、采用、修订、终止或废除任何股权(或与股权挂钩的)补偿计划,或根据任何此类计划修订或放弃任何期权条款。3.3.7 发行或授权发行任何债券,或设置任何留置权或担保权益(但出租方、设备方、原材料供应方、工人、仓储服务方和其他类似各方在正常业务过程中产生的货款留置权或法定留置权除外)或因借款产生其他债务,包括但不限于设定担保或负担其他债务,或允许任何子公司为他方设定任何留置权、担保权益或负担其他借款债务(如果本公司及其子公司在此类行动后的负债总额超过＿＿＿美元)(但是设备租赁、银行授信额度或正常经营过程中产生的应付款除外)[除非此类担保已获得董事会(包括[至少一名]优先股董事)的事先批准]。3.3.8 创建或持有非由本公司(直接或通过一个或多个其他子公司)全资持有的任何子公司的股本,或允许任何子公司创建、授权创建、发行或承诺发行任何类别或系列的股本,或出售、转让或以其他方式处置本公司任何直接或间接持股的子公司的任何股本,或允许任何直接或间接持股的子公司(在单笔交易或一系列关联交易中)出售、租赁、转让、独家许可或以其他方式处置该子公司的全部或大部分资产。3.3.9 增加或减少组成董事会的授权董事人数,改变任何一名或多名董事对任何事项的投票权。"[1]

第五节　封闭公司优先股合同的变更

优先股合同并非公司中单独存在的文件,而是公司章程内容的一部分。在公司设立后,股东权利条款的修改和变更将依据章程修订程序进行,服从资本多数决的公司治理结构。为保护优先股股东的利益,对于优先股合同条款构造部分的章程修改和变更,需要特别予以规制。除了公司法规定的类别表决权等机制外,优先股股东仍需要通过权利条款的设置尽量实现自我救济。

---

〔1〕 NVCA, Amended and Restated Certificate of Incorporation, last updated July 2020, pp. 13-15.

一、章程合同条款变更与类别表决权

优先股股东优先性权利需纳入公司章程,如果公司事后修订章程,则其改变有可能超出优先股股东在购买股权时的预期。毕竟在章程变更时,由普通股股东主导的董事会不可避免会倾向于改变已商定的风险收益分配。优先股合同条款的变更是优先股与普通股之间对公司财产和风险负担的重新分配,在公司未盈利或为谋求整体发展而在盈利并不充足时决定不分红的情况下,优先股股东无权强制要求公司支付,因此其优先性权利不会对普通股股东造成多大困扰。然而,如果公司经济状况发生重大变化,盈利状况大幅好转并产生可分配盈余,或者公司有大量资金或资产注入、进行并购收益分配时,普通股股东就会试图改变原本协商好的分配方案,争取对自己有利的改变。

对于是否以及如何规制优先股合同条款调整的问题,美国司法实践经历了从禁止到明确规则的转变。在 20 世纪早期的优先股实践中,因预见到优先股合同变更通常会导致对优先股股东不利的情形,美国法院曾一度尝试通过限缩解释公司法规则等手段设置障碍,禁止对优先股合同进行变更或修改。[1] 但是,随着实践的深入,更多人主张不同的公司证券持有人之间应有自由协商的权利,司法不应强行干预,而且还应赋予章程变更公司治理架构的灵活性,以便应对不断变化的经济环境和形势。因此,立法机关和法院逐渐放弃了禁止变更的做法,转而明确变更的规则要求。[2] 美国多个州的法律都规定,如果一项章程修改变更了某一特定类别股份的"权力、优先性权利或特定权利",则必须获得该类别股东的多数同意。强制类别投票规则为单方修改章程设置了一票否决机制,要求所有对优先股股东权益产生不利影响的公司行为,必须获得优先股股东作为单独股票类别股东的投票通过方可实行。

但是,即使是类别投票权,也并非要求获得该类别股东的全体一致同意,而是由公司章程授权该优先股类别股东的一定比例(如简单多数或者 2/3 以上)

---

〔1〕 See Harr v. Pioneer Mechanical Corp., 65 F. 2d 332 (2d Cir. 1933); Consolidated Film Indus., Inc. v. Johnson, 22 Del. Ch. 407, 197 A. 489 (Sup. Ct. 1937).

〔2〕 See Victor Brudney, Standards of Fairness and the Limits of Preferred Stock Modifications, *Rutgers Law Review*, Vol. 26, No. 3, 1973, pp. 446-447.

同意即可实现重新谈判——放弃权利或变更权利。公司可能采取的一种手段是通过"协商"迫使优先股股东接受章程修订方案,主动放弃累积分红。公司分红决策权由董事会享有,而通常情况下董事会大部分成员系由普通股股东组成,因此普通股股东对于董事会的分红决策具有相当大的影响力,结果往往是优先股股东经常被"诱导"以零对价或很少的对价即同意章程修订,仅仅期待在章程修订后可以获得分红。

此外,公司还可以绕过类别投票要求,采用并购手段达到上述所及优先股的各项权利自然丧失或因合并后公司章程修改而被取消或变更的目的。[1] 经过并购(抑或虚假并购)操作,原优先股可以变更为现金、普通股、具有不同权利和优先性权利的优先股或者直接转化为债权等,即等于附带性地放弃当前优先股的累积未付分红。在特拉华州,"如果成文法规定了可以通过适当的批准程序进行公司并购行为,就等于同时允许对股权架构进行必要的变更,包括取消累积分红。这种权力被认为是并购权力的应有之义"[2]。

二、章程修订时优先股股东可依赖的保护方案

优先股与普通股从公司可分配利润形成的同一个资产池中分取收益,这种此消彼长的竞争关系导致优先股与普通股之间固有的利益冲突,以及普通股股东调整和变更章程中优先股合同条款以减损优先股股东期望收益的想法。那么,如何保护优先股股东的利益?对此,美国实践及学术界并未达成一致认可的解决方案。

1. 合同自我保护

理查德·M.巴克斯鲍姆(Richard M. Buxbaum)的建议是立足于合同,尽量完善合同条款的设置来应对优先股合同条款的变更和调整。公司法等法律只能提供最低程度的保护,对于优先股股东而言,其关注的焦点应该在于如何

---

[1] See William W. Bratton & Michael L. Wachter, A Theory of Preferred Stock, *University of Pennsylvania Law Review*, Vol. 161, No. 7, 2013, pp. 1845-1846. 另请参见第六章"Avatex 案"的相关讨论。

[2] Richard M. Buxbaum, Preferred Stock: Law and Draftsmanship, *California Law Review*, Vol. 42, No. 2, 1954, p. 300.

合理设计比法律规则所能提供的保护更全面的合同条款。[1] 他建议的主要方式是设置保护性条款,如规定调整优先股合同条款的行为必须获得事先批准,或约定高于公司法规定的法定投票比例。同时,他也承认这种方式存在一些不足:合同约定投票比例高于法定要求比例的有效性问题,经常受到质疑;如果投票比例太高,会滋生消极抵制问题,因为过高比例的投票要求在某种程度上等于赋予一定比例的优先股股东就某些事项的一票否决权,会对公司管理造成障碍,一般很难在章程初始设定时获得公司和普通股股东的支持。[2]

针对公司日后或有的并购安排,巴克斯鲍姆建议,章程明确约定在公司发生并购或合并时,优先股有权获得票面价值及累积未付分红。但是,此类保护性条款也存在某些质疑。譬如,根据美国《特拉华州普通公司法》,如果并购通过有效的公司决策程序进行,并且并购协议中也详细规定了不同类别股票(包括优先股股票)的处理问题,那么优先股股东即使未获得约定的金额,也应该依据并购协议执行。如果章程条款被认为试图规避法律允许通过适当的投票程序完成并购交易的规定,那么在合同条款与法律规定的条件出现冲突时,合同条款的有效性就会存在疑问,即使并非全部无效,至少约定的效力存在某种程度上的不确定性,会出现合同履行结果偏离当事人预期并难以实现保护目的的情况。因此,合同方式可能无法达到全面保护优先股股东对抗合同条款调整风险的目的。

2. 设定公平标准

维克多·布鲁德尼(Victor Brudney)提出在优先股合同变更时应设定公平标准,公司依据法律规定或者章程约定取消优先股累积未付分红等操作,本身在法律程序上是合规的,难以从程序合规角度找到挑战理由,因此应该关注变更的公平性以及衡平限制范围的问题。[3] 优先股未付分红的取消以及并购资金的分配,都可以视为普通股股东与优先股股东之间针对公司资产进行的重新分配。在重新分配的谈判中,普通股股东都占据相当优势的地位,他们对投票

---

[1] See Richard M. Buxbaum, Preferred Stock: Law and Draftsmanship, *California Law Review*, Vol. 42, No. 2, 1954, p. 307.

[2] Ibid., pp. 305-307.

[3] See Victor Brudney, Standards of Fairness and the Limits of Preferred Stock Modifications, *Rutgers Law Review*, Vol. 26, No. 3, 1973, pp. 446-447.

权的控制以及对董事会决策的影响,加上类别投票权等机制的缺陷(多数决或比例投票原则无法体现每一个优先股股东的真实意愿)等,都会威胁到优先股股东分红等权益的实际获取。迫于压力,在谈判中,优先股股东经常被迫接受合同变更并放弃分红,以期保留未来获取收益的空间。这种不平等的谈判地位导致优先股合同调整具有很强的单方性特征,为公平标准的设定提供了依据。

布鲁德尼指出,公平标准系在合同条款变更或发生并购事件时,将优先股的优先分红权或优先清算权视同已到期,如果在重新谈判中普通股股东希望优先股股东放弃未付分红或优先清算权,则需要衡量优先股股东所放弃的价值与谈判后能够获得的价值——替代资产是否等值以及请求权是否已获等值满足等。这种公平标准意在实现在优先股合同的动态变动中保持公平状态。对于公平的估值标准,他建议的价值等值的评价标准包括"清算标准"(liquidation standard)和"投资价值理论"(investment-value doctrine)等。

但是,这两种估值标准在技术上是否可行受到质疑。布鲁德尼希望利用清算标准确保优先股在遭遇取消分红操作时获得优先清算权,但是"优先清算权的设置本意是在公司处于资不抵债的清算状态中保护优先股股东权利,而并非在公司尚有盈利能力及偿债能力时运用,因此在运营良好的公司进行资本重组时触发优先清算权,并不合适"[1]。投资价值理论的方式是将未付分红及优先股预计获得分红的现金流折算为当前价值,反而会减损优先股累积未付分红的价值。[2] 更进一步而言,这种以司法外力介入优先股合同谈判并强行施加公平标准的做法,从合同自由角度历来饱受质疑。合同法领域对于合同履行利益的纠正自有其标准,如果存在欺诈、胁迫、显失公平或重大误解等情况,可以借助司法干预对合同风险收益分配结果进行矫正。但是,如果没有以上情况,在通常状况下法院仅凭感觉普通股对优先股的谈判优势,即认定应全面干预并统一设定公平标准,似乎有"一刀切"的偏颇之嫌。

---

〔1〕 Note, A Standard of Fairness for Compensating Preferred Shareholders in Corporate Recapitalizations, *The University of Chicago Law Review*, Vol. 33, No. 1, 1965, p. 107.

〔2〕 See Jeffrey S. Stamler, Arrearage Elimination and the Preferred Stock Contract: A Survey and a Proposal for Reform, *Cardozo Law Review*, Vol. 9, 1988, pp. 1343-1344.

3. 设定估价救济

杰弗里·S. 斯塔姆勒(Jeffrey S. Stamler)对美国20世纪30年代大萧条之后大规模爆发的取消优先股股东分红趋势进行分析后认为,大萧条过后公司运营普遍向好,在大萧条期间因业绩差而无力支付的分红在企业业绩变好时成为普通股股东获取收益的一大障碍,因此普通股股东会试图努力取消优先股股东的分红,所采用的方式包括利用并购、采用具有不同优先权利的优先股对现有优先股进行替换或直接进行章程修改等。但是,法院对此表现出近似放纵的态度,"只要稍微符合法律和章程规定的取消分红安排,都会被允许"。例如,在并购事件中,如果无法证明普通股股东或管理层存在"推定欺诈""恶意"或"显失公平",法院就不会阻止取消分红操作。[1] 斯塔姆勒据此认为,当时的法律规定、章程约定及合同条款安排在应对取消累积未付分红方面都显不足,难以保护优先股股东免受取消分红操作的侵害。他提出的建议是为优先股股东设定估价救济机制,用于保护少数股东免受多数股东决策的侵害,因为现代公司法为实现公司决策的灵活性,允许股东以多数原则作出决策,所以应为那些对公司决策事项持异议的少数股东提供估价救济。估价救济权的理论基础主要有两个:一是基于期望落空的权利。一个特定的公司总是有自己的独特特征,投资者购买了公司股份,就有权期望自己作为该公司投资者的身份得以延续。但是,这种期望不能阻止公司管理层及多数股东希望促成公司变化的决策,因此应为异议股东提供一份补偿,以公平价格购买该投资者的股权,允许其退出投资,避免其被绑定并被迫接受变化。二是基于公司重大交易中不公平待遇的威胁。在公司发生章程修改、合并等重大交易的场合,股东(尤其是此处的优先股股东)有可能遭受不公平待遇,估价救济机制在此可以提供一种反抗此种不公的缓冲力量,属于一种较为温和的救济,可以避免强迫异议股东必须通过诉讼试图阻止交易方可避免损失的情况发生。[2] 他还认为,如果优先股股东对公司提出的取消分红提案持有异议,则不论该取消分红操作系通过并购、章程修改

---

〔1〕 See Jeffrey S. Stamler, Arrearage Elimination and the Preferred Stock Contract: A Survey and a Proposal for Reform, *Cardozo Law Review*, Vol. 9, 1988, p. 1344.

〔2〕 参见〔美〕罗伯特·C. 克拉克:《公司法则》,胡平、林长远等译,工商出版社1999年版,第355—356页。

还是以新优先股替换现有优先股等方式进行,优先股股东都应该拥有估价救济权。毕竟对于优先股股东而言,优先股价值的基本要素就是固定分红的支付,因此一旦公司无法按时支付,优先股股东就可以合理期待该分红将累积并最终可以获得支付。相应地,取消该累积分红属于优先股股东在公司的投资要素发生重大变化的情形,因此应该为优先股股东提供估价救济,便利其获得股票的公允价值并退出投资。同时,这种救济不应该仅限于并购等重大交易情境。对优先股股东而言,因章程修改或优先股替换等方式造成累积未付分红被取消的情形,都应该列入估价救济机制中。[1]法定估价救济机制的运用,能够增强合同处理方式的力度。[2]

"估价救济机制确保投资者可以就其所持股份,获得发生有问题的交易之前的价值,即在对投资者所持股份进行估价时,排除了这项有问题的交易所带来的、或者破坏了的因素。"[3]美国《特拉华州普通公司法》规定,在进行估价救济时,应当评估该股份的公允价值。[4]这给估价救济带来了一些问题,并引发了对该救济机制的某些质疑。其一,估价救济机制需要依赖诉讼程序方可施行,而且该诉讼并非集体诉讼。这样,基于成本负担考虑,原告必须为持股量大的股东方有进行估价救济诉讼的必要。其二,公允价值范围的限定使得估价救济方式将优先股的请求权从合同中承诺的金额条款转化为承诺的公允价值,在优先股存在大量累积未付分红时,股票的价值将被严重低估。[5]这可能导致估价救济难以保障优先股股东的请求权获得足额支付,无法为优先股股东提供足够的保护。

---

〔1〕 See Jeffrey S. Stamler, Arrearage Elimination and the Preferred Stock Contract: A Survey and a Proposal for Reform, *Cardozo Law Review*, Vol. 9, 1988, pp. 1354-1357.

〔2〕 William W. Bratton & Michael L. Wachter, A Theory of Preferred Stock, *University of Pennsylvania Law Review*, Vol. 161, No. 7, 2013, p. 1843.

〔3〕〔美〕弗兰克·伊斯特布鲁克、丹尼尔·费希尔:《公司法的经济结构》(中译本第二版),罗培新、张建伟译,北京大学出版社2014年版,第145页。

〔4〕 8 Del. Code, §262(h).

〔5〕 See Victor Brudney, Standards of Fairness and the Limits of Preferred Stock Modifications, *Rutgers Law Review*, Vol. 26, No. 3, 1973, p. 470.

4. 小结

美国学者从不同角度提出了在优先股合同条款变更时对优先股股东权利保护的建议，但是不难发现，每一种思路都难以达到全面保护的目的，每种方式也都存在不足以及不同程度的质疑声音。由于优先股合同混合了合同法与公司法双重属性，因此优先股合同条款的变更并非通常情况下的合同变更问题，其中夹杂了公司权力的运用、董事会决策权的影响以及对债权人保护等问题，很难在合同领域找到理想的解决路径。如果说优先股合同条款的初始设置能够体现融资公司与投资人在最初融资情境中的谈判地位与缔约协商成果，那么合同成立后的变更问题则具有很强的动态效应，加上公司经营运作所处的变动不居的经济环境，更难以在合同成立之初约定全面完善的变动调整规则。如本书第五章即将讨论的对于优先股股东权利的保护，从静态的条款设置到动态的合同调整，都无法完全局限于合同法领域获得全面解决，需要引入公司法规制方法及裁判途径，尤其是信义义务作为不完整合同的补充和纠正路径。

第五章
公司法中的强制性条款对优先股股东权利的保护

如前所述,利用优先股合同对优先性权利进行设定,可以容纳投资者与融资公司各自不同的需求。作为美国私募融资实践领域公共产品的NVCA示范合同文本,为该领域内各类参与者提供了可资参考的样本,有助于降低谈判成本,提高谈判效率并提高弱势参与者的信息知情能力。但是,优先股股东的权利既有优先性权利,也包含受限制性权利,如果完全依赖当事人的谈判,由于当事人不同的谈判能力,将会存在极大的机会主义空间。尤其是公众公司向公众发行优先股,是由发行人单方起草章程文件,中小投资者只能选择是否加入,无讨价的余地。事实上,不仅实质磋商过程缺失,投资合同中的烦冗复杂也使人望而却步。尤其是在市场全民投资(投机)风气蔓延的情况下,优先股股价也难免存在虚高成分,加上承销商、机构投资者的"背书",中小投资者不愿意付出高昂的阅读理解成本,径自选择对披露文本加以"策略性忽略",草率加入投资者队伍的做法比比皆是。[1]

信息的不对称以及理解与决策能力的不对等,使一般投资者在面对优先股

---

[1] See Melvin A. Eisenberg, The Limits of Cognition and the Limits of Contract, *Stanford Law Review*, Vol. 47, No. 2, 1995, p. 241.

发行公司时天然地处于缔约劣势地位。为保护投资者利益和防止发行人监管套利，各国公司法对于优先股股东权利的设置都作了一定程度的强制性规定，尤其是对上市公司发行优先股中诸如发行条件、发行类型和发行比例、优先股权利变动等问题，均根据本国实际作出宽严不一的规定。

第一节　强制性条款的必要性

公司契约论强调公司法的任意性品格，主张公司法为授权性法律，认为市场机制是最佳的筛选工具，不符合投资者利益的交易结构终将被淘汰。但是，公司契约论的观点在公众公司中受到较大挑战：第一，公众公司的股票系由社会公众自由交易，作为股东的投资者众多且相当分散，公众投资者远离公司控制权。第二，公众公司的股票发行属于"一对多"的销售，不同于封闭公司引入投资人时非公开且面对面的协商。公众投资者在面对公开发行的股票时，只能选择按照既定条款购买或放弃，无法获得与发行公司进行谈判的平等地位。第三，公众公司属于典型的所有权与控制权分离模式，公司管理层具有绝对信息优势。基于代理成本的分析表明，管理层对公司资产进行不当管理或不当转移行为具有相当充分的动机。这些难题的存在，迫使人们开始在公司法的授权性特征之外，思考强制性规则的合理性。

公司契约论者仍然试图在自由市场和契约自由的视阈内找寻答案，认为公司创始人、董事和管理层面临在市场上反复融资的压力，这种压力迫使其必须考虑投资者的利益。因此，市场的动态力量——"看不见的手"就会遏制其自利行为，并最终实现良性的公司治理以及实现中小股东利益最大化的机制。制定公司法的原因则在于，公司法提供的现成的公司合同条款，作为由立法机关、法院（普通法中的先例规则）提供的公共产品，相比由其他机构（律所、公司服务机构或者投资银行等民间机构）所提供的私人服务，成本更低。[1]

基于对市场约束的不信任，杰弗里·N.戈登（Jeffrey N. Gordon）在《公司

---

[1] 参见〔美〕弗兰克·伊斯特布鲁克、丹尼尔·费希尔：《公司法的经济结构》（中译本第二版），罗培新、张建伟译，北京大学出版社2014年版，第34—35页。

法的强制性结构》一文中提出,公司法应当在某些方面具有强制结构。[1] 他认为,现实中各国和美国各州的公司法中都存在大量的强制性条款,说明公司法的目标不应该仅仅在于私人财富的最大化,而且公司契约论者也忽视了历史上公司监管的一些目标,包括对公司实施公益行为的规定和控制公司行为产生的第三方效应等。同时,公司契约论提出的绝对契约自由一定能够实现私人利益最大化的假设并不总是正确,某些强制性规则的存在能够促成更好的公司契约,即使从公司契约论角度而言,一个既有授权性又有强制性的混合型公司法才可能是最佳选择。

另一位美国学者梅尔文·A.艾森伯格(Melvin A. Eisenberg)认为,公众公司拥有大量股东,绝大多数股东既不参与也不直接监督公司的业务经营。股东之间以及股东与公司管理层之间实质上无法进行真正的讨价还价。[2] 所有权和控制权的极大程度分离,使公众公司中存在很大的利益分歧,股东投票决策也有局限性,存在名义同意(因过于烦琐而放弃认真阅读相关材料)、夹杂利益冲突的同意(因股东异质化而导致股东会投票结果偏差)、被迫同意以及无奈同意等情况。这些因素表明,如果不设置禁止变更或规避的强制性规则,管理层以及与管理层站在同一"战线"的股东可能合作实施自利行为,构成对其他公司参与人的利益的盘剥,而自由缔结的合同中设定的机制难以与之抗衡。基于这些原因,他认为,公司法中针对公众公司的强行性法律规范需多于封闭公司。

公众公司中优先股股东所处的环境更贴近于艾森伯格所描述的情况。优先股股东的大量分散状况、公开发行所导致的优先股股东讨价还价地位实质丧失以及优先股股东与普通股股东之间的利益冲突等,都表明优先股法律制度中设置强制性规则具有必要性。事实上,各国均根据本国国情,对公众公司发行优先股中诸如发行条件、发行类型和发行比例、发行对象等问题进行了宽严不一的规范。

---

〔1〕 See Jeffrey N. Gordon, The Mandatory Structure of Corporate Law, *Columbia Law Review*, Vol. 89, No. 7, 1989, pp. 1549-1598.

〔2〕 See Melvin A. Eisenberg, The Structure of Corporation, *Columbia Law Review*, Vol. 89, No. 7, 1989, p. 1471.

第二节 不同法系国家强制性条款立法模式述评

一、英美法系国家优先股制度的授权式立法与强制性条款规制

英美等国优先股实践源起较早,优先股制度相对发达,而且承袭英美法系传统,属于典型的授权式立法模式。具体而言,有关优先股权利的大多数内容均交由公司通过章程自主决定,并已放弃了对普通股与优先股差别的过度强调,不过仍然保留了对优先股基本权利设置的立法干预通道,在公司法中规定了不同程度的强制性条款对优先股进行规制,并为优先股股东提供保护。

（一）美国优先股立法

美国公司治理及公司立法不仅深受公司契约论影响,而且美国公司立法权由各州持有,各州均有各自独立的公司法。现实中,各州为了吸引投资者到本州设立公司,竞相放宽政府对公司的管制,纷纷向管制底线靠近,仅规定投资合同的标准,由此形成了放松管制的公司法哲学,即尽量减少政府对公司的干预,重视具有任意法性质的公司章程的作用,给予公司充分的自治权。

这里以美国特拉华州为例。《特拉华州普通公司法》发达,全美半数以上的公众公司选择在该州注册成立。同时,随着实践的丰富,该州法院在公司领域纠纷的裁判技术也日益发达。因此,特拉华州公司制度发展在美国已成为风向标,也是其他州公司立法及实践竞相模仿的对象,其重要性可见一斑。《特拉华州普通公司法》有关公司股份设置的规定为："每个公司都可以发行一种或多种类别的股票……每一类别股票的任何或全部数量都可以拥有完整投票权、受限投票权或无投票权,这种包含资格条件、限制和制约要求的指定性、优先性、相对性、参与性、选择性或其他特殊权利安排应在公司注册证书及其修正案,或董事会依据注册证书明确授权而作出的股票发行方案决议中予以明确。"[1]

为了更好地促进各州公司法之间相互借鉴、相互竞争的局面,同时避免法

---

[1] Delaware General Corporation Law, Section 151(a).

律制度的过度差异,美国统一州法全国委员会从 1928 年起开始制定《统一商事公司法》,并自 1940 年开始由全美律师协会商法部的商业公司委员会接手起草任务,后者于 1943 年将《统一商事公司法》更名为《标准商事公司法》。[1] 通过不断依据最新实践进行修订并持续更新,美国《标准商事公司法》在实践中产生了很大的影响,被大量州采纳作为普通公司法,那些并未全部采用该法的州公司立法也引用了其中的部分条款作为其立法渊源。这种"标准化＋个性化"的州立法模式,促进了美国公司法制度的迅速发展。同时,美国各州法院不断积累和创造的丰富案例,反过来又促进了由《标准商事公司法》带动的各州立法的持续发展,推动美国公司立法及实践的不断完善。美国《标准商事公司法》提供的范本虽不具有法律效力,但对其公司制度实践产生了巨大影响,可以说是美国公司法的缩影。

美国《标准商事公司法》同样依据契约自由原则设计优先股制度,在"授权的股票"一节规定:"公司章程必须规定授权公司发行的股票的类别、同一类别中股票的系列以及每一类别和每一系列股票的数量。如果公司被授权发行一种以上类别或者系列的股票,公司章程必须对每一类别或者系列规定不同的名称,在发行一个类别或者系列的股票前必须对该类别或者系列股票的条件作出相应规定,包括优先性权利、权利和限制。除非在本节允许的可变范围内,某一类别或者某一系列的所有股票必须与该类别或者系列的其他股票具有相同的规定,包括优先性权利和限制。"[2]

对比全美最具代表性的两部公司法,在优先股制度设置方面,《特拉华州普通公司法》与《标准商事公司法》并未呈现出明显分化趋势,反而是共性居多——授权式立法,注重董事会的主导作用,强调优先股权利设置的合同性等。由此可见,美国相关公司法已不再为优先股"贴标签",而是更加注重股份设置的灵活性,强调公司章程的授权性,授权公司依据现实需求设置具有不同权利内容的股票类别和系列,打破概念或称谓上的局限,提供权利配置的必要张力,促进投融资需求的结合。与灵活性和授权性相呼应的,是两部法律中对优先股

---

[1] 参见沈四宝编译:《最新美国标准公司法》,法律出版社 2006 年版,第 277 页。
[2] 同上书,第 44 页。

相关信息披露的强制要求以及对权利变动情况下优先股股东权利保护的强制性规定。

强制信息披露要求主要体现在同一类别及系列的股票必须在公司章程中明确规定名称及权利内容，且同一类别及系列内的股票的权利内容须相同，以章程作为法定信息披露载体，以满足投资人的查阅及知情权。强制性条款规制的另一个重点方向在于权利变动时的规制，将在下节详述。

（二）英国优先股立法

英国公司法发展历史悠久，迄今为止能引用的最早判例源于1612年，已经发展了四百多年。英国第一部成文公司法为1844年《股份公司法》，在现行有效的2006年《公司法》之前，最具影响力的是1985年《公司法》。1998年，英国进行了大规模的公司法改革，出台了英国历史上最长的一部成文法——2006年《公司法》。2006年《公司法》主条文共有1300条，分成47个部分、16个附件。如此大规模的公司法改革，主要目的在于促进股东参与及长期投资，优化规则，优先考虑小型公司，便利公司的设立和经营，为适应将来的变化提供灵活性。

英国2006年《公司法》修订所奉行的标准之一就是优先考虑小型公司，因此许多内容的修改与私人公司有关，如为私人公司规定新的标准章程，缩减公司秘书等职位的设置以及年度成员大会等决策程序的要求，以便简化小型私人公司的法律框架。此外，在该公司法中，许多规则都针对私人公司和公众公司分别设置了不同条款。

英国是最早开始优先股实践的国家。在19世纪二三十年代，西方国家开始大规模修建基础设施，包括铁路、港口、运河等。此类基础设施需要巨额资金，而项目的发起人还希望在融入资金的同时保持对项目的控制。为满足巨额资金需求并保持发起人的控制权，一种新的权利平衡设计成果——优先股出现了。1825年，英国修建了世界上第一条铁路，铁路建设随即兴起。但是，一些铁路公司因缺乏资金，工程被迫中途停顿。原有股东无力再投资，发行普通股无法吸引新的投资者参与，对外举债又恐将来不能偿付本金与利息，且政府对债权融资比例设有限制，于是铁路公司发明了优先股这一融资工具。

1829年，英国议会批准从爱丁堡到达尔基斯的铁路建设，发行年息5％、非累积但可以进一步参与剩余利润分配的优先股,这就是英国历史上优先股第一股。[1] 此后,英国优先股制度获得了进一步发展,1829—1850 年,经英国议会批准而由公司发行的铁路优先股有一百多只。但是,这一时期优先股的优先性主要体现在优先分红权上,其余特征与普通股还很相似。其后,随着应用的进一步深入,优先股的特征逐渐清晰。

1948 年,英国在公司法中开始正式引入类别股制度,此后历部公司法对优先股制度均有规定,其中 2006 年《公司法》的制度设计最为全面、完整。关于优先股的内容,主要设置在该法第十七部分第九章"股份种类和类别权"中。[2] 与美国公司法类似,英国 2006 年《公司法》同样未作普通股与优先股的划分,而是以权利内容为基础划分不同类别的股份。另外,该法还规定,优先股所附带的各种优先性权利必须以明确的权利内容规定为准,而不能笼统地称之为"具有优先权"。

英美优先股法律制度延续了英美法系公司法的授权性色彩,同时借助其判例法制度,通过判例的不断发展确立优先股制度的系统性规定,减轻了由成文法进行大量强制性条款规制的负担。其典型表现就是英国判例法所形成的强大的默示推定规则:如果公司章程没有明确约定类别股的分红是否累积,则推定为累积分红;如果公司章程对于分红、资本返还或投票权没有明确约定,则不能推定优先股股东具有此类优先性权利,而应视为所有股东权利平等。

二、大陆法系国家优先股制度的法定式立法与强制性条款规制

(一)日本优先股立法

1. 日本优先股制度的发展背景

1990 年以前,出于对公众公司滥用优先股而损害公众投资者的担心,日本商法对类别股(包括优先股)的规定较为严格。1899 年颁布的日本第一部《商法典》仅允许公司在发行新股时设置优先股,且仅承认有表决权的优先股。1938

---

[1] 参见曹立:《权利的平衡:优先股与公司制度创新》,中国财政经济出版社 2014 年版,第 62 页。

[2] 参见《英国 2006 年公司法》,葛伟军译,法律出版社 2008 年版,第 391 页。

年,日本在商法中引入无表决权优先股,同时允许设置转换股,承认转换权。1950年,日本又引入偿还股,允许设置公司回赎权,并建立表决权恢复机制。直至1990年,日本才授予公司更多自治权,规定公司章程可以决定优先股分配额上限,并规定优先股发行额度可以达到公司股本总额的1/3。然而,作为典型的大陆法系国家,日本传统融资活动以银行为中心,企业股权融资市场并不发达,彼时运用优先股融资的实际情况很少。

20世纪末,日本经济泡沫破灭,传统的银行融资渠道出现困难,许多企业发展陷入困境。在此情况下,风险投资、股权融资等方式逐渐兴起,证券市场获得发展并日益完善,类别股市场需求也随之扩大。从2001年到2002年,日本旧《商法典》经历了3次修改,引入表决权限制股、附强制转换条件股等种类股,使种类股多样化。至2005年,日本《公司法典》建立了完整的类别股体系,有关不同类别股的制度和规定位于日本《公司法典》第二编"股份有限公司"第二章"股份"中。[1]

根据日本《公司法典》,依据股东责任形式的不同,股东责任承担方式可分为直接责任与间接责任、有限责任与无限责任等。据此,该法规定了四种形式的公司:(1)无限公司,也称"合名公司",是重视各股东的个性的人合公司,所有权与经营权未分离。对公司债权人而言,即使公司没有财产,只要承担直接无限责任的股东仍有偿付能力,公司债权人的债权就有保障。根据公司法的规定,无限公司的各位股东对公司的债务承担无限连带责任。[2] (2)两合公司,源于中世纪地中海沿岸航海业中兴起的"康曼达"(Commenda)形式。发展至今,两合公司中存在两种责任形式的股东:一种承担无限责任,另一种承担有限责任。无限责任股东对公司承担直接无限责任,有限责任股东对公司负有以章程规定的出资额为限的出资义务,对公司的债权人也以该出资额为限度承担责

---

[1] 参见《日本公司法典》,崔延花译,中国政法大学出版社2006年版;王保树主编:《最新日本公司法》,于敏、杨东译,法律出版社2006年版;《日本公司法典》,吴建斌、刘惠明、李涛译,法律出版社2006年版;梁胜、易琦:《境外优先股法律制度比较研究》,载《证券法苑》(第八卷),法律出版社2013年版,第432页。

[2] 参见〔日〕近藤光男:《最新日本公司法》(第7版),梁爽译,法律出版社2016年版,第447页。

任。两合公司可以利用有限责任股东进行融资，在扩大资金规模方面，优于无限公司。[1]（3）合同公司，是日本2005年《公司法典》新创设的公司类型。在对外关系上，合同公司的全体出资者对外承担有限责任，股东的个人信誉并不重要，因而具有资合公司的性质；在内部关系上，适用与民法上的合伙同样的规则，新股东的加入、股份的转让等事项需要全体股东的同意，以维持股东相互之间的信任关系，因而又具有人合公司的特征，这一点与无限公司、两合公司相似。上述三种公司类型被合称为"持分公司"。（4）日本公司法上最重要的公司类型是股份公司，股份公司又分为公开公司和封闭公司。其中，公开公司股份数量众多、上市交易，所有权与经营权相分离；封闭公司股东人数极少，股份缺乏市场流通性，实质上的大股东决定公司业务事项，控制公司经营。但是，公开公司与封闭公司的区分标准既不是股东人数，也不是股份的市场流通性，而是根据股份转让是否受到限制进行区分。原则上，股份公司的股份能够自由转让，但是其中有一部分公司，其股份转让要受到一定的限制，应当经过公司同意。因此，仅发行转让受限制股份的公司被称为"非公开公司"，即封闭公司；所有股份的转让均不受限制，或者在发行的股份中，一部分转让受到限制，一部分转让自由，均被称为"公开公司"。

由于持分公司中的三种公司类型均具有某种程度上的人合性质，而股份公司体现的是纯粹的资合属性，股东的责任以其认购的股份价额为限，因此有关种类股的规定只适用于日本公司法中界定的股份公司。

2. 日本优先股制度中的强制性色彩

日本于明治时代参考德国公司法制定了公司法律制度，第二次世界大战之后，日本开始逐渐吸收美国相关法律制度。日本2005年《公司法典》虽然受美国公司法的影响非常大，但是公司治理结构中的监督等机制依然继承了日本公司法律制度的传统，具有浓厚的强制性色彩。

在立法理念方面，日本公司法界普遍认为，公司担负着国民经济建设的任务，是劳动者（职员）及其家属生活的根本保障。公司为国民的日常生活提供了

---

[1] 参见〔日〕森田章：《公开公司法论》，黄晓林编译，中国政法大学出版社2012年版，第38页。

大量的必需品和服务，其正常合理的运营与社会公共利益有着极为密切的关系。因此，公司法的主要任务之一是保护社会公共利益。为了实现这一目的，公司法应该采取严格主义（干涉主义）的立法原则，不但对公司的许多行为施以强行法的规制，国家机关还能干涉公司法律关系。[1] 同时，也有观点认为，即使不以企业的公共性理论为依据，从股份公司的特点出发，也应该对公司的行为加以干涉。股份公司的股东、债权人等利害关系人人数众多，利益诉求各不相同，相互之间很容易产生利益对立的矛盾，如果不对其严加管制，完全放任自流，很可能产生损害他人利益而谋求自身利益的情况。因此，在股份公司的规定中，应该强化强行法规范，包括对外关系与对内关系的调整。

在这种思想的影响下，日本公司法，尤其是针对股份公司的公司法律制度，体现了明显的强制性色彩。在对外关系上，有很多保护债权人的强制性规定，重视对公司债权人的保护；在对内关系上，注重对一般股东的保护，限制大股东及董事的滥用权利或专横、渎职行为。由于日本公司法中没有优先股的概念，而是采用"不同种类的股份"的用语表述，故有关优先股的规则主要依据日本《公司法典》中有关不同种类的股份的规定。在有关种类股的规定中，日本《公司法典》同样作了较多的限制性规定。对于股份公司可以发行的种类股的类别，以及在优先股设置后需要获得类别股股东会决议通过的事项，该法进行了详细的列举式规定，公司发行优先股必须在此规定的框架内实施，体现了典型的法定式及强制性色彩。

（二）法国优先股立法

法国作为大陆法系国家的代表，其成文法以法典的严密性和系统性著称，注重法典化法律体系的作用，未如英美法系般重视对判例及先例的作用。因此，在立法上，法国强调系统完善周密的建构主义。[2] 同时，法国经济社会环境与美国存在差异，企业传统融资以银行为主，资本市场尤其是证券市场不够发达，也不存在美国特有的州际公司法竞争等问题，诸如公司代理、债权人保

---

[1] 参见〔日〕大隅健一郎、今井宏：《公司法论》（上卷），有斐阁1991年版，第5页。
[2] 参见谷世英：《优先股法律制度研究》，法律出版社2015年版，第98页。

护、中小股东和公司其他利益相关方利益保护等问题,都需要通过成文法典予以解决,因此对于成文法典对公司行为的规制效果要求更高。

延续法国的法定式立法传统,法国《公司法典》从实体和程序等方面对优先股制度进行了明确具体的规定,限缩了投融资双方进行合同协商的空间。有关优先股制度的规定集中在该法第二卷第二编"各种商事公司的特别规定"之第八章"可以发行股票的公司发行的有价证券"部分。其中,优先股的类型被限定为有表决权与无表决权优先股两类,并授权公司章程对优先股的具体权利作出具体的规定。强制性规定主要体现在优先股的发行比例、发行决定权(特别股东大会)、转换及回赎权行使过程中债权人的保护、公司变更资本或偿还本金的情况下对优先股股东利益的保护等方面。

以日本和法国为代表的大陆法系国家优先股制度,受到建构主义立法模式的影响,具有典型的法定式立法特征,也更加强烈而具体地展示了其强制性条款在法律体系中的地位。当然,随着全球法律制度融合趋势的加深,人们逐渐反思建构主义所坚持的借助国家强制力建构整个社会秩序的观点,大陆法系国家开始借鉴英美等国的立法模式,较为明显的是公司法领域授权式立法趋势的强化,以及这一趋势在优先股法律制度中的体现。

三、优先股强制性条款立法模式评析

通过对境外优先股法律制度的简要概述,可以管窥当前主要优先股法律制度的立法模式与趋势。英美等国优先股制度与其普通法体系及授权资本制度相适应,对优先股主要采取开放态度,以授权式立法模式授权董事会对优先股权利进行设定,具有更强的适应性;同时,仍然保留了对基本权利设置的立法干预通道,如英国的强制性默示推定规则,以优先股股东权利保护为出发点,在默示情况下推定规则趋向对优先股股东权利保护有利的一侧。此外,英美法系国家立法的强制性规则更多体现在优先性权利变动方面。优先性权利的初始设定可以依市场行情及投融资各方的需求进行设定。对公众公司股东而言,面对发行公司提供的条款,可选择加入或离开,此时具有缔约自由。但是,在权利设定后,发行公司及其管理层获得对章程及其中涉及优先股权利的规定的主导权,很有可能进行机会主义的修改,损害优先股股东以及其他类别股东的利益。

因此，英美法系国家立法更侧重于对权利变动的规制，以加强对优先股股东的权利保护。

日、法等大陆法系国家的优先股法律制度则明显承继了大陆法系立法传统，实行法定式立法，具有相对全面的优先股法律体系架构，对优先股的类型、权利内容、附加条件，尤其是作为优先股股东重要权利保障机制的类别股东会及表决权恢复机制进行详细细致的规定，设置了较多的强制性规则。同时，受英美法系相关制度的影响，大陆法系国家在公司立法中刻意保留了灵活性空间，为董事会自由决策优先股发行及权利设置事项提供授权性保护，以便适应公司融资环境及市场需求，便利优先股制度的实际运用。

除了各国公司法中对于优先股的规定外，为保护公众公司中作为中小股东的优先股投资者，各国对于在公开资本市场（证券交易所）上市的优先股均设定了各种强制性规则，以弥补中小股东因谈判机会的缺失与谈判地位不平等所导致的缔约不平衡。此类强制性条款，集中于类别股（或优先股）股东的表决权与类别投票权行使以及强制性信息披露要求上。其中，表决权与类别投票权机制的目的是保留此类股东在发生某些权利变动情况下的话语权，强制性信息披露要求是遵循证券监管的一贯要求，确保公司及时准确披露与类别股（或优先股）股东权益相关的事项，保障公众及此类股东及时获取信息的知情权。对于封闭公司，包括优先股应用领域最深入的创业企业情境，投融资双方得依据融资环境及各自需求进行细致的协商和谈判，设定满足各自要求的利益与控制权分配格局。

第三节　公司法中强制性条款规制与保护的主要方向

一、优先股的发行与上市

优先股的发行是公司优先股设置的起点，优先股发行的决策机构、发行程序、发行比例等问题对于公司现有股东以及购买优先股并成为优先股股东的投资人的当前及未来利益都有很大的影响。优先股的表决权受限会加大控股股东所持股权的杠杆效应，因此优先股的发行易激化控股股东与中小股东之间的代理成本问题。对于优先股的发行，各国公司法的规制程度不同。英美法系国家公司法以授权性规制为主，对于股票发行未在公司法中作过多规定，主要通过授权资本税收制度及市场机制对公司的发行行为施加影响和进行调节。[1]擅长法定式立法的大陆法系,如法国,则对优先股的发行进行了全面细致的成文立法规制。

(一)美国《标准商事公司法》及交易所上市规则对于优先股发行及上市的规定

美国《标准商事公司法》规定,股票的发行由公司章程规定,优先股所涉及的主要事项均以章程记载为准,包括公司的股票总数、拟发行股票的种类、各类别股票的类称、附带的权利类型等。同时,还可以由章程授权,交由董事会确定各类股票发行的条件。实践中,美国各州会根据公司授权发行股份的数量课以特许税或股票税。这样,在实际操作中,授权高于实际需求过多的股票数额会造成较高的税收负担,产生不利市场影响,可能导致投资者对未来股票发行价格及形势的担忧,进而影响当前发行。[2]因此,美国优先股的发行制度虽然未在制度本身层面体现过多的强制性色彩,但是通过税收杠杆与市场机制的调节,有效抑制了代理风险,保障了优先股股东在股票发行中的权益。

为了保护公众公司中公众投资者的利益,对于公开发行并上市交易的优先股,美国各个证券交易所亦制定了一些限制性规范。例如,纽交所接受优先股上市,也没有对其上市设定最低数值标准,但是为了保持交易量,针对优先股的发行规模和分布情况规定了退市标准:如果公众持股的总市值不足200万美元,公众持股的数量不足10万股,则通常纽交所会考虑暂停或永久停止该优先股的交易。[3]

(二)法国《公司法典》及交易所上市规则对于优先股发行及上市的规定

相比较而言,强制性色彩浓厚的大陆法系国家对于优先股的发行从其发行

---

[1] 参见谷世英:《优先股法律制度研究》,法律出版社2015年版,第124—125页。
[2] 同上。
[3] NYSE Listed Company Manual, Rule 703.05, http://nysemanual.nyse.com/LCMTools/PlatformViewer.asp? selectednode = chp％5F1％5F2％5F2％5F7&manual =％2Flcm％2Fsections％2Flcm％2Dsections％2F, last visited on March 23th, 2020.

决策机构、发行数量以及优先股持股主体等角度作了很多限制性规定。

第一,决策机构。法国《公司法典》规定,优先股的发行可以采用增资或者将已发行普通股转换为优先股等方式进行,但是发行决策须由特别股东大会决定。特别股东大会可以自行审议通过或者授权公司董事会等行使相应权力。

第二,发行数量限制。公司发行的无表决权优先股(即无表决权优先分红股)总量不得占公司资本总额的50％以上;而对于股票公开交易的公司,此类优先股最高占比额度则减少一半——不得占公司资本总额的25％以上。一旦优先股发行数量占比超过规定比例,即应予以撤销。

第三,优先股持有人限制。法国《公司法典》对于优先股的适格持有人作了限定,发行人公司的董事、高级管理人员及其关联人士均不得持有本公司发行的无表决权优先股。〔1〕

法国巴黎证券交易所自2000年并入泛欧证券交易所(Euronext N. V.)后,与该交易所其他成员共同适用该交易所上市及证券交易规则。泛欧证券交易所《协同规则》(Harmonised Rules)〔2〕规定不同类别证券上市所适用的条件不同:

第一,证券上市的一般规则。一般规则强调所有在泛欧交易所上市的同种类别股票上市时的相同待遇。《协同规则》规定,对于拟在泛欧证券交易所上市的证券,发行人应确保其所发行证券的每一类别依其本国法规、发行人公司章程及其他章程性文件拥有相同的权利,并确保所有证券可自由交易及协商。此外,在申请上市时,发行人应针对同种类别的所有证券申请一同上市。〔3〕

第二,类别股票上市的额外要求。《协同规则》第6.7条规定了有关类别股票上市的额外要求。例如,该规则第6702/1条规定,发行人申请某类别股票上

---

〔1〕 法国《公司法典》第228-35-8条规定,股份有限公司董事长及董事会成员、总经理、管理委员会成员和股份两合公司的经理、管理人及其未分居的配偶、未解除监护的子女,均不得以任何形式持有本公司发行的无表决权优先股。参见《法国公司法典》(上),罗结珍译,中国法制出版社2007年版,第280页。

〔2〕 See Euronext Rules, https://www.euronext.com/en/regulation/harmonised-rules, last visited on May 15th, 2020.

〔3〕 See Euronext Rules, Rule 6602, 6605 and 6607, https://www.euronext.com/en/regulation/harmonised-rules, last visited on May 6th, 2020.

市,需满足公众持股比例要求;该类别股票需有至少 25％ 比例由公众持有,在满足其他要求的前提下,该比例可以降低至 5％。同时,在申请上市时,发行人应该提交有关财务信息并进行如实披露。如果泛欧交易所的成员交易所认为某发行人发行的证券不满足其监管要求,亦可以主动要求该证券从该交易所退市。[1] 第 61002/1 条要求,如果发行人新发行的某类别股票已经在泛欧交易所上市,公开发行的,发行人应在发行时立即申请将该新发行股票在同一交易所上市;非公开发行的,在发行后不晚于 90 天内,申请将该新发行股票上市。第 61003/1 条要求,发行人必须依据其本国相关法规的规定平等对待同类别股票持有人。此外,第 61004 条规定,如果发行人的任何类别股票发生任何权利变更、股票形式变化(包括股票分割、股票合并或回赎情况)、分红送股或以现金分红等各种与不同类别股票持有人利益有关的行为,则需提前通知泛欧交易所的有关成员交易所并提交有关此类行为的有关文件。[2]

泛欧交易所系由荷兰阿姆斯特丹、比利时布鲁塞尔、葡萄牙里斯本和法国巴黎等多个不同证券交易所合并成立,且在上述各个城市设有分支机构,作为其成员交易所。为统一监管,泛欧交易所针对所有成员交易所制定了《协同规则》,针对证券上市及交易要求、对发行人持续义务的监管规则等提出协同要求。鉴于该交易所的联合性,对于上市公司发行的不同类别优先股,其规则重点关注信息披露、及时报告及同等类别股东的平等对待等方面,以尽量降低与各成员交易所所在国的国内法律的潜在冲突。

二、优先股权利的设置

(一)美国《标准商事公司法》及交易所上市规则对于优先股权利设置的规定

美国《标准商事公司法》规定,公司章程可以自行确定拟发行股票所附带的各种权利安排,包括投票权安排(是否有投票权或者投票权受限)、回赎或者转

---

[1] See Euronext Rules, Rule 6702, 6905, https://www.euronext.com/en/regulation/harmonised-rules, last visited on May 15th, 2020.

[2] See Euronext Rules, Rule 61002, 61003 and 61004, https://www.euronext.com/en/regulation/harmonised-rules, last visited on May 15th, 2020.

换规定、分红权是否可累积或非累积、优先分红权安排等。同时,公司必须保留有投票权的股票,不得全部发行为无投票权股。此外,如果章程有明确规定,则同种类别优先股中条款可有不同,但是以章程事前明确约定为前提。

在公众公司中,优先股通常占据较少的股权比例,投资者乃依据公开发行文件购买优先股,没有权利或机会进行优先股权利条款谈判。因此,为了保障分散的优先股股东利益,纽交所对优先股股东的投票权作出了一些特别规定。比如,拟在纽交所上市的优先股必须约定:如果公司累积(而非连续)六个季度未能按期支付优先股固定分红,优先股股东则有权行使其类别投票权并选举至少两名公司董事。[1] 如果拟上市的优先股未约定此情况下的表决权恢复及选举董事权利条款,将无法在纽交所上市;对于优先股的类别投票权设置,拟在纽交所上市的优先股必须约定在变更现有优先股权利条款或创设新的高优先级优先股时原优先股股东的类别投票权。如果公司欲变更现有某类别优先股条款,须经全体优先股股东以类别投票方式达到2/3以上批准方可通过,同时还必须获得权利受影响的特定类别优先股股东2/3以上批准;如果公司欲创设新的高优先级优先股,则必须在创设前经发行在外的优先股股东以类别投票方式达到2/3以上批准方可发行;如果公司欲增加某一类别优先股的授权发行金额或创设优先级相同的证券,则必须在创设前经优先股股东批准,即受影响的发行在外优先股的多数票批准。[2] 总之,如果公司拟在纽交所上市发行优先股,就必须在优先股条款中设置上述表决权及类别投票权条款,否则将无法实现上市。

(二) 英国 2006 年《公司法》及交易所上市规则对于优先股权利设置的规定

英国公司法中有关类别股的设置,规定在英国 2006 年《公司法》第 629 条"股份类别"中。但是,该条款并未直接明确不同的股份类别,而是以概括性语

---

[1] See NYSE Listed Company Manual, Rule 313(c), http://nysemanual.nyse.com/LCMTools/PlatformViewer.asp?searched=1&selectednode=chp%5F1%5F4%5F13%5F1&CiRestriction=preferred&manual=%2FLCM%2FSections%2Flcm%2Dsections%2F, last visited on May 15th, 2020.

[2] Ibid.

言规定,为公司法规之目的,如果依附于股份的权利在所有方面都是相同的,则股份是一个类别的。根据该法第556条的规定,此有关类别股的规定适用于各种类型的公司,无限公司亦可发行类别股份。英国公司立法认为,公司章程相当于公司与股东之间、股东与股东之间达成的协议,股东的各种权利都可以由股东与公司之间或股东相互之间自行设定。在立法思路上,英国公司立法采取与美国《标准商事公司法》类似的授权性路径,未对优先股的设定、具体权利的分别及不同类型进行明确详细的规定,同时也不区分普通股与类别股,将所有股份都视为依权利类别为基础而进行的划分,并将设定类别股的权利授予公司章程作具体规定。

不论是公众公司还是私人公司,根据英国2006年《公司法》第359条的规定,必须确保其类别股持有人或类别成员会议的决议记录置备于指定场所,以供公司任何成员免费查阅。此类规则的目的在于,保证公司所有股东,包括类别股股东,对于与其股权内容相关的权利及其变动情况和受影响事件的知情权。同时,该法以强制性规则明确了公司的通知公告义务,并明确规定违反相关规则的行为将构成犯罪和设定罚金等处罚措施,以保证相关条款获得有效遵守。

对于公众公司,英国2006年《公司法》的特别规定散见于公司法各个不同章节。比如,第341条规定,公众公司召开成员会议并进行投票表决的,必须及时将其投票表决结果在公司网站及相关网站上公布;第352条要求,上市公司在召开与变动依附于某类别股份之权利相关联的上市公司股份类别持有人会议之后,必须在其公司网站及所涉的相关公司网站上及时作出通知公告;等等。

此外,针对公众公司,英国相关监管机构也设置了专门的强制性条款加以规制。英国原金融服务监管局自2013年起被两个新的监管机构替代,分别是金融行为监管局与审慎监管局。[1] 对于公众公司及其行为的监管主要由金融行为监管局负责。在金融行为监管局制定的上市规则中,并没有明确"普通股"的概念,而是以概括性语言允许公司将不同类别的股份在英国上市,对股票类

---

[1] See Introduction on Websites of FCA and Bank of England, https://www.fca.org.uk/about/the-fca; www.bankofengland.co.uk, last visited on May 15th, 2020.

别(class)的定义为:其上所附带之权利相同,且构成单一或多次发行的一类证券。在满足对不同类别股票所附带之权利的监管要求后,不同类别股票均可在英国实现上市。同时,该上市规则对不同类别的股票所附带之权利,尤其是表决权、公司章程对类别股股东设定的权利限制及权利变动等事项进行了规定。

1. 表决权

英国《上市规则》第7.2.1A条"溢价上市原则"(premium listing principle)规定,经允许上市的同一类别股票中的所有股票必须拥有相同数量的投票权;如果一个上市公司有多个类别的股票被允许上市,则每一类别股票的总投票权数量应该在不同的股票类别权益之间按比例分配;上市公司应确保平等对待处于相同位置的同一类别上市股票持有人所拥有的该上市股票所附带之权利。同时,该规则第7.2.4条明确列出清单条款,用于评价不同类别股票所附带之投票权是否系按比例分配,包括考量:(1)除类别股票所附带之投票权外,其他权利(如分红权或在清算时对剩余资产的分配权)的差异程度;(2)各种类别股票的分散程度及相应的流动性情况;(3)不同权利差异存在的商业理由。[1]

2. 限制公司章程对类别股股东的权利限定

英国《上市规则》第9.3.9条规定,如果上市公司在其公司章程中规定了对于股东未能遵守持股权益信息披露义务的惩罚措施,则对于持股量低于特定类别股份总额0.25%的股东,章程所能规定的唯一惩罚措施为禁止其参与类别股东会议并行使投票权,而不得设定其他惩罚措施。但是,对于持股量达到或高于特定类别股份总额0.25%的股东,章程可以规定:(1)禁止其参与类别股东会议并行使投票权;(2)暂停向其发放相关股票的分红(包括分红股);(3)施加股票转让限制,此类转让不适用通常向无关联关系第三方转让的规则等。[2]

3. 公司回购股票应获得其他类别股东的同意

英国《上市规则》第12.4.7条规定,如果公司的其他类别上市股票附带可转换或交换为拟回购股票的权利,则公司在签订拟回购此类股票的协议之前,

---

[1] See Listing Rules of Financial Conduct Authority, Rules 7.2.1A, 7.2.4, https://www.handbook.fca.org.uk/handbook/LR.pdf, last visited on May 15th, 2020.

[2] See Listing Rules of Financial Conduct Authority, Rule 9.3.9, https://www.handbook.fca.org.uk/handbook/LR.pdf, last visited on May 15th, 2020.

必须:(1)单独召集此类具有转换权股票的类别股东会议;(2)以单独决议形式获得此类股东会议对拟回购股票行为的批准。[1] 相关条款还规定,在发生公司回购及其他股票权利变动事件时,如果对其他类别股东权利产生影响,公司应按照上市规则所要求的方式及时进行公示和披露,以便相关权利人及时获悉有关事项。

类别股制度在英国具有悠久的发展历史,其判例也相对丰富。除了成文法规定外,作为判例法国家,英国在实践中也形成了一些关于类别股的判例法规则,主要为默示推定规则:如果章程没有明确约定类别股的分红是否累积,则推定为累积分红;如果章程中对于分红、资本返还或投票权没有明确约定,则不能推定某些股东具有此类优先性权利,而应视为所有股东的权利平等。

(三)日本《公司法典》及交易所上市规则对于优先股权利设置的规定

日本《公司法典》规定,股份公司各股份所代表的权利内容应当是相同的,但是允许例外,公司可以在法定范围内发行内容多样的股份,如果公司要发行就某些特殊(权利)事项的内容不同的股份,则必须在章程中进行规定。股份公司对于所发行股份的权利内容的规定,分为两个层次:可以针对发行的全部股份规定特别的相同内容;也可以发行内容不同的数种股份。针对发行的全部股份可规定的特别的相同内容是受到严格限制的,仅限于以下几种:(1)股份转让需征得公司同意(转让限制股份);(2)股东可以要求公司收购其所持有的股份(附取得请求权股份);(3)公司可以依据约定的条件收购股东所持有的股份(附取得条款股份)。在这种情况下,由于所有股份的内容都是相同的,因此这并不构成严格意义上的种类股。第二个层次的股份内容设定会形成真正意义上的种类股,发行数种股份的公司被称为"种类股份发行公司"。股份公司可以发行在一定事项的内容上存在不同的股份即种类股,但是不同的内容并不是完全由公司自由决定。日本公司法只允许股份公司发行以下几种种类股,而且虽然授权公司章程对设置何种权利作出规定,但是明确列举了章程中就种类股所必须

---

[1] See Listing Rules of Financial Conduct Authority, Rule 12.4.7 R, https://www.handbook.fca.org.uk/handbook/LR.pdf, last visited on May 15th, 2020.

规定的事项：

1. 有关盈余金分配的种类股

公司可以就盈余金的分配和剩余财产的分配发行优先股和劣后股。但是，如果公司发行这类种类股，就必须在章程中明确规定该种类股可发行的总股数、向该种类股股东交付分配财产时的财产价格的决定方法、分配盈余金的条件以及其他与盈余金分配有关的内容。

2. 有关剩余财产分配的种类股

如果公司发行这种种类股，则必须在公司章程中规定该种类股可发行的总股数、向该种类股股东交付分配财产时的财产价格的决定方法、剩余财产的种类以及其他与剩余财产分配有关的内容。

3. 有关在股东大会上就部分事项可行使表决权的股份（表决权限制股份）

如果公司发行这种股，则必须在公司章程中规定该种类股可发行的总股数、在股东大会上可行使表决权的事项以及明确规定其表决权的行使条件。此外，如果发行表决权限制股份种类股的公司为公开公司，则该公开公司应确保此类种类股在公司已发行总股本中的比例不得高于1/2。

4. 因让渡取得股份时需要公司承认的种类股（让渡限制种类股）

公司可以选择不对其所发行的所有股份实施统一的转让限制，而仅仅对部分股份予以限制，此即让渡限制种类股。如果公司发行这类种类股，则必须在章程中明确规定该种类股可发行的总股数，并明确记载该种类股转让时需经公司承认。如果公司认为在某些场合下让渡限制种类股的转让可不经公司承认，则必须在章程中明确写明该场合。

5. 附带取得请求权的种类股

持有该种类股的股东，可以根据公司章程的规定，在一定事由发生时请求公司收购其股份。如果公司发行这类种类股，则必须在章程中规定该种类股可发行的总股数、触发请求权的具体事由，以及向股东交付取得对价时所使用的公司债、新股认购权。此外，如果交付公司其他股份等财产作为取得对价，则必须明确规定交付财产的种类以及每种的数量和计算方法。

6. 附带取得条款的种类股

公司章程可以规定，在发生特定事由的条件下对股东所持的某种股份进行强制性取得。如果公司发行这种种类股，则必须在公司章程中规定该种类股可发行的总股数。同时，还必须规定在特定事由发生后向股东交付取得对价时所使用的公司债、新股认购权。此外，如果使用公司其他股份进行交付，则必须明确规定交付股份的种类以及每种的数量和计算方法。

7. 附带取得全部股份条款的种类股

这是一种通过股东大会特别决议的方式取得公司已发行某种类股的所有股份。如果公司发行这种种类股，则必须在公司章程中规定该种类股可发行的总股数以及取得对价的具体决定方法。另外，如果规定在某种条件下股东大会可以对此进行决议，则必须明确规定其条件。

8. 规定股东大会就某类事项进行表决时必须经过种类股股东会的种类股（附否决权股份）

公司章程可以规定，对于某些特定事项，除股东大会作出决议外，还必须由持有该种类股股东组成的股东会（种类股东大会）作出决议。这种种类股又被称为"黄金股"。如果公司发行此类种类股，则必须在章程中规定该种类股可发行的总股数、必须通过种类股股东大会表决的具体事项以及规定需要种类股股东大会表决时的条件。

前述日本公司法中各种有关种类股的规定可被视为针对所有股份公司，包括公开公司与封闭公司。但是，由于公开公司与封闭公司在股东数量、股份流动性上存在相当大的差异，因此对于封闭公司的种类股份设置，日本《公司法典》又作了一些例外规定。在封闭公司中，股东之间的人际关系比较亲密，且股东的个性能够得到普遍重视，公司法允许股东进行自由的选择。首先，第109条第2款规定："为非公开公司的股份公司，在剩余金的分配、剩余财产的分配、股东大会上的表决权等事项，可以在公司章程中规定以每股东实行不同待遇的条款。"根据这一条款，非公开公司可以根据每个股东的不同要求设置不同的股权内容，只要在章程中明定即可。其次，对于表决权限制股份，公司法放弃了要求公司发行的表决权限制股份在公司已发行总股本中的比例不得高于1/2的限制，对封闭公司的限制表决权股份在公司已发行总股本中的比例没作任何限制。这同样是出于对封闭公司中股东之间相对亲密关系的考量，以便利公司在融资安排中实现灵活性。最后，封闭公司董事会、监事，可以通过种类股股东大会进行选任,即日本公司法允许封闭公司发行针对董事、监事的选任/解任权存在不同内容的种类股。在公开公司中,董事、监事的选任/解任权则适用委员会制度,由其中的"提名委员会"行使该项权利。对封闭公司的此种例外规定是为了契合创业企业的私募投资等投融资需求。在吸收创投资本和合并后的大型公司中,各出资企业往往希望根据其出资份额以及对公司业务的参与和贡献程度选任董事、监事,在这种场合下,可以考虑使用这种种类股。

除了日本《公司法典》对于种类股的规定外,为保护投资者权益,尤其是保护中小股东的合法权益,日本各证券交易所也根据《金融产品交易法》以及《金融商品销售法》的规定,为防止上市公司滥用种类股作为恶意收购的手段,作出了一些限制性规定。例如,东京证券交易所的上市规则中设置了以下限制条件:第一,为防止公司以附否决权股份为手段防御公司被收购,不论公司是否规定了以种类股股东大会作为重要事项决议生效的手段,原则上只要上市公司作出了发行附否决权股份的决议,就应该停止该公司上市。此举是为了防止公司内部人士,如控股股东或者管理层出于个人私利目的恶意对抗外部收购并损害公司中小股东的权益。第二,有关表决权限制股份的上市,根据东京证券交易所《有价证券上市规定》,公司可以选择将表决权限制股份单独上市,也可以选择将表决权限制股份和普通股一起上市交易。但是,如果表决权限制股份的上市有可能导致出现特定的人以很小的出资比例控制上市公司,则上市公司必须证明其具备取消表决权限制股份安排的能力,方可视为具备上市条件。第三,东京证券交易所还规定,若上市公司决议发行新的在表决权方面优先于已上市股份的种类股,并且公司此决议会导致"股东的权利内容及其行使不当地受到限制",则交易所有可能停止该公司的上市地位。[1] 由此可见,对上市公司而言,基于其投资人范围的广泛性,对于种类股股份权利的设置,交易所设置了较为严格的规制。尤其是在表决权安排方面,上市公司不能过当使用表决权限制安排,否则将影响其上市地位。

---

[1] See Tokyo Stock Exchange Rules, http://www.jpx.co.jp/english/rules-participants/rules/regulations/index.html, last visited on May 15th, 2020.

（四）法国《公司法典》对于优先股权利设置的规定

法国公司立法并未将股票各种权利视为可以当然进行自由组合的权利要素，而是就其优先性质作出了专门规定。例如，法国《公司法典》在第二卷第二编"各种商事公司的特别规定"中专门明确了公司可以发行的有价证券中关于股票的相关规定。在法国，公司可以在设立时或存续过程中发行优先股，法国《公司法典》对优先股可附带的表决权内容、发行数量等作了详细规定。[1] 优先股分为有表决权优先股与无表决权优先股，强制性规定主要针对无表决权优先股，基于其易受损害之地位提供法律强制保护。该法典规定，优先股表决权的具体行使可以由公司章程规定；可以设置转换权，但是对于转换权对债权人的影响作了特别安排——如果因优先股转换权的行使而致公司资本减少，则公司债权人有异议权。

法国《公司法典》还对优先股权利的行使作了强制性规定：

第一，优先分红权未获满足时的分配规则：对于拥有优先分红权的优先股而言，如果公司当期净利润不足以满足其全部分红要求，则可以在无表决权优先股持有人之间按比例进行分配；未得到全额支付的部分，可以累积到其后一至两个年度，而且章程可以对此规定更长的期限。

第二，优先清算权的行使：无表决权优先股的优先清算范围包括尚未得到完全支付的分红及其清算价值，且在优先清算权实现后，无表决权优先股有权依其股票票面价值所占比例，与其他类别股份按比例分配剩余资产。

第三，表决权复活：如果无表决权优先股的股息累积三个财务年度未获得全额支付，则该优先股持有人有权按其股份所占资本总额的比例获得表决权，直至其累积未付分红全部获得清偿的当期财务年度结束之日。

三、优先股权利的变更

如前所述，美国《标准商事公司法》对于优先股制度的设计充分体现了授权

---

[1] 参见《法国公司法典》（上），罗结珍译，中国法制出版社2007年版，第275—281页；梁胜、易琦：《境外优先股法律制度比较研究》，载《证券法苑》（第八卷），法律出版社2013年版，第432页。

性立法理念:股份不过是权利与义务的一种设计,其形式可以多种多样。这种立法理念突破了传统的优先股和普通股的概念,强调的是不同类别股份的权利差异,能够更灵活地适应公司制度创新发展的需要。优先股权利的初始设定乃依据各方之间在投融资意向达成之初的协商谈判(封闭公司中),或者销售条款安排(公众公司中),投资者可以通过谈判争取自己期望获得的权利内容,或者依据销售条款对公开发行的优先股进行选择,"用脚投票",决定是否购买优先股。因此,在优先性权利初始设定时,虽然谈判地位不同,但是投资者对于优先性权利条款尚有谈判权或至少享有知情权、选择权。在优先股发行且权利设定后,优先股权利条款被纳入公司章程,不再适用合同法领域的双方一致同意原则进行变更,而是依据公司法领域的资本多数决原则进行变更。由此,就存在持股量少的优先股股东丧失对权利变更的决定权的空间,并可能导致其利益受损问题。鉴此,各国有关优先股的法律制度均将优先股权利变动问题作为强制性条款规制的重点予以关注。

(一)美国《标准商事公司法》对于优先股权利变更的规定

美国《标准商事公司法》规定:第一,如果章程修改涉及某类别或者某类别中某系列股票的权益,则该类别或该系列股票持有人有权以独立的投票团体身份对拟修改的章程条款进行投票表决;如果拟修改的章程条款涉及两个或两个以上类别或系列股票的权益,且其影响相同或本质上相同,则除非公司章程或董事会另有规定,否则受到影响的所有类别或系列股票持有人可以共同对拟修订条款进行投票表决。该类别表决权为强制性规定,不论章程是否规定,在发生相应事件时,受影响的类别或系列股票持有人均享有投票权。第二,股份形式的选择和权利的设计是公司自治范围内的权利,由公司章程决定。这突出了公司章程在公司治理中的重要作用,却也并非完全放任,如关于优先股条款的章程修改,仍然作了突破章程规定的法定类别投票权的强制性规定,并规定了公司章程的备案及注册制度。[1]

---

[1] 参见沈四宝编译:《最新美国标准公司法》,法律出版社 2006 年版,第 241—243 页。

（二）英国 2006 年《公司法》对于优先股权利变更的规定

英国的优先股制度融于类别股制度中，也属于典型的授权式立法，其成文法中的规定主要涉及类别股份的变动规制，对其他问题涉猎甚少，交由公司章程对包括优先股权利在内的类别股的权利内容进行设计。成文法重点规制类别股份权利变动的目的在于，防止在股票发行且权利设置完成后，发行公司或者管理层对章程及其中涉及优先股权利的规定进行机会主义修改，损害类别股股东的利益。类别股权利设定后，如欲进行变更，则需要依据公司章程规定的变更条款进行；如果公司章程中未规定变更条款，则需要获得拟变更条款的类别股持有人至少 3/4 以上的书面同意，或者该类别持有人组成的类别股东大会以特殊决议形式通过方可。此外，如果某类别股股东对类别股的变更有异议，可以申请法院对拟变更条款予以撤销。撤销申请须在拟变更条款决议通过或获得同意后 21 日内提出，且须经过持有该类别股份 15% 以上（未对拟变更条款作出书面同意或在类别股东大会上投赞成票的）持有人向法院申请撤销该变更。在法院作出最终确认前，拟变更条款不生效。关于变更备案的规定为：公司变更其任何股份的类别或种名称的，应在变更之后的 1 个月内向公司登记官提交通知，告知变更事项；发生任何股份权利变更的，公司必须在变更之日起 1 个月内向登记官提交变更详情的通知，告知变更事项。如果公司未能按规定提交通知，则公司及每个失职的高级管理人员都可能构成犯罪并会受到罚金处罚。

（三）日本《公司法典》对于优先股权利变更的规定

日本公司法认为，如果已经发行了种类股的公司在事后进行章程变更，则很有可能对种类股股东产生不利益。因此，日本《公司法典》将这种情形下的章程变更要件设置得比较严格，以种类股股东大会决议通过为变更的必要条件。关于种类股股东大会决议事项，有法律规定必须决议的事项，也有各公司在章程中自行规定的决议事项。该法典列举式规定了 13 类可能对类别股产生不利影响的事项,此类事项须经过该类别股东大会决议批准方可生效。[1] 也就是说,如果没有得到以该种类股股东作为组成人员的种类股股东大会决议通过,则不发生效力。在法定的种类股股东大会的规定之外,公司章程特别规定某种情形(公司行为)必须通过种类股股东大会决议的,如果没有经过种类股股东大会决议批准,则该行为不生效。在发行种类股份的公司中,作为某种股份的内容,要求在股东大会进行决议的事项,除了股东大会决议批准以外,还必须以该种类股股东为组成人员的种类股股东大会决议通过的,按照公司章程之规定,如果该事项在股东大会决议批准以外,没有获得以该种类股份股东为组成人员的种类股股东大会决议通过,则不发生效力。[2] 但是,在该种类股股东大会可以行使表决权利的种类股股东不存在的情形下,种类股股东大会无法决议,因此也就不再需要满足上述要件。

总之,强制性条款规制使优先股的设立从纯粹的契约自治转向了某种程度的"公司法参与"。[3] 在优先股法律制度中张扬法律规则的强制性,主要出发点在于在合同安排的灵活性与立法的刚性之间实现协调规制。强制性规则的设置有利于实现公司法对优先股股东权利的持续性保护。优先股合同具有长期性和不完整性,利用强制性规则的持续性保护可以避免各方在缔约之初因信息不对称、谈判地位不平等因素而产生缔约障碍或遗留隐患。强制性规则有利于实现对不同利益诉求之衡平,扭转因优先股合同的长期性及信息不对称等因素导致的利益失衡,促进各方实现优化的合同安排,并抑制私法自治产生的负外部效应,保护公共利益。不过,各国在采用强制性规则的同时,仍保留着当事人自由选择之余地。充分利用强制性规则的导向作用,加上任意性合同条款的保护作用,方能体现优先股制度满足多样化投融资需求之制度活性和生命力。

---

〔1〕 此类事项包括:公司章程的变更;股份的合并或股份的分割;股份无偿分配;股份认购人的募集;认购新股预约权者的募集;新股预约权的无偿分配;公司的合并;公司的吸收分割;因吸收分割其他公司继承关于其事业享有的全部或部分权利义务;公司的新设分割;股份交换;因股份交换取得其他股份公司全部已发行股份以及股份转移等。

〔2〕 参见〔日〕近藤光男:《最新日本公司法》(第7版),梁爽译,法律出版社2016年版,第200—201页。

〔3〕 参见李燕、郭青青:《我国类别股立法的路径选择》,载《现代法学》2016年第2期。

第六章
公司法中的信义义务对优先股股东权利的保护

  公司债权持有人通常被认为是公司外部人士，其权利和义务完全由合同约定。股权持有人在传统上则被视为公司内部人士，有权得到公司章程约定、公司法上强制性条款以及信义义务这个补充公司合同漏洞的衡平法原则的全面救济。然而，优先股具有合同和公司股权混合特性，优先股股东的法律地位一直横跨于公司法领域与合同法领域之间。由此引发的根本性问题是：对于优先股股东权利的法律保护，到底是采用合同法方式，还是公司法方式？优先股股东是否还拥有优先股合同条款约定之外的权利和义务，即受到合同约定之外的公司法强制性规则之保护，特别是公司法上的信义义务这种"硬核"强制规则的保护，以对抗普通股股东对其实施的盘剥及造成的损害？[1] 相反，如果优先股合同中明确约定了优先股股东的某种权利，法院是否应通过信义义务对该权利进行限制，而为普通股股东提供保护？依循公司法逻辑还是合同路径，在解决优先股和普通股之间的利益冲突时可能给出完全不同的答案。[2]

---

  [1] See John C. Coffee, Jr., The Mandatory/Enabling Balance in Corporate Law: An Essay on the Judicial Role, *Columbia Law Review*, Vol. 89, No. 7, 1989, p. 1623.

  [2] See William W. Bratton & Michael L. Wachter, A Theory of Preferred Stock, *University of Pennsylvania Law Review*, Vol. 161, No. 7, 2013, p. 1815.

如前所述,优先股权利内容包括经营阶段的董事选举权,特定决策事项一票否决权,利润分配阶段的分红优先权,以及投资活动尾端的股权回赎权、领售权、清算优先权。这既是对传统公司科层结构的叛离与革新,也是对以"公司"为名的固定化的默认合同条款群的"选出"与替换。鉴于"合同"与"商事组织"在构造和性质上的天然同质性,[1]"组织"与"合同"边界划定的效率性差异进一步加剧了优先股问题的复杂性和规制路径的盘根错节。实践中,既存在组织法规则挤压合同权利空间、合同秩序因嵌入组织结构而瓦解的现象,又存在合同权利空间在组织中过度膨胀、组织秩序遭受合同入侵的尴尬局面。[2]

第一节 对优先股股东可否适用信义义务保护的学术争议

在优先股发展早期,对于应采用合同法方式还是公司法方式解决优先股争议,并没有出现过多困扰。但是,随着优先股的进一步流行,在1933年大萧条之前,美国资本架构中包含优先股的公司占大多数。随后,经济危机导致的普通股与优先股之间的纠纷大量出现,引发了有关优先股的合同法对待与公司法对待的持续至今的学术争议。

一、合同路径

在美国,特拉华州法院起初倾向于将优先股股东的优先权利定性为合同权利,从而在因优先权利而起的诉讼中,不再适用公司信义义务。法院认为,将优先股股东的优先权利定性为合同权利意味着,普通股作为公司的标准权益形式是公司法默认的股权结构形式。公司章程中关于普通股股东权益的规定遵循"有协议从协议,无协议从公司法"的原则,并通过公司法规则和信义原则进行补充。优先股所附的优先权则是对普通股权益内容的偏离,而所有偏离必须得到合同的明

---

[1] 参见李清池:《商事组织的法律构造——经济功能的分析》,载《中国社会科学》2006年第4期。

[2] 参见潘林:《优先股与普通股的利益分配——基于信义义务的制度方法》,载《法学研究》2019年第3期。

确。在优先股股东合同中,必须明确约定优先股息权、清算权、赎回权、转换权和投票权等权利。判断优先股股东权利的主要依据是优先权条款的约定,法院拒绝"假定任何有利于优先股股东的事项"[1]。换言之,董事有义务尊重优先股股东的合同权利,但是这种合同义务不能进一步延伸到这些合同条款之外的信义义务,优先股诉讼只能"源于合同明定的义务",信义义务之诉对保护优先股股东是多余的,优先股股东提起的信义义务之诉均应被驳回。[2]

1973 年,布鲁德尼在其有关优先股的经典文章中总结指出,在优先股股东面对普通股股东的不利地位面前,美国法院几乎不会为优先股股东提供信义义务的保护。[3] 在该文发表 20 年后,劳伦斯·E. 米切尔(Lawrence E. Mitchell)在其文章中称,此情况仍然没有什么改变,"虽然理论上存在信义义务,但是优先股股东在公司架构中的地位比其他任何人更易受伤害"[4]。此后 20 年间,法院作出了一定程度的改变,稍微缓解了人们的担忧,但是"仍然以优先股股东合同约定为准,合同未约定的权利,法院仍然不予认可。优先股股东可获得的保护限于合同明确约定范围内"[5]。

将优先股股东主要置于合同方式保护的背后理由是:其一,优先股不是最终的剩余索取权人,如果给予其公司法信义义务的保护,将使董事不愿从事风险项目,并最终影响公司体系的效率。其二,优先股股东有权与普通股股东事先进行谈判和设立权利,有机会讨价还价,并不是弱势群体。对于上市公司潜在的优先股投资者来说,如果他们无法获得足够的议价机会,则可能不购买优先股,但也还有许多其他投资机会可供选择。[6]

---

[1] In re Sunstates Corp. S'holder Litig., 788 A. 2d 530, 534 (Del. Ch. 2001).

[2] See Dror Futter & Curtis L. Mo, *Venture Capital 2002*: *Getting Financing in a Changing Environment*, Practising Law Institute, 2002, p. 889.

[3] See Victor Brudney, Standards of Fairness and the Limits of Preferred Stock Modifications, *Rutgers Law Review*, Vol. 26, No. 3, 1973, pp. 446-447.

[4] Lawrence E. Mitchell, The Puzzling Paradox of Preferred Stock (And Why We Should Care About It), *The Business Lawyer*, Vol. 51, No. 2, 1996, pp. 443-444.

[5] William W. Bratton & Michael L. Wachter, A Theory of Preferred Stock, *University of Pennsylvania Law Review*, Vol. 161, No. 7, 2013, p. 1819.

[6] See Leo E. Strine, Jr., Poor Pitiful or Potently Powerful Preferred?, *University of Pennsylvania Law Review*, Vol. 161, No. 7, 2013, pp. 2025-2028.

第一,普通股股东的利益与公司价值的最大化相一致,更值得公司法保护。普通股股东是公司的剩余索取权人,他们只能在债权人、优先股股东之后索取公司剩余资产。作为剩余索取权人,他们几乎得不到明确的承诺。但是,他们能够获得投票权与由"忠诚义务"(duty of loyalty)和"注意义务"(duty of care)构成的信义原则保护。之所以将信义原则的保护配置给公司剩余索取权人,是因为他们承担着公司的边际风险(marginal risks),具有因最佳激励而作出最优投资和经营管理决策的动机,他们的利益与公司价值最大化的目标一致,最大化普通股股东的利益就是最大化公司价值。相反,如果将信义原则保护配置给优先股股东,将会减损公司效率。[1] 这是因为,普通股股东会因激励去从事具有高风险性的项目,而优先股股东由于主要收益来自固定分红,会因此厌恶风险。所以,应将优先股股东排除在信义义务的受益人之外,这样才能保障普通股价值最大化,保证最大化提高公司效率。

第二,优先股股东通过合同与公司议定优先权利,而这种合同机制在普通股股东与公司的关系中付之阙如,普通股股东尤其容易受到公司内部人机会主义行为的伤害。[2] 正如斯特林法官所指出的,优先股首先是基于合同设定的。对于投资人而言,究竟是采用优先股的形式,还是有担保的债权、可转债、夹层债等形式来进行投资,是完全可以选择的。投资人既然选择了优先股这种形式,就要遵守自己的合同选择。同时,实践中采用优先股形式的投资人都是经验丰富的市场参与者,完全可以通过合同协商设定全面保护自己的条款。如果他们在合同协商过程中没有行使该权利,应视为其主动放弃。而对优先股股东不适用信义义务的保护,可以激励投融资各方在章程中约定相关利益保护条款。

另外,为了落实合同约定,针对不利于优先股股东权益的公司行为,公司法也有诸如类别投票权机制等强制性保护机制。如前文所述,美国特拉华州等大部分州都要求,如果公司章程变更了特定类别股份的"权力、优先权或特定权利",必须获得该类别多数股东同意。强制性类别投票权规则确立了对公司章

---

[1] See Jesse M. Fried & Mira Ganor, Agency Costs of Venture Capitalists Control in Startups, *New York University Law Review*, Vol. 81, No. 3, 2006, p. 980.

[2] Ibid., p. 976.

程单方面修改的否决机制,要求所有影响优先股股东利益的公司行为都必须作为单独的特定事项进行类别股股东投票表决。

二、信义义务路径

挑战合同论的学者们则针锋相对地指出:

(一)优先股股东非外部债权人

优先股股东不是外部债权人,优先股的本质是公司股份,讨论优先股股东权利的前提在于承认其股权性质。优先股是对股权权利内容中的投票权与经济性权利的重新组合,具有不同投资目的的股东可以更好地调整其对风险与收益的预期,解决风险承担与利益分配之间的矛盾,本质上优先股的创设源于投资者对权利平衡的计划,普通股股东与优先股股东各自让渡其权利内容中的某些部分,以便获取在其他方面的优先性权利。[1] 在这个不同性质股权投资者重新组合与磨合过程中,需要公司法适时介入,调节并保持不同类别股东之间权利的平衡,这一动态过程恰好能够促进公司治理机制的不断完善。

(二)优先股股东权益更易受到侵害

米切尔认为,与合同论认为普通股股东地位弱势相反,优先股股东相比于其他公司参与人而言,更易受到侵害。[2] 优先股股东在经济收益上的地位类似于公司债权人,优先股的股息率是固定的而非资本红利,优先股股东几乎没有机会从公司的业绩改善中受益,优先股的主要优势是下行保护。[3] 但是,优先股股东与公司债券持有人又有不同:(1)如果公司的业绩不佳,优先股无法获得固定的股息,公司并无强制还本付息义务。(2)优先股是公司清算时倒数第

---

[1] See Samuel Levine, Rights of Holders of Preferred Stock to Dividends in Conjunction with Distribution of Surplus to Common Stockholders, *St. John's Law Review*, Vol. 12, No. 1, 1937, p. 113.

[2] See Lawrence E. Mitchell, The Puzzling Paradox of Preferred Stock (And Why We Should Care About It), *The Business Lawyer*, Vol. 51, No. 2, 1996, pp. 443-444.

[3] See William W. Bratton, Venture Capital on the Downside: Preferred Stock and Corporate Control, *Michigan Law Review*, Vol. 100, No. 5, 2001, p. 915.

二顺位的剩余索取权人,仅优先于普通股股东,如果公司资不抵债,优先股股东将失去清算利益。

就在公司中的地位而言,优先股股东的投资同样被置于由普通股股东控制的董事会之下,其优先性权利虽然具有合同性,但是优先股股东与普通股股东的共性多于其与债权人等其他合同性权利人的共性。公司财富的分配是零和竞争。公司财富就像一个蛋糕,在优先股股东与普通股股东之间进行分配。优先股股东的优先性权利优先于普通股股东的分红和清算权,在某些情况下还享有赎回权。这些优先性权利的对价其实都是普通股股东的利益,因此优先股股东与普通股股东之间存在内在、固有的利益冲突。对于董事和管理层来说,使普通股收益最大化就是默许优先股收益最小化,是在公司的"资金池"中进行零和转移,将资金从优先股股东转移给普通股股东。这不是创造新的利润,这种损失也不应该是优先股股东应该承担的经营风险。

退一步而言,即使承认优先股股东可以也应该承担为使公司更有效率运行所带来的经营风险,或者在公司处于危机时为了公司存活应放弃分红或回赎权,也不等于公司董事会可以损害优先股股东的利益来满足普通股股东的利益。不论优先股合同中是否约定相关内容,如果公司的交易行为将优先股股东置于额外的风险之中而没有对等的收益,则这种交易应被视为违反股东权利平衡的要求,理应通过公司法领域的信义原则予以纠正。

总之,即使公司法已经通过类别投票权机制为优先股股东提供了一定的保护,但在发生对其不利的公司章程修改时,优先股股东仍可以通过行使否决权进行自我保护。事实上,如下所述的美国优先股司法案例表明,公司控制人仍可能通过收购安排分配或采用(甚至虚构)并购交易,绕过优先股股东的类别投票权。

(三) 合同路径无法为优先股股东提供足够保护

首先,优先股发行人相对于优先股投资者同样具有信息优势,投资者无法完全理解甚至无法知晓股票发行条款,并导致此类条款无法体现在股票价格中,使投资者处于不利地位。比如,布鲁德尼认为,优先股股东持股份额相对较小,自然而然会"理性忽略"信息获取问题,无法获知其尚未获得支付的累积分红有可能通过类别投票制度或者虚假并购交易而被取消的情况。[1] 斯塔姆勒也认为,优先股股东处于信息劣势,难以充分理解分红或优先清算权可能被"缩水"的各种条款,有必要对处于信息劣势的投资者提供公司法保护。[2]

其次,普通股股东拥有公司的剩余索取权以及选举董事的权利。但是,作为长期合同,在投资存续过程中伴随的各种可能发生的情况太多,而且由于股东利益过于宽泛,当事方无法利用合同涵盖所有可能发生的情况并提前作出详尽明确的约定,因此普通股系依据不完整合同进行投资,需要设定一种有效的机制和标准,确保合同履行并承担事后纠正与救济功能。在公司视阈内,普通股股东可以依靠董事会的能力、忠诚以及公司法的保护性条款弥补不完整合同的固有缺失,这种保护比强迫普通股投资者事先详尽约定其义务更有效率。

优先股股东同样面临合同不完善问题,对于优先股股东的权利,有人认为可以通过明确的条款约定进行保护。例如,可通过事先合同约定赋予优先股股东在并购分配情形下的一票否决权;或在章程中规定,不论是在发行人还是在并购存续公司的资本架构中,都不得损害优先股股东的利益;或事先约定优先股回赎的具体程序和计价方式等。但是,这一观点在实践中是不经济的,也不现实。例如,为什么优先股合同中经常未能规定在并购情况下适用类别投票?根据布拉顿和沃切尔的调查,在自 2009 年起新发行的优先股条款中,大约 50% 规定了并购中的类别投票等对优先股股东的保护,而另外 50% 则未作此类规定。而在 2011 年第二季度非公开发行并公示的优先股条款中,仅有 29% 规定了并购中的类别投票等对优先股股东的保护。[3] 由于此类条款使优先股股东有权在公司经营不佳时阻止公司进行并购,发行人有理由拒绝在公司章程中加入此类条款。在公司资产状况确实不佳时,此类条款还可能导致优先股股东吞掉全部并购资金,发行人当然尽量避免在章程中加入此类条款。因此,优先股

---

[1] See Victor Brudney, Standards of Fairness and the Limits of Preferred Stock Modifications, *Rutgers Law Review*, Vol. 26, No. 3, 1973, p. 459.

[2] See Jeffrey S. Stamler, Arrearage Elimination and the Preferred Stock Contract: A Survey and a Proposal for Reform, *Cardozo Law Review*, Vol. 9, 1988, p. 1341.

[3] See William W. Bratton & Michael L. Wachter, A Theory of Preferred Stock, *University of Pennsylvania Law Review*, Vol. 161, No. 7, 2013, pp. 1815, 1841.

合同中很少规定并购中的类别投票或其他保护优先股股东权利条款的最佳解释是,发行人试图避免在资产状况不佳的情况下向优先股支付超出公司并购前价值的溢价。[1] 拒绝此类条款,有利于发行人对并购行为的自由度掌控,促进公司价值的最大化,符合公司体系的效率。对此情形下优先股股东权利的保护,就需要引入公司法及信义原则的纠错机制,对发行人董事会作出的分配决策进行信义义务审查。

再次,不完整合同理论可以解释公司法及信义原则在节约交易成本角度的作用——提供一套"现成的"条款供当事人在合同谈判中选择适用,免去当事人事无巨细地协商合同中每一个微小细节的成本,或不断重复地缔约所产生的高昂的交易成本。在这个意义上,公司法和信义原则弥补了缔约空白,"如果合同当事人在合同谈判时能够事先预见这些问题并且可以不费成本地进行交易,当事人本就会达成该条款"[2]。因此,当事人可以略去每次都达成条款的负累,依据公司法及信义原则事后纠错、填补空白,并专注于双方需要特别关注的那些条款。设置优先股股东权利的合同,最有效的方式是在对公司法通常条款中规定的权利进行变更的情况下列出那些当事人合意变更的条款,而不需要将所有涉及优先股股东权利的条款全部在协议中重新书写,当事人可以节省大量时间精力,从而专注于双方之间需要关注的特定事项。因此,优先股股东的权利应来源于优先股合同与公司法两个部分。

最后,与优先股相比,普通股股东拥有公司的剩余索取权和对董事的任命权、罢免权等控制性权利。因此,普通股股东可以依赖董事会的能力和忠诚,以及公司法及信义原则提供的弥补空白和事后纠错功能获得保护,这种保护比单纯的合同保护更有效率。

三、合同路径与信义义务路径的纠结

如前所述,优先股股东所享有的优先权利通过合同机制创制,但显然合同

---

[1] 参见王会敏:《优先股股东权利保护法律制度研究》,山东大学法学院 2017 年博士学位论文,第 134 页。

[2] Frank H. Easterbrook & Daniel R. Fischel, The Corporate Contract, *Columbia Law Review*, Vol. 89, No. 7, 1989, pp. 1444-1445.

本身无法胜任对优先股股东权利的保护。优先股的本质是股,优先股与普通股的利益竞争是在公司这一组织中展开,因此将优先股与普通股的利益竞争置于公司法的框架下予以平衡在理论上具有正当性。然而,如果法院勉强适用信义原则,则意味着法院事后对优先股合同相关内容的修改和删除,可能给予优先股股东超出合同约定的权利。事实上,即使优先股股东权利在合同中未有明确约定,也可以借助合同中的诚实信用原则来解决,优先股的股东可以获得诚实信用原则、合同默示条款等合同法的保护,公司法的信义原则似乎并不必要。[1]

美国芝加哥大学法学院的道格拉斯·G. 贝尔德(Douglas G. Baird)和M. 托德·亨德森(Todd M. Henderson)在 2008 年发表的一篇文章中甚至对公司法中庞杂的信义原则本身进行了反思,认为公司法中的信义原则是一个"貌似正确但实质错误"的规则。[2] 他们认为,普通股股东只是一类投资人,与诸如债权人、债券持有人无异,且优先股股东等同样会因董事决策的正确或者失误而有得有失。公司各类群体可以通过合同将获得信义原则保护的权利交给股东,也可以交给债权人和优先股股东等其他投资人。随着金融创新不断积累,"股东"与"债权人""借款方"等术语变得越来越没有意义,所有资本提供方都应该被视为投资人。如果这些不同群体投资人都以信义义务为由对董事的决策提出挑战,董事将无所适从,法院也存在肆意裁判的风险。因此,董事的义务应该仅限于遵守投资合同,尊重合同谈判结果,实施善意行为,对所有利益相关者而不是仅仅股东负责,而股东和债权人应该通过合同进行自我保护,不能依赖公司法信义义务的司法强行介入。如果公司合同可以写得足够详细,就再无必要引入信义义务。"这一点极好理解。雇员和债券持有人必须行使他们的合同权利,而不可主张公司管理层对其履行信义义务。"[3]

---

〔1〕 See Fiduciary Duties and Preferred Stockholders, http://www.professorbainbridge.com/professorbainbridgecom/2009/08/fiduciary-duties-and-preferred-stockholders.html, last visited on February 26th, 2020.

〔2〕 See Douglas G. Baird & Todd M. Henderson, Other People's Money, *Stanford Law Review*, Vol. 60, No. 5, 2008, pp. 1324-1326.

〔3〕〔美〕弗兰克·伊斯特布鲁克、丹尼尔·费希尔:《公司法的经济结构》,张建伟、罗培新译,北京大学出版社 2005 年版,第 102 页。

优先股股、债双重属性虽然有利于其作为一种灵活的融资工具,但是不可避免地导致其在法律上的定位发生困难。说到底,优先股在股东群体内部制造了明显的利益差序。那么,当股东之间的利益发生冲突时,如何、由谁来平衡更有效率?合同路径和信义路径其实都是法院进行利益平衡的理论说辞。

美国宾夕法尼亚大学的布拉顿和沃切尔于 2013 年在 University of Pennsylvania Law Review 上发表长文,总结和评析了相关理论和特拉华州衡平法院在优先股领域的最新案例发展,指出该法院在相关案例中以合同约定或以公司法的方式划定优先股权利范围具有局限性,认为合同法和公司法应在不同情形下相互配合,以维护不同种类股东之间的利益平衡。[1] 特拉华州衡平法院法官、宾夕法尼亚大学法学院兼职教授斯特林也在同期杂志发表了评论性文章,[2] 对相关判决进行辩护,指出布拉顿和沃切尔的方案可能夸大了利益冲突,而且在司法上适用困难。

值得指出的是,虽然优先股股东可能受到普通股股东的压榨,但是相反的情况同样可能存在,这导致法院在进行利益平衡时应作更加复杂的考虑。传统观点认为,优先股仅占公司股本的小部分,且优先股股东无权选举董事会成员,不会对董事会形成控制。但是,在私募股权投资实践中,情况已经有了很大变化。私募股权投资人的主要投资方式是多轮投资,即根据公司发展和业绩进行多轮投资,并不断调整投资条件。[3] 尤其是在私募股权投资的初期,大多数被投资的创业公司的发展前景尚不明确,且存在各种风险,诸如公司发展计划不确定、创始股东存在较大的机会主义行为等。外部投资人会在不同的投资阶段,就其所拥有的表决权和收益权与公司创始股东进行谈判。在美国常见的情形是,在目标公司达到上市目标之前,由优先股股东而非公司创始普通股

---

〔1〕 See William W. Bratton & Michael L. Wachter, A Theory of Preferred Stock, *University of Pennsylvania Law Review*, Vol. 161, No. 7, 2013, pp. 1815-1905.

〔2〕 See Leo E. Strine, Jr., Poor Pitiful or Potently Powerful Preferred?, *University of Pennsylvania Law Review*, Vol. 161, No. 7, 2013, pp. 2025-2040.

〔3〕 See William A. Sahlman, The Structure and Governance of Venture Capital Organizations, *Journal of Financial Economics*, Vol. 27, No. 2, 1990, p. 506.

股东控制董事会。

　　作为资本市场上的成熟投资者,私募股权投资人同样可能利用其信息优势和对董事会的控制损害普通股股东的利益。与私募股权投资人不同,企业家不是资本市场中的重复参与者,他们中的大多数人所经历的融资谈判数量很难达到专业投资机构的1/10甚至1％,在风险评估和资本运营风险预测领域往往缺乏经验。比如,美国大多数硅谷公司是高科技公司或生物技术公司,计算机程序员和生物学家虽然比普通人群具有更高的知识和专业技能,但是他们也不擅长公司治理和风险评估,通常没有能力对谈判投资合同及其条款和后果作出准确的判断。如果公司大多数董事会席位由优先股股东控制,董事会将有很大的动力为优先股股东的利益行事,则可能采取不利于普通股股东的合并、清算或资产出售的交易;同时,普通股股东缺乏如优先股股东那般通过合同另行约定的保护能力,比普通股股东控制董事会时受损的可能性还要大。

　　对这一问题,科斯莫提出"分而视之"的观点。[1] 即如果优先股系由风险投资者持有,鉴于其所拥有的丰富市场经验和缔约技能以及风险投资合同自身所特有的深入、繁复的谈判特征,则普通股股东不应对此类优先股股东承担信义义务,风险投资者仅应依赖于自己签订的合同。但是,这并不意味着风险投资者无须向普通股股东承担信义义务。同时,如果风险投资优先股股东获得了企业董事会的控制权,则普通股股东应受到信义义务的保护。

第二节　对优先股股东适用信义义务保护的实践梳理——以美国法为例

　　投资立场、权利配置以及权利载体差异导致优先股股东与普通股股东之间存在利益差异,激发了二者之间持续存在的冲突样态和利益争夺。在美国司法实践中,特拉华州法院早期采用严格合同解释,坚持以合同法原则对待优先股股东权利,招致人们对法院忽视优先股股权属性的普遍诟病。此后,特拉华州

---

〔1〕 See Charles R. Korsmo, Venture Capital and Preferred Stock, *Brooklyn Law Review*, Vol. 78, No. 4, 2013, pp. 1163, 1166-1167.

法院逐渐开始尝试在某些判例中放宽严格合同解释,对优先股股东权利的保护采取区分原则。特拉华州作为美国公司法立法与实践的样板州,积累了有关优先股利益纠纷的大量判例,本节将对其中具有代表性的判例进行解析,管窥在判例中体现的司法利益平衡思路。

一、严格合同解释路径

优先股的优先性权利的最主要属性为合同性,早期法院坚持以合同法原则对待优先股股东权利。在1984年的Rothschild Int'l Corp. v. Liggett Group Inc. 案中,法院认定:"优先股的优先性权利在性质上具有合同属性,因此应依据公司章程中的明确约定予以规制。"[1]这一论断被认为是有关优先性权利性质的一般原则。"普通法中,如果合同没有相反约定,则所有股份,不论如何命名或称谓,都应该处于平等位置之上。优先性权利本身就削弱了普通法的这一标准,因此优先权必须从严解释。"[2]"对法院而言,优先股条款解释问题就是合同解释问题。"[3]但是,从既往实践看,将优先股合同的解释严格限定于字面,这种司法导向导致优先股合同的效力非常脆弱。

在特拉华州法院的司法实践中,关于严格合同解释的典型规则是"独立法律意义原则"(Doctrine of Independent Legal Significance)——依照《特拉华州普通公司法》,一项规则设计的交易,即使依据该法的另一项规则可能被视为无效,也不影响该交易的效力。[4] 这一原则最初被法院用作法律解释规则,后来演进为合同解释规则,经常被用于解释优先股合同中的并购条款和章程修订条款问题。实践中,极易出现公司普通股股东及董事会利用公司并购(甚至虚假并购)交易取消优先股优先性权利,以及规避章程修改所触发的优先股股东类别表决权的情况。但是,特拉华州法院在多个判例中坚持认为,《特拉华州普通

---

[1] Rothschild Int'l Corp. v. Liggett Group Inc., 474 A. 2d 133, 136 (Del. 1984).

[2] Goldman v. Postal Telegraph Co., 52 F. Supp. 763, 767 (D. Del. 1943).

[3] Matulich v. Aegis Commc'ns Group, Inc., 942 A. 2d 596, 600 (Del. 2008).

[4] See D. Gordon Smith, Independent Legal Significance, Good Faith, and the Interpretation of Venture Capital Contract, *Willamette Law Review*, Vol. 40, No. 4, 2004, p. 828.

公司法》中的并购条款与章程修改条款有各自独立的法律意义，在对优先股合同条款进行解释时，必须对二者进行区分。

（一）Warner Communications Inc. v. Chris-Craft Industries，Inc. 案

在著名的 Warner Communications Inc. v. Chris-Craft Industries，Inc. 案（以下简称"Warner 案"）[1]中，原告为 Warner Communications 公司、Time Warner 公司以及 TW Sub 公司。其中，Time Warner 公司是 Warner Communications 公司的控股股东，而 TW Sub 公司是 Time Warner 公司的全资子公司。三家公司签署了并购协议，欲进行并购交易。本案被告 Chris-Craft Industries 公司和 BHC 公司是 Warner Communications 公司 B 系列优先股股东。在并购交易过程中，优先股股东提出，该并购交易需适用公司章程中有关类别投票权的规定，获得优先股股东的类别投票批准方可实施。因此，原告提起诉讼，要求确认被告对该并购交易不具有类别投票权。

引发诉讼的是公司章程中的两个有关优先股股东权利的条款。第一，公司在"变更或修订有关优先股的任何权利、优先性权利或限制条件并对该优先股持有人产生不利影响"之前，应该获得该优先股股东 2/3 以上投票批准。第二，在获得所涉优先股股东 2/3 以上投票批准之前，Warner Communications 公司不得实施"变更、修改或取消公司章程中任何条款并对 B 系列优先股股东的优先性权利、权利或权力产生任何不利影响"的行为。B 系列优先股股东据此认为，公司拟进行的并购交易中包含将该优先股转换为 Time Warner 公司的新优先股的约定，该约定将对 B 系列优先股股东产生不利影响，因此应该触发有关类别投票权的条款规定，并且在获得类别投票通过之前公司不得实施并购行为。原告否认类别投票权在此交易中的适用。因此，本案焦点在于，拟进行的并购交易是否触发上述两个优先股保护条款。

被告认为，公司章程保护条款的含义是，任何公司行为（包括并购行为）都应该适用第一个条款中规定的 2/3 以上类别投票批准要求。但是，特拉华州衡

---

[1] Warner Communications Inc. v. Chris-Craft Industries，Inc.，583 A. 2d 962 (Del. Ch. 1989).

平法院艾伦法官对此予以否定,其理由是,"公司章程中该条款的用语极度类似《特拉华州普通公司法》第242(b)(2)条的规定",而该条并未规定并购中的类别投票权,因此仿照该条规定语言设置的合同条款也等于未规定并购中的类别投票权。艾伦法官声称其判决理由乃"探求章程起草者原意"而得,他认为公司章程起草者作为非常熟悉《特拉华州普通公司法》规则的人,如果其本意是希望约定并购可触发类别投票权,则不应选择仿照《特拉华州普通公司法》第242(b)(2)条款的用语。言下之意,公司章程相关条款既然仿照了公司法中的某一规则用语,就应依据该规则的含义解释公司章程条款,不应引用其他。基于此,艾伦法官判决原告胜诉,被告无权要求在并购交易中适用类别投票权。

"Warner案"最引人关注之处在于,独立法律意义原则叠加严格解释原则在合同解释中得到运用,艾伦法官认为《特拉华州普通公司法》的并购条款与公司章程修订条款拥有各自独立的法律意义,无法通过一个合同条款约定兼容两项内容。艾伦法官声称其判决依据的是探究合同当事人的本意,并对合同文本进行严格解释。但是,他同时指出,严格的合同解释"虽然应该努力探究合同语言的原意,但是(优先股股东)优先于普通股股东的权利或优先性权利,应该明确写明,而不应推定获得"。在进行本意探究时,他采用的是"相近文本分析":既然合同条款用语极度类似《特拉华州普通公司法》中有关公司章程修订的规则用语,那就说明起草者本意是将该条款的适用范围限定于公司章程修订,与并购交易无关。

然而,若照此理解,就意味着Warner Communications公司优先股合同的起草者在设置合同保护性条款时,如果仅仅复制并引用了特拉华州成文法中已经提供的保护规则,而未在合同条款中明确限定该条款的适用范围,则必须依照其所引用的法律用语之出处限定适用范围。这种推定的原意实则难以确定是起草者真正的本意。在合同起草中引用法律条文用语是实践中经常采用的方式,其主要目的在于确保合同用语的规范和严谨。至于能否就此认定起草者本意就是将其起草的合同条款适用范围限定于所引用的法律条文的范围而排除其他可能,则存在很大的疑问。正如有学者所评论的:"这一步迈得太大了,将这种解读归类于探究本意,需要观察者具有丰富的想象力。"[1]

史密斯也认为,特拉华州法院习惯于将优先股投资人想象成强势威逼普通股股东接受其不平等合同条件的形象,这种对于优先股股东的投机者形象设定严重影响了特拉华州法院对优先股案件的判决倾向。独立法律意义原则加上严格合同解释原则的运用,致使优先股股东难以避开普通股股东的机会主义侵害。[2] 在"Warner 案"之后,特拉华州最高法院作出了一定程度上的修正,在随后的"Avatex 案"中采用纯粹的严格合同解释原则审理,不再强调独立法律意义原则。

(二) Elliott Associates, L. P. v. Avatex Corp. 案

Elliott Associates, L. P. v. Avatex Corp. 案(以下简称"Avatex 案")原告为公司优先股股东,被告为 Avatex 公司。[3] 被告公司设立了全资子公司 Xetava,随后宣布母公司 Avatex 将与子公司合并。合并后,原 Avatex 公司将注销,Xetava 公司存续并将更名为"Avatex 公司"。根据并购条款,原 Avatex 公司的优先股将转换为 Xetava 公司的普通股。此次并购将使 Avatex 公司原章程失效,导致优先股股东的优先性权利灭失。因此,优先股股东起诉至初审法院特拉华州衡平法院,认为该并购交易未获 2/3 以上第一系列优先股股东的同意,故诉请法院禁止交易。初审法院割裂并购交易与章程失效之间的关系,认为优先股合同(公司章程)中未约定并购交易需获得 2/3 以上优先股同意的条款,因此判决优先股股东败诉。随后,原告提起上诉。

二审法院特拉华州最高法院审理查明,Avatex 公司章程规定,第一系列优先股股东在通常情况下不具有投票权,但是存在例外情况:"如果因为并购(merger)、合并(consolidation)或其他方式(or otherwise)引起公司章程的修改、变更或废止,并对第一系列优先股股东的权利、优先性权利或投票权等造成

---

[1] D. Gordon Smith, Independent Legal Significance, Good Faith, and the Interpretation of Venture Capital Contract, *Willamette Law Review*, Vol. 40, No. 4, 2004, p. 839.

[2] Ibid., pp. 841, 852.

[3] Elliott Associates, L. P. v. Avatex Corp., 715 A. 2d 843 (Del. 1998).

重大不利影响的情况下,则需要获得该类别股东 2/3 以上投票同意方可进行。"二审法院认为,《特拉华州普通公司法》允许公司创设无投票权的股票,Avatex 公司章程规定在非例外情况下,优先股股东无投票权,而该例外情况可以分为三个层次来理解:第一,是否存在公司章程的"修改、变更或废止";第二,该"修改、变更或废止"是否系因为"并购、合并或其他方式"所引发;第三,是否会对优先股股东"造成重大不利影响"。

通过对案情的分析,二审法院认为,该并购交易完成后,Avatex 公司将注销并导致其章程失效,构成"废止"结果,因此该并购行为属于触发优先股投票权的事项。同时,公司章程失效将导致其中保护优先股的条款失效,必然对优先股股东造成重大不利影响。因此,在已满足上述第一个和第三个条件的情况下,本案焦点在于第二个条件:该"修改、变更或废止"是否系"因为并购、合并或其他方式"所引发。《特拉华州普通公司法》规定,并购或合并引发公司章程变更有三种方式:第一,并购协议中约定对存续公司原章程进行修改;第二,并购协议中指定将某个并购参与公司的章程作为存续公司的章程,同时导致其他参与公司的章程失效;第三,在公司合并的情况下,存续公司的章程替代其他注销公司的章程并致其失效。二审法院认为,本案并购中,Avatex 公司及其章程在交易完成后都将消失,符合上述第二个条件,因此应该给予其合同约定的并购交易中的保护。同时,二审法院还考量了章程(优先股合同)起草者的本意:合同缔约方的本意一定是,虽然公司章程会随 Avatex 公司的注销而失效,但是优先股股东仍然应该获得章程的保护。那么优先股股东应该拥有在某些交易中的投票权,譬如导致 Avatex 注销的并购交易。因此,特拉华州最高法院推翻了衡平法院的一审判决,并判原告优先股股东胜诉。

在本案中,特拉华州最高法院在进行严格合同解释的同时,考察合同起草者的本意,强调"优先股的权利、优先性权利及其限制条件……必须清晰明确约定,不得进行推定",并确认在本案中,优先股股东在并购交易中所拥有的权利系在 Avatex 公司章程中明确清晰约定的,不属于推定。

此外,本案判决还体现了特拉华州法院的另外一种惯常做法:为实践参与者尤其是律师从业者提供指引。[1] 针对未来优先股合同起草问题,"Avatex案"特别在判决中提供了与并购有关的类别投票权条款设定的明确指引:"未来合同起草者在设定类别投票权条款时所应采用的路径很清晰。如果公司章程(如"Warner案"中的章程)仅仅授予对于章程修订、变更或取消的投票权,则优先股股东在并购中没有类别投票权。如果公司章程(如本案中与第一系列优先股权利相关的章程)中增加了'不论是通过并购、合并或其他方式',而且拟进行的并购交易将导致章程的修订、变更或取消并对优先股股东产生不利影响,则优先股股东据此应该获得类别投票权。"[2]

(三) Benchmark Capital Partners IV, L. P. v. Juniper Financial Corp. 案

在 Benchmark Capital Partners IV, L. P. v. Juniper Financial Corp. 案(以下简称"Benchmark案")[3]中,Benchmark 是一家风险投资机构,持有标的公司 Juniper Financial Corporation(以下简称"Juniper 公司")的优先股,Juniper公司的大股东是 Canadian Imperial Bank of Commerce(CIBC)。出于融资需要,Juniper 公司欲修改公司章程并发行新的优先股,拟新发行优先股的优先级高于 Benchmark 所持优先股。Juniper 公司章程的相关条款中有对优先股股东的保护性规定,禁止公司从事任何对 A 或 B 系列优先股(Benchmark 所持优先股)的"权利或优先性权利产生重大不利影响"的行为。Benchmark 据此认为其可依该条款反对任何不利于其权利的交易,包括拟进行的并购交易。但是,Juniper 公司和 CIBC 辩称,公司章程相关条款的用语与《特拉华州普通公司法》第 242(b)条的用语非常相似,该条规定乃针对章程修订程序的规则,并非针对并购并易。据此,它们认为章程条款用语与成文法用语的相似性即说明章程起草者的本意是赋予 Benchmark 投票反对章程修订的权利,而非并购交易。

法院认可了被告的理由,判决指出:"如果章程起草者遵照《特拉华州普通公司法》第 242(b)条有关章程修订规则的用语,则法院无须将该条款的限定范

---

[1] See Edward B. Rock, Saints and Sinners: How Does Delaware Corporate Law Work?, *UCLA Law Review*, Vol. 1009, No. 44, 1997, p. 1016.

[2] Elliott Associates, L. P. v. Avatex Corp., 715 A. 2d 843, at 855 (Del. 1998).

[3] 822 A. 2d 396 (Del. 2003).

围扩展至并购流程——有关并购的规则乃由该法第 251 条规定,除非起草者明确表达在并购情境下授予类别投票权的意思"[1]。因此,法院驳回了原告 Benchmark 的诉讼请求。

该案法院的主要观点是:第一,对 Benchmark 造成损害的交易是并购,而非章程修订;第二,Benchmark 对于并购交易没有单独的投票权,不论是依据公司法还是公司章程。本案的逻辑仍旧回归到"Warner 案"的思路:《特拉华州普通公司法》中有关并购的规则独立于公司章程修订规则。根据独立法律意义原则,《特拉华州普通公司法》允许通过并购协议对公司章程进行修订,毕竟并购协议的批准只需要股东多数投票通过即可,而不会触发单独的类别投票权。法院也承认,虽然该并购协议会对优先股股东产生不利影响,但是由于章程条款中没有明确约定优先股股东在并购交易中的类别投票权(没有明确出现"并购"的字眼),因此优先股股东无法据此获得保护。在此意义上而言,Benchmark 作为专业的风险投资人,虽然依据先见之明在合同中设定了其自认为全面的保护性条款,但是结果并未达到其期待,该合同依然是不完整合同。

"Benchmark 案"进一步固化了特拉华州法院在优先股股东权利相关案件中的审理思路:形式重于实质。事实上,不论是"Warner 案"中的独立法律意义原则,还是"Avatex 案"中的严格合同解释原则,名称虽不同,但法院都恪守司法克制主义。独立法律意义原则是开放性的,涵盖范围无法预知,"合同漏洞的存在源于想象力"。如果法院坚持对优先股股东权利相关案件采用严格合同解释原则,那么判词中是否叠加适用独立法律意义原则对案件结果其实并无多大影响。特拉华州法院希望通过这种司法倾向,努力促进当事人在事前完善合同条款设置,尽量达成完整合同,减少事后的司法干预。[2] 试问,如果合同各方在谈判中考虑到了潜在的合同漏洞,他们就有可能弥补漏洞并达到全面合同保护的目的吗?我们不得而知。然而,特拉华州法院这种对合同"强势的爱"很可

---

[1] Benchmark Capital Parters IV, L. P. v. Juniper Financial Corp., 822 A. 2d 396 (Del. 2003).

[2] See D. Gordon Smith, Independent Legal Significance, Good Faith, and the Interpretation of Venture Capital Contract, *Willamette Law Review*, Vol. 40, No. 4, 2004, pp. 841, 850.

能只得面对期待落空,因为优先股股东因合同条款不完善而被剥夺权利的案件已存在数十年,但是合同起草者仍然未能实现完整合同的订立,经验丰富的当事人也依旧难免受到机会主义的侵害。法院一贯坚持司法克制原则,只不过意味着其无视不完整合同的现实。

布拉顿认为,严格合同解释原则是基于对优先股投资的错误理解,优先股股东在合同谈判中的地位并非如想象中强势,有时甚至处于相当弱势的地位。[1] 同时,在优先股情境中采用严格合同解释原则的问题在于,受到严格解释的条款并不是由立法机关起草的,而是由私人当事人起草的。对此类合同条款进行严格解释,将对起草者施加过高要求,并可能为企图避开合同条款者提供剥夺相对方权利的机会和空间,是对合同解释目的的曲解。特拉华州法院应该扭转这种司法克制倾向,采用适当的事后纠正手段进行干预,以便对企图利用特拉华州法院的严格解释思路实施机会主义行为的当事人产生警示作用——合同结果的不确定性将促使强势方重回谈判桌,不能无视弱势方的反对意见而恣意违约并试图通过合同漏洞争取法院的有利判决。[2]

二、法院引入信义原则的实践

鉴于人们对法院忽视优先股股权属性做法的普遍诟病,特拉华州法院开始在某些案件中尝试放松严格合同解释的做法,最著名的案例就是 Jedwab v. MGM Grand Hotels, Inc. 案(以下简称"Jedwab 案")[3]。该案确立了对于优先股股东权利保护问题的区分原则,被称为"Jedwab 规则",对合同领域与信义

---

[1] See William W. Bratton, Gaming Delaware, *Willamette Law Review*, Vol. 40, No. 4, 2004, p. 858.

[2] See D. Gordon Smith, Independent Legal Significance, Good Faith, and the Interpretation of Venture Capital Contract, *Willamette Law Review*, Vol. 40, No. 4, 2004, pp. 841-842.

[3] 该案全称为 Marilyn Jedwab v. MGM Grand Hotels, Inc., Tracinda Corporation, Kirk Kerkorian, James D. Aljian, Alvin Benedict, Fred Benninger, Barrie K. Brunet, Cary Grant, Peter M. Kennedy, Frank E. Rosenfelt, Bernard J. Rothkopf, Walter M. Sharp, Robert Van Buren, Bally Manufacturing Corporation, and Bally Manufacturing Corporation International, 509 A. 2d 584 (Del. Ch. 1986).

原则领域进行了划分,对后续司法实践产生了深远影响。然而,"Jedwab 规则"在其后的司法实践中展现了一个让人大跌眼镜的演进路径,并未给优先股股东提供一个理想的"保护网"。[1]

(一) "Jedwab 案"

"Jedwab 案"系由特拉华州米高梅公司(MGM Grand Inc.)的优先股股东提起的集体诉讼。该公司经营度假酒店业务,由于经营不善,普通股价值下降,因此其股东提出将现有普通股转换为新类型优先股的提案。新优先股具有分红权、优先清算权以及回赎权,优先清算权价值为每股 20 美元,回赎价也是每股 20 美元。同时,该提案约定,米高梅公司可以较低价格非公开购买或在市场上购买该优先股。接受转换条件的普通股股东认为其可以从该优先股的优先分红权、优先清算权以及回赎权中获取收益,因此同意转换。被告之一 Kerkorian 是米高梅公司的董事及控股股东,拥有 69% 的普通股和 74% 的优先股,推动公司与另一家公司 Bally Manufacturing 合并。根据拟定的并购条款,米高梅公司所有类别的股票都将被现金收购,原股东全部退出公司。被告同意投票支持并购。由于优先股在并购中无投票权,因此被告的投票支持意味着并购提案将获得通过。并购完成后,米高梅公司普通股股东(除被告外)将获得每股 18 美元的并购对价,而优先股股东将获得每股 14 美元。优先股股东对此产生不满,因为此交易对价意味着其当初将普通股转换为优先股的经济期待落空,而且根据公司章程,优先股与普通股在转换、分配股利上是一样的,但如今公司在分配并购收益时偏向了普通股。在本次并购交易过程中,米高梅公司董事会未咨询任何法律顾问、财务顾问或特别委员会有关并购对价对于优先股股东是否公平的意见。

本案焦点在于,Kerkorian 作为控股股东,推动的并购交易被认为在普通股股东与优先股股东之间造成对价分配不公平,是否违反了其对优先股股东的信义义务?原告主张,根据特拉华州法律,仅当一项并购交易的对价在不同类别

---

[1] 参见楼建波、马吾叶:《优先股与普通股股东之间利益冲突的处理原则——美国司法实践的演进及其启示》,载《证券法苑》(第十六卷),法律出版社 2016 年版,第 23 页。

股东之间公平分配之时,公司董事方可批准该并购交易,如果对价分配不公平,董事即违反了其信义义务。Kerkorian则认为,优先股的权利在本质上是合同性质的,其权利内容仅以公司章程的规定为准;董事对优先股股东的义务仅限于保障优先股股东享有优先股合同上的权利;由于被告公司章程中并没有关于公司并购的特别约定,因此董事既没有违反合同义务,也不负有信义义务。

法院首先澄清,原告的理论建立在董事信义义务存在的前提下,如果这个前提成立,则董事应该公平对待不同类别的股东。相反,如果董事对优先股无此义务,前提不存在,则原告诉求的理由不成立。审理本案的艾伦法官创造性地对优先股股东权利进行了区分,认为优先股的权利可分为两种:一种是公司章程或股权凭证等确立的优先股的特殊权利和特殊限制,另一种是优先股和普通股均享有的权利。前一种特殊权利仅在有明确的条款规定时才存在,而后一种权利即使在公司章程中没有规定也是存在的。基于此,该案提出了"Jedwab规则":"对于优先股与普通股相区别的优先性权利或特殊限制条件,公司及其董事的义务主要是合同性的,且义务范围以合同明确约定为准;如果其主张的权利并非优先于普通股的优先性权利,而是与普通股共同享有的权利,则该权利的存在与否及其相对应的义务范围即应依据衡平法及法律原则予以确定。"[1]该规则为优先股的权利建立了一个分析框架,当涉及优先股的特别权利或特殊限制时,应以合同方式解决;而当涉及的优先股权利为与普通股共享的权利时,优先股股东可以主张信义义务的保护。艾伦法官还指出:"在普通法中,在没有相反协议约定的情况下,所有股权都是平等的。因此,对于优先股的优先性权利或者限制条件,仅存在于明确约定该优先性权利或限制条件的情况下。如果没有任何合同条款约定该权利,则不能认为该权利不存在。以两例释之,如果优先股合同中没有关于投票权或优先清算权的条款,并不能说明该股票没有投票权或在清算时无权利。事实上,在此种情况下,优先股的投票权与普通股相同。"[2]

鉴于本案优先股合同中没有关于公司并购的内容,法院认为,原告主张的

---

[1] Jedwab v. MGM Grand Hotels, Inc., 509 A. 2d 584, 593-594 (Del. Ch. 1986).
[2] Ibid.

权利不属于优先股合同规定的特别权利或特别限制,而属于与普通股共享的权利,因此原告要求公平地分配并购收益属于董事信义义务范围,是与普通股共同享有的权利。在确定了诉求归属信义义务范围后,法院继续讨论董事的并购决策是否应适用"商业判断规则"(business judgment rule)或者"内在公平性测试"(intrinsic fairness test)。[1] 法院认为,本案应适用更严格的内在公平性测试进行判断。法院最终认定,即使根据内在公平性测试,本案中的分配方案也是公平的。但是,公平分配不等于等额分配,权利平等不等于数学意义上的完全相同。虽然本案中优先股股东获得每股14美元的对价,而普通股股东获得每股18美元,但是仍属于公平分配。因此,法院判定原告败诉。

尽管"Jedwab案"中优先股股东败诉,但是该案确立的"Jedwab规则"突破了之前的合同救济路径,将信义义务引入优先股权利保护的法律框架。然而,"Jedwab案"多少忽略了一个基本逻辑问题:普通股与优先股的利益在很多情况下并不一致,如果要求董事在作出决策时平衡两类股东的利益诉求,使普通股和优先股都受到信义义务的保护,那么董事会将面临艰难的选择:在相互冲突的利益面前,董事如何同时对两者都承担信义义务?这可能是无法两全的任务,取决于董事更多代表的是何方利益。

(二)"FLS Holdings案"与"James案"

"Jedwab规则"认为,在没有被认定拥有优先性权利的情况下,优先股股东应与普通股股东拥有相同的权利。但是,"Jedwab案"判决还指出,该"相同的权利"意味着,当并购交易对价在优先股与普通股之间再分配时,优先股股东应获得与普通股股东完全公平的对价——优先股股东获得的是公平分配公司财富的权利,而公平分配不等于等额分配。

共享权利如何实现或公平分配如何实现,成为适用"Jedwab规则"的一个无法回避的操作难题。"Jedwab案"简单地以"公平分配不等于等额分配"作为结论,遗留了一个敞口。这个"相同的权利"到底指什么权利,成为一个"视情况

---

[1] 内在公平性规则首先考察少数股东所受的对待是否公平,其次考察多数股东的行为是否是在追求合理的公司目标。参见潘林:《美国风险投资合同与创业企业治理法律问题研究》,吉林大学法学院2012年博士学位论文,第77页。

而定的权利"(occasional specific right)[1]。在 1993 年的 In re FLS Holdings, Inc. Shareholders Litigation 案(以下简称"FLS Holdings 案")[2]中,焦点问题是:在分配并购资金过程中,采用何种机制方可满足对优先股股东的程序性保护要求,以便并购资金的分配被认定为公平分配? 在分配并购资金过程中,对于优先股股东的程序性保护能否使分配被认定为"公平"?

与"Jedwab 案"类似,"FLS Holdings 案"系由 FLS Holdings 公司优先股股东提起的集体诉讼。原告优先股股东起诉认为,公司董事对于 FLS Holdings 与 Kyoei 公司合并交易的并购资金在优先股股东与普通股股东之间的分配不公。在并购谈判过程中,代表 FLS Holdings 参与谈判的董事要么拥有大量普通股,要么就是高盛和花旗等投资银行的关联方,没有独立的外部顾问或者独立董事组成的委员会代表优先股股东的利益参与谈判。根据优先股合同,在并购交易或者分配决议方面,优先股股东没有投票权。并购交易完成后,FSL Holdings 公司聘请了所罗门兄弟公司针对并购协议是否公平出具了意见,该意见认为并购资金的分配对于优先股股东是公平的。

"FLS Holdings 案"审理法院在判决意见中首先认为,由于 FLS Holdings 公司章程中未涉及并购收益的分配,因此这属于优先股与普通股共同享有的权利,"在并购对价的分配问题上,虽然董事系由普通股股东选出,但是其对普通股股东与优先股股东都负有信义义务,应公平对待优先股股东"[3]。法院随后指出,虽然公平标准有些模糊,但是"可以要求由一个审查机构对公司及交易进行一项非常具有针对性的审查",即采用一种机制,在交易完成"之前"聘请真正独立的第三方机构作为优先股股东的利益代理人,通过该程序性保护保障交易的公平性。法院还重点审查了在交易谈判过程中针对优先股股东的程序性保护是否缺位的问题,认为该案中仅存在一个投资银行的事后意见,以此作为程序性保护的理由过于单薄。法院认为,虽然在并购协议签订后,有第三方机构

---

[1] Lawrence E. Mitchell, The Puzzling Paradox of Preferred Stock (And Why We Should Care About It), *The Business Lawyer*, Vol. 51, No. 2, 1996, pp. 443, 471.

[2] In re FLS Holdings, Inc. Shareholders Litigation, No. 12623, 1993 WL 104562 (Del. Ch. Apr. 2, 1993, revised Apr. 21, 1993).

[3] Ibid.

出具意见并认为并购资金的分配对优先股股东是公平的,但是这些意见无法有效帮助被告证明分配是否真正公平。因此,法院最终判定被告败诉。

在"James案"中,法院同样确立了独立机构的介入对交易公平性的影响。[1] 在该案的并购谈判中,公司组成独立董事特别谈判委员会参与谈判,并最终由该委员会确定优先股的并购价。法院认为,在确定并购收益分配对于优先股股东是否公平时,由独立董事组成的特别谈判委员会是一个重要考量因素。独立董事的地位意味着其在决策过程中以无利害关系的立场审慎考察整体决策的公平性。如果由董事会中多数了解相关信息且不具有利害关系的董事批准交易,则可以适用商业判断标准。在此情况下,原告无法直接推定存在严重不公平,而需要证明董事会存在恶意。此外,由独立董事特别谈判委员会进行谈判,就可以将证明非公平的责任(不论是针对谈判流程还是谈判价格)转移给质疑的优先股股东。

(三)"James案""ThoughtWorks案"和"Trados案"

斯蒂芬·M.班布里奇(Stephen M. Bainbridge)对"Jedwab案"的评论意见是,该案的公平性质不可测量,无法确定董事应如何在事前把握公平性。"FLS Holdings案"提供了某些指引,即判断并购资金的分配是否公平,关键在于公司是否在交易完成前曾任命一个"真正独立的代表优先股股东利益的代理人"。如果该独立机构缺位或者有关分配是否公平的意见是在交易完成后作出的,则分配不可被认定为公平的。

然而,适用"Jedwab规则"的前提是,要确定某项权利是合同规定的特别权利还是普通股权利,需要在合同条款不明确时作出解释。这就落入公司董事的自由裁量权范畴,而董事在解释优先股条款时,实际上也是在自我确定其信义义务的范围。董事可能将某个交易解释为已被合同规定,从而免除自身的信义义务,通过自我解释化解信义义务对优先股股东权利的保护。[2]

---

[1] 参见本书第二章"James案"的有关讨论。

[2] See Lawrence E. Mitchell, The Puzzling Paradox of Preferred Stock (And Why We Should Care About It), *The Business Lawyer*, Vol. 51, No. 2, 1996, p. 448.

1. "James 案"

在"James 案"中，QuadraMed 公司以每股 25 美元的价格发行了优先股。公司章程约定，优先股的优先清算权为每股 25 美元，拥有可累积分红权，同时可以按照约定比例转换为普通股。公司章程中还明确约定，公司发生并购并不触发优先股的优先清算权。

自 2008 年起，QuadraMed 公司考虑将公司出售，公司董事会开始与若干意向并购方进行并购谈判。在谈判进行之初，优先股股东就向公司表示要求获得每股 25 美元的并购价格。在谈判过程中，有潜在并购方提出可以为优先股支付每股 25 美元的清算价格或者将优先股保留在存续公司中，并可以每股 15.5 美元的价格转换为普通股。随着谈判的进行，并购方给出的针对优先股和普通股的购买价格都降低了，低于最初报价。鉴于无法达到最初预期价格，公司随后组成独立董事委员会接手谈判。经过几轮报价比较和谈判，该委员会最终决定以优先股的转换价格（而非清算价值）确定优先股的并购价。最终的并购协议中约定，普通股的每股并购价格为 8.5 美元，优先股的每股并购价格为 13.71 美元。随后，LC Capital 作为优先股股东提起诉讼，主张其合同约定的优先性权利价值应高于在并购中获得的每股 13.71 美元的价格，认为董事会对于并购资金在普通股股东与优先股股东之间的分配不公，以"视同转换"的价格对待优先股在并购中的收益损害了其价值，违反了董事对优先股股东的信义义务。董事们则认为他们对于优先股的分配不负有信义义务，因为他们是按照优先股合同中规定的价格底线进行分配的，即按照优先股转化为普通股并取得与普通股一样的对价为标准，普通股拟以每股 8.5 美元的价格卖出，而优先股拟以每股 13.71 美元的价格卖出，这个价格是以普通股定价每股 8.5 美元乘以优先股转换成普通股的价格比率 1.6129 计算出来的。

法院支持了被告的主张，认为在公司章程中规定的转换价实际上就是优先股股东可以在并购中取得的对价。既然公司章程中确定了优先股在并购中的价格，那么董事对优先股的分配所得无裁量权，也就不负有信义义务。该案法官斯特林认为，优先股股东本来可以要求在公司章程中解决与并购有关的定价问题，并通过谈判争取类别投票权或清算待遇，但是他们错过了这个机会。既然他们没有在合同谈判中争取到该权利，就不能再要求衡平法院为其进行补救。事实上,如果公司章程约定了并购价,就没理由认为董事违反了信义义务,董事会无须作出分配决策。

但是,该判决存在的问题是,公司章程并没有规定公司被并购时优先股要被强制转换为普通股。转换权实质上是给领取固定收益的优先股股东一项选择权,即在公司经营状况不好时可以领取固定收益,而在公司经营状况良好时可以选择转换为普通股,从而取得更高的收益。公司董事或法院则认为,并购交易的强制性引发了优先股的转换,优先股应以普通股股价乘以转换比率的价格退出公司。该观点实际上剥夺了优先股股东的自由选择权,是通过扩大解释否认优先股的合同权利,将本属于优先股股权性质的内容拉到合同法领域,使优先股股东受制于优先股合同本没有具体规定的权利,从而承担合同规定的不利后果。[1]

2. "ThoughtWorks 案"

ThoughtWorks 公司的主营业务是提供信息技术专业服务,开发、销售订制商业软件并提供咨询服务。[2] 业务性质导致其现金流不稳定,业务合约通常是短期的,业务是循环发生的。公司管理层一直尝试保留一定的现金用于应对未知的收入下降和销售淡季。1999 年,ThoughtWorks 公司开始考虑 IPO,聘请投资银行 S.G. Cowen 证券公司提供咨询服务。ThoughtWorks 公司认为拥有一个私募投资者将会增强新发行人的可信度,于是开始与 SVIP 进行洽谈。SVIP 是一家风险投资机构,在谈判过程中,双方都预期 ThoughtWorks 公司会在 1—2 年内实现 IPO,同时协商了在未实现 IPO 情况下的回赎权利。ThoughtWorks 公司的发行备忘录中设定了一项回赎权,该回赎权可在股票发行 5 年后行使,回赎资金分 12 期支付,每季度支付一次。双方协商达成 5 年后回赎的约定,回赎前提是公司拥有"合法可得资金"(funds legally available),并预留 1 年的运营资本。

SVIP 向 ThoughtWorks 公司投资的金额为 2660 万美元,获得 2970917 股

---

[1] See William W. Bratton & Michael L. Wachter, A Theory of Preferred Stock, University of Pennsylvania Law Review, Vol. 161, No. 7, 2013, pp. 1815, 1855.

[2] SV Inv. Partners, LLC v. ThoughtWorks, Inc., 7 A. 3d 973, 976 (Del. Ch. 2010), aff'd, 37A. 3d 205 (Del. 2011).

优先股。该优先股有权获得累积现金分红,股息率为每年 9%,每半年支付一次,并以半年为单位累积。如果发生任何清算、解散或注销的情况,优先股具有优先清算权,清算价格为其初始购买价格每股 8.95 美元(根据股票分红、拆股、资本化或合股等情况进行调整)加上所有累积但未支付的分红,再加上假设优先股按比例转换成普通股后在清算过程中应该与普通股按比例分享的部分金额。同时,公司章程第Ⅳ(B)4(a)条规定了优先股的回赎权:在交易完成日后 5 年之时,如果在此之前公司没有通过合格的公开发行途径实现股票发行,则任何优先股股东都有权要求公司利用合法可得的且未被公司董事会认定为当年所需的运营资本的资金,回赎每个优先股股东手中持有的不少于 100% 的优先股。

ThoughtWorks 公司章程第Ⅳ条还规定,如果根据协议规定公司合法可用于回赎的资金不足以回赎要求回赎的全部优先股,则应该利用现有资金进行回赎,并按每个优先股股东所持的优先股数量所占比例进行回赎。同时,该条规定的回赎要求应该是持续的,以便在回赎日之后的任何时间,只要回赎要求没有被全部满足,根据协议相关部分的约定,可获得的资金都应用于回赎,直到该要求被全部满足。此外,该条还规定,为确定是否具有合法可得的资金用于回赎,公司应以法律许可的最高价值对资产定价(此即"定价条款")。

期待中的 IPO 未能实现。到 2003 年,ThoughtWorks 公司已经确定无法回赎优先股。2005 年,投资银行 William Blair 受聘帮助公司寻求债权融资进行回赎。ThoughtWorks 公司希望融资 3000 万美元,但是投资金额最大的一个方案是 2000 万美元。由于没有能力支付 4300 万美元总额的回赎款,ThoughtWorks 公司正式提出以 1280 万美元回赎全部优先股。SVIP 拒绝了这项提议。2005 年 5 月 19 日、20 日,SVIP 行使回赎权,要求 ThoughtWorks 公司在 2005 年 7 月 5 日全额回赎所有优先股。作为回应,ThoughtWorks 董事会分析了公司拥有的可用于回赎的"合法可得资金"的情况,并从 Freeborn & Peters LLP、AlixParters LLC 等第三方中介机构分别获得了法律和财务意见。据此,董事会确定 ThoughtWorks 公司拥有 50 万美元"合法可得资金"用于回赎优先股。在接下来的 16 个季度,董事会都采用相同的流程确定可用于回赎的合法资金的金额。即在每次作出回赎决定前,董事会都考虑公司当前的财务状况并咨询相关顾问。通过这种季度性付款方式，ThoughtWorks 公司在 2010 年合计回赎了价值 410 万美元优先股。但是，该优先股回赎的总金额以及累积未付的分红，在 2006 年已经达到 4500 万美元。董事会也寻求了外部融资，但是仅能找到一项 3000 万美元的融资意向，条件是以不超过 2500 万美元用于回赎所有优先股。优先股股东拒绝了这种赔本交易，诉至法院。

首先，法院针对优先股回赎权的效力进行了评价，认为《特拉华州普通公司法》允许特拉华州公司在符合相关条件的情况下回赎股票："每个公司都可以购买、回赎、接受、接收或以其他方式获得其自身股票。条件是，任何公司都不得在公司资本受损时，或者因其购买或回赎自身股票而导致公司资本受到损害时，以现金或其他财产购买或者回赎自身股票，但是公司（优先于其他类别股票）以其资产购买或回赎因资产分配而获得的股票（通过分红或者在清算中分配的股票）的，如果在购买后该股票将被注销且公司相关规定减资的情况除外。"[1] 根据该条规定，如果用于回购股票的资金超出了公司的盈余金额（surplus）[2]，则这种回赎就属于损害公司资本。因此，除非公司回赎股票的目的是将其注销并减资，否则公司只能用盈余资金回赎本公司股票。法院对该规则的解释是，关于回赎的限制目的在于保护债权人，法律试图通过禁止向股东进行某种资产再分配来实现这个目标。这种再分配的资产，在 19 世纪至 20 世纪早期被普通法法官认为是债权人提供贷款时所依赖的永久融资基础（将利用资本进行的回赎认定为从债权人处剥夺"其有权依赖的资金"）。[3] 实践中，为禁止向股东进行资产再分配而进行的（是否损害资本的）测试通常是测试回赎是否会导致公司的资产负债表出现资不抵债的状况，但是并不以公司破产为最终标尺，而是将资不抵债的标准定在公司资本这条线上。

其次，法院对"合法可得资金"的概念进行了厘清。《特拉华州普通公司法》

---

[1] Delaware General Corporation Law. Section 160(a)(1).

[2] 《特拉华州普通公司法》第 154 条对"盈余金额"（surplus）的定义是：净资产超出公司已发行股票的票面价值的部分。

[3] In re Tichenor-Grand Co., 203 F. 720, 721 (S. D. N. Y. 1913) (Hand, J.), cited from William W. Bratton, *Corporate Finance: Cases And Materials*, 7th Edition, Foundation Press, 2012, p. 637.

允许公司回赎自身股票。对于"ThoughtWorks案"来说,回赎条款将该授权转变成一种强制义务,授予SVIP"要求ThoughtWorks公司以合法可得现金回赎不少于100%优先股"的权利。在ThoughtWorks公司并未也无法筹措到足够的资金回赎100%优先股的情况下,SVIP认为其有权要求ThoughtWorks公司支付全部回赎价格。SVIP主张的实质在于将"合法可得资金"与"盈余"等同。根据这种观点,SVIP将要求以现金支付的条款转变成一种基于虚无的法律术语而成立的公式,其实是一种谬误。"合法可得资金"的一般含义拥有更实际的意思。"章程被看作股东之间的合同,也是对其条款进行合同解释的一般规则。"[1]由于《特拉华州普通公司法》中规定的盈余限制了公司支付分红或回赎股票的权利,"合法可得资金"在口语中被认为与"盈余"同义。然而,这两个概念并不完全相同。法院引用《布莱克法律词典》,对术语"合法可得资金"进行了详细的解释,认为该术语的最初含义是指有资金,且为已备好待用的现金。这个资金必须可用,通常含义为可获得、可得到、现成或已备好待用,而且是合法的,即依法可获得。ThoughtWorks公司章程回赎条款将资金的使用说得很清楚,回赎"需利用合法可得现金"进行,直接将资金与现金画上了等号。

法院指出,对该案而言,最重要的是,普通法长期以来一直限制公司在已经资不抵债或者将因为回赎而陷入资不抵债的情况下回购其股票。根据特拉华州法律,公司在负债超过了资产或者无法偿还到期债务时,构成资不抵债。因此,可以认定"股东要求进行回赎的权利,次位于债权人的权利"。优先股股东的回赎权不能损害债权人权利,如果公司已经资不抵债或者将因回赎而导致资不抵债,则不能行使回赎权。特拉华州法律遵循了这些原则,至少从1914年开始,就认定"如果公司回购自己的股票将损害其偿还债务的能力,或者威胁债权人债权的安全性,则公司不得进行回购"。法院禁止回购的理由是,"如果这种购买构成对债权人的欺诈或者损害债权人的权利,那么公司无权购买自己的股票"。

公司有可能在名义上拥有盈余,理论上可用于回赎,但是这将导致公司在债务到期时无法偿还债务。而合同关于公司已经或因回赎而导致资不抵债时

---

[1] Waggoner v. Laster, 581 A. 2d 1127, 1134 (Del. 1990).

不得进行回赎的规定，限制了公司在这些情况下回赎股票的能力，同时明确"合法可得资金"区别于"盈余"。ThoughtWorks 公司协议中的"定价条款"并没有推翻这些区别，仅规定在确定是否具有合法可得资金时，ThoughtWorks 公司必须"以法律允许的最高价为资产定价"。不过，当事方意识到可能存在一种情况，即 ThoughtWorks 公司手上有资金，但是无法满足法定要求，即《特拉华州普通公司法》第 160 条的规定。因此，"合法可得资金"条款是要求 ThoughtWorks 公司"以法律允许的最高价"重新评估资产，以便释放出资金用于在法律许可的最大限度内回赎股票。"定价条款"并没有要求公司在无资金的时候回赎股票，因为不能超越其他的法律障碍而强制回赎，如可能导致现金流破产的情况，无法通过资产重新评估予以解决。

因此，SVIP 的诉求基于"合法可得资金"等同"盈余"。但是，SVIP 的诉求因法律规定而失败，因为这两个概念是不同的。SVIP 的失败原因还在于，它假定存在盈余就足以认定公司应该回赎股票，而没有考虑到公司是否实际拥有资金用于回赎，且"合法可得资金"具有其他含义。SVIP 认为，只要资金（从现金意义上）"可得"（手头上现成或者很容易通过出售或借款而获得）并可合法地用于回赎，就不会违反《特拉华州普通公司法》以及其他成文法或普通法的规定，包括公司可继续运营且不会因这种分配而造成资不抵债的情况之要求。

法院最后认为，"合法可得资金"金额的确定是由董事会依据公司实际情况进行的商业判断。根据特拉华州法律，如果董事会有意识地进行是否具有"合法可得资金"的判断，原告若想挑战董事会决策，需要证明在确定"合法可得资金"金额时，董事会存在恶意，并且依赖了不可靠的方法和数据，或者作出了不相关的决定并构成事实上或推定欺诈。

但是，SVIP 在诉讼中未能证明董事会：(1) 在确定 ThoughtWorks 公司是否具有"合法可得资金"时存在恶意；(2) 依赖了不可靠的方法和数据；(3) 作出了不相关的决定并构成事实上或推定欺诈。SVIP 在法庭上没能针对这些事项进行辩驳，而是指示其专家劳拉·B. 施塔姆（Laura B. Stamm）对 ThoughtWorks 公司进行估值。施塔姆利用现金流折现分析、可比公司以及可比交易法等方法，将 ThoughtWorks 公司的权益估值为 68 万—137 万美元。SVIP 的律师告知施塔姆，根据"估值条款"的规定，她的估值等价于"合法可得资金"。据此，施塔姆发表意见指出，ThoughtWorks 公司拥有足够的"合法可得资金"，可以回赎 SVIP 的优先股。

很明显，施塔姆没有考虑 ThoughtWorks 公司在维持持续运营的前提下可用于回赎的资金额。她没有考虑进行一项八位数的回赎将会如何影响 ThoughtWorks 公司运营及其预期运营结果（其分析正是基于这种运营预期），也没有考虑 ThoughtWorks 公司应如何获得这笔回赎资金。这虽然可以解释为只是理论分析，但是并没有解决"合法可得资金"的问题，也没有反映出"真实经济价值"或者体现公司借款所依据的基础以及债权人获偿所依赖的情况。同时，其意见也无助于确定董事会是否具有恶意行为，或者依赖于不可靠的方法和数据，以及是否作出了不相关的决定并构成事实上或推定欺诈。

最终，法院认定，ThoughtWorks 公司董事会已经以其最大诚信行事，并且依赖的详细分析报告是由具有声望的专家作出的。在接下来的 16 个季度，董事会对可用于回赎的合法资金金额进行了周密的调查，并据此回赎了部分优先股。上述每一次决策董事会都咨询了公司财务和法律顾问，收到了关于公司当前业务状况的信息，并认真商议在不影响公司持续运营的情况下可以用于回赎优先股的资金情况。董事会的决策过程无可争议，而且董事会很负责任地履行了其对优先股股东的合同承诺，尽管有其他业务用途分流了公司的现金，但这不属于董事会拥有充足现金流可用于回赎却采取了相反措施的情况。

值得注意的是，董事会还通过积极测试市场反应，确定 ThoughtWorks 公司可以获得的资金额。董事会经过对 70 个潜在资金来源进行测试，得到了一份投资条款清单，ThoughtWorks 公司据此可以获得净额为 2300 万美元的债权融资用于回赎所有优先股。这项提议有力地印证了为回赎所有优先股而"合法可得"的最高资金额度。但是，没有证据证明 ThoughtWorks 公司可以获得更高的资金额用于回赎，或者更重要的是，没有证据证明有任何第三方愿意资助公司进行部分回赎。根据以上分析，法院判决 ThoughtWorks 公司胜诉，SVIP 败诉。

在前述"James 案"中，法院给予公司董事裁量权，董事可以通过扩大解释否认优先股的合同权利，将本属于优先股股权性质的内容拉到合同法领域。而"ThoughtWorks 案"则相反，将优先股合同权利放到合同法中考察，事实上改变了"Jedwab 规则"。具体而言,该案中优先股的强制赎回权条款规定得非常明确,而且优先股合同中明确规定的特别权利是合同性质,应当依照合同法予以解决。即使法院对合同条款进行严格解释,也应当在合同法框架下进行,审查公司是否有违反合同的行为。然而,该案采用了公司法的审查方法,其判决表明,除非标的公司手上拥有"现成的"现金(或等价物),否则优先股股东无法实现回赎权。

更重要的是,在公司法审查方法下,公司是否有能力回购优先股完全交由公司董事会进行判断,而董事会的判断受到商业判断准则的保护。即使公司不履行优先股合同,只要董事会是善意和真诚地为公司利益行事并符合程序性的标准,就不用承担承担败诉的后果,而"原告须证明,在确定合法可得金额的过程中,董事会是非善意的,依赖于不可信的方法和数据,所作的决策不相关并构成了实际或推定欺诈"。同时,善意可以从董事会履行了程序要求角度进行推定。法院认为,ThoughtWorks 公司董事会决策程序并无瑕疵,董事会进行了"全面的调查",并且所依赖的详细分析来源于"具有专业水准的专家"。

在早期的"Mueller 案"中,法院确立的先例是直接评估发行人的支付能力,进行实质判断,而非将是否支付的决策交由发行人董事会进行商业判断。[1]但是,在"ThoughtWorks 案"中,法院尊重公司董事会对于公司是否具备现成可用的现金进行的测试,对董事会决策流程的考察替代了实质判断,问题不再是"公司能否支付",而是"发行人董事会在作出不支付的决定时工作是否到位"。

当然,优先股合同中的回赎条款具有溢出效应,对优先股股东进行回赎支付,将会减少公司资本,削弱债权人可获偿付的资本基础。因此,公司法从保护债权人的角度出发,对资本向股东回流进行限制。问题是,虽然董事会的说辞或法院逻辑是为了保护债权人,但是此举在客观上起着保护普通股利益的作用。在优先股的普通权利与普通股利益发生冲突时,董事往往都由普通股股东选举产生,通常会倾向于普通股股东;即使是偏向于普通股利益的决策,也不太容易被法院否定,毕竟法院往往会以商业判断规则免除董事的责任。

---

[1] 参见本书第二章"Mueller 案"的有关讨论。

3. "Trados 案"[1]

从历史上看,优先股股东重在寻求经济利益,而非公司治理,并且优先股几乎不会控制董事会或者持有多数投票权。但是,现代私募融资改变了这个格局,私募投资者往往既寻求经济利益又参与治理,在持有少数投票权的情况下也有可能主导董事会。私募投资者拥有控制权对优先股法律制度提出了新的问题:如果优先股股东拥有控制权并运用其合同权利损害持股占少数的普通股股东的利益,那么普通股股东是否可以援用信义原则以获得保护?这个问题与前述优先股股东易受侵害的问题一样,都是在公司业绩差的情况下才会出现的。此时,公司没有足够的资产可供分配,私募投资者与企业家利益存在严重冲突。私募投资者拥有控制权,为保证其投资回报,通常会采用以下两种方式并可能导致矛盾尖锐化:一是行使回售选择权,要求公司回赎其股票。二是利用其对董事会和投票权的控制,强行批准将企业出售给第三方。随后,私募投资者会在并购中抛弃企业家,要求优先获得并购资金的分配。而如果优先股合同中有明文规定,法院没有理由阻止此类交易。因为私募投资者在某种条件触发后要求出售企业,是企业家在最初将企业控制权出售给私募投资者以换取所需资本并期待 IPO 回报时完全可以预见到的后果。

事实上,20 世纪早期,为缓解经济困境,降低优先股固定收益索取权对公司整体发展造成的阻碍作用,美国许多州的公司法放弃了优先股股东合同权利的"固有属性",允许公司依据多数同意原则修改公司章程。对于拥有优先股的公司而言,这意味着发行人公司有可能在非破产情况下强行批准针对优先股的决议。根据合同法,债权合同的变更必须经过双方一致同意方可实现,发行人单方不可能实现对合同条款的变更。事实上,如果某项承诺可以由承诺方单方修改,则该承诺将毫无价值。优先股股东的优先权尽管具有合同性,却嵌在发行人的公司章程之中。虽然美国公司法允许公司依据多数同意原则修改章程,但是不难想象,董事会与普通股股东会联合起来,进行对优先股股东不利的章程变更和资本重组,如强制转换、强制取消分红等,是否能够获得优先股的投票支

---

[1] In re Trados Inc. Shareholder Litigation, Civ. A. No.1512-CC, 2009 WL 2225958 (Del. Ch. July 24, 2009).

持根本不重要。

20世纪早期,法院大都认为合同法方法强调优先股的固定收益索取权会加剧冲突,放大优先股对公司整体发展的阻碍效应,而运用公司法进行调整则有助于促进障碍的消除。因此,当时的法院强调公司法处理方式的运用。这种处理方式的出发点是增加公司价值,主要目的在于限制优先股的合同权利,避免因优先股合同权利的行使过度分割公司资产,对公司发展产生阻碍。但是,这种处理方式导致了另外一种极端,优先股的法律状态成为一种怪异的混合体——不论优先股股东事先通过谈判获得了多少合同权利,最终都要为企业利益而让步。久而久之,这种处理方式逐渐受到质疑。由于这种方式产生了大量侵害优先股股东利益的案例,因此各州立法都作出了改变。现在,特拉华州和其他州的法律都规定,如果章程修改变更了某一特定类别股份的"权力、优先权或特定权利",则必须获得该类别股东的多数同意。强制类别投票规则为单方修改章程设置了一票否决机制。

或许是由于既往法院排除优先股股东合同保护受到了严重质疑,在In re Trados Inc. Shareholder Litigation案(以下简称"Trados案")[1]中,情况则相反,是优先股股东控制了公司和董事会,而特拉华州衡平法院却另辟蹊径,选择了公司法的处理方式,并进行了对普通股有利的信义原则审查。该法院甚至打破了先例中的惯常做法:不仅禁止多数股东利用其控制权进行自我交易,还将董事会偏向于私募投资者的行为视为自我交易,从而加大了信义原则的规制力度。

Trados公司是一家软件服务公司,多年努力尝试IPO却未成功。在此过程中,Trados公司通过多轮融资,引入了几拨风险投资者,并发行了几个系列的优先股给私募投资者。在几轮融资过后,Trados公司控制权已由优先股股东掌握,优先股股东占据七个董事会席位中的四个,另外三个席位中两个由高管占有,一个是独立董事。时值21世纪初的互联网泡沫崩盘,Trados公司经营陷入困境,掌握控制权的优先股股东在意识到投资将难以获得回报后失去了耐心,

---

[1] In re Trados Inc. Shareholder Litigation, Civ. A. No.1512-CC, 2009 WL 2225958 (Del. Ch. July 24, 2009).

决定将公司出售。优先股股东聘请了一位新的首席执行官(CEO)协助出售公司,并获得了一项 4000 万美元的收购要约。但是,董事会认为该要约报价过低,未予接受。其后,根据外部顾问的建议,董事会设计了一项管理层激励计划,允许三位高管分享并购收益,以此激励管理人员努力改善公司业绩。结果是,在一年内 Trados 公司运营成本降低,获得了债权融资,且运营得到极大好转。Trados 公司再次谋求出售,董事会批准了一项对价为 6000 万美元的出售计划。根据管理层激励计划,其中 780 万美元被分配给管理层,剩余资金全部分配给优先股股东,普通股股东一无所获。公司章程规定并购应被视为清算,而优先股的优先清算权为 5790 万美元,因此即使优先股股东获得了全部剩余并购资金,也未得到全部偿付。

随后,一位普通股股东以董事会违反信义义务为由提起诉讼。原告诉称,被告董事会违反了其对普通股股东的信义义务,当时公司"资金充足,可盈利,而且能够达到利润目标","没有必要出售公司",而且如果董事会可以继续等待,普通股也会获得收益。原告还认为,普通股股东受到信义义务保护,但是董事会未能考虑普通股股东的利益。

法院认为,优先股股东任命的董事在交易中享有利益,董事会中的两位高管董事也因高管激励计划而具有利害关系,因此应将该出售交易视为董事自我交易案。由于利害关系的存在,因此排除了商业判断规则的适用,被告需要举证证明董事会在交易中是公平且善意的。换言之,如果拥有控制权的优先股股东促使公司进行交易,在公司业绩较差的情况下实现了优先股的合同优先性权利,那么在普通股股东对此提起诉讼时,优先股股东控制的董事会批准交易的行为就会被视为自我交易行为。优先股的权利具有合同性,因此不会受到信义原则的保护;而普通股的权利则相反,受到公司法规则以及信义原则的保护。最终,法院判决原告胜诉。

"Trados 案"的典型之处在于,该案属于由优先股股东掌握公司控制权并对公司是否继续存续具有决定权的情况。特拉华州法院在"Warner 案"等判例中遵循的是严格合同解释原则,优先股股东所享有的权利须以合同中明确无误的约定为依据,不得推定任何对优先股股东有利而在合同中未明确的条款。"Trados 案"却将该立场转向另一端:在优先股股东掌握公司控制权的情况下,即使有明确的合同约定,当公司批准交易的皆是有利益冲突的董事时,对于董事批准交易行为也将进行实质公平标准下的信义义务审查。[1]

"Trados案"受到的最大质疑就在于,该处理方式破坏了优先股股东与普通股股东已经通过合同约定好的风险分配。企业创始股东(普通股股东)放弃对企业的控制权,是在公平交易的前提下为获得投资而主动作出的选择。私募投资对所有参与人而言都是一项高风险、高回报的投资,所以交易结构的设计通常都允许私募投资者从所投资企业收回投资并重新投资于其他地方或其他人,不能期待私募投资者会保持无限的耐心——私募投资者也有自己的投资人,处在竞争性市场,也有产生投资回报的压力。优先股股东享有高级索取权(senior claim),不愿意从事过高风险项目;而普通股股东作为剩余索取权人,愿意以高风险换取高收益。这种要么全有要么全无的治理模式,会对企业家构成很大的激励,但这两种激励差异可能导致诸如"Trados案"中的状况。

法院坚持对普通股股东有利的结果,意味着优先股股东如不放弃一些约定利益给普通股股东,则即使拥有控制权也无法完成一项价值最大化的出售,并将难以实现其投资收回。这样,不仅无视先前合同谈判中达成的风险分配,破坏已有的谈判结果,使普通股股东获得无理讨价的机会,也阻断了当事人未来在商业谈判中通过合同约定摆脱此类公司法规则审查的可能性,到头来只会增加通过优先股进行私募投资的成本;依据市场规律,该成本最终仍将转移至融资企业。

因此,针对有利害关系的董事——由优先股股东任命的董事批准交易的行为,不应该进行实质公平标准下的信义义务审查,而应将该信义义务审查限定于善意标准范围内。如果普通股股东无法证明董事和优先股股东利用其控制权恶意损害公司价值,则不应获得信义义务保护。

"Trados案"后,NVCA修改了其股东协议模版,以期帮助优先股股东控制的董事会在推动交易时,投票批准并购的"自我交易"的董事能够摆脱"Trados案"的束缚。NVCA采取的方式是,由发行人公司向股东作出承诺,依据该承

---

[1] See William W. Bratton & Michael L. Wachter, A Theory of Preferred Stock, *University of Pennsylvania Law Review*, Vol. 161, No. 7, 2013, pp. 1815, 1894.

诺,达到约定比例阈值的股东可以要求公司出售。模版起草人列出了公司完成交易所需进行的一系列流程。一旦出售工作启动,就会触发公司层面的、依合同约定的推动交易义务。理论上,采取这些合同约定措施不应被视为"自我交易"。如果发生未通过批准的情况,协议模版约定了回赎私募投资者所持优先股的条款,回赎价格等同于假设交易未被拒绝时私募投资者所持优先股可获得的收益。其背后的原理是:要么经过董事会同意出售公司,或者,如果出售公司失败,通过自动回赎条款替代董事会批准。这种设计足够聪明,却也足够繁复,但并未解决"Trados案"中的问题。期望用于代替并购的回赎权毕竟不是并购,因为如果拿不到并购方支付的并购款,标的公司也很难拿出足够的资金用于回赎优先股。其后果是,导致私募投资合同更加繁复、晦涩、冗长,而且即便如此,也难以保证能够真正避开公司法规则审查,为创业企业与私募投资者的融资交易平添了诸多不确定性。

第三节 对优先股股东适用信义义务保护的必要性与适用标准

一、对优先股股东适用信义义务保护的必要性

优先股虽通过合同创制,其权利却被嵌在公司章程中。与普通合同不同,公司章程可通过资本民主制即多数决的形式进行修改。普通股股东通常在公司的股权架构中拥有多数表决权,这意味着普通股股东可不经优先股股东的同意修改公司章程。因此,各国法律中一般都规定类别股投票权制度。但是,基于立法技术的限制,概括性条款在确定表决事项范围时存在模糊的弊端,而列举式立法模式又总是陷入对特定事项是否应归入类别表决事项的争议,导致类别股投票权范围与内容难以界定。[1] 另外,类别表决权制度也很容易规避。例如,为取消优先股累积未付分红或变更其优先性权利,公司可避开章程修订方式,通过设立全资子公司并与子公司合并后注销原母公司的方式,轻松实现

---

〔1〕 参见郭青青:《优先股股东与普通股股东间的信义义务取舍》,载《河北法学》2015年第11期。

对优先股股东利益的剥夺。

一方面,优先股合同具有长期性,缔约双方无法预见合同订立后的所有情况并事先予以约定。这为公司法强制性规则的确立创造了空间。事实上,相对于复杂的债权合同(如银行贷款合同或公司债券合同),公司章程或股权凭证上有关优先股的条款通常比较简单,而以信义原则为代表的公司法强制性规则可以作为一种针对合同漏洞的事后弥补和制衡机制,约束机会主义以及章程的事后修订行为。"信义原则是对公司合同予以细致规定和进行额外监督的替代解决方案。它以阻吓作用替代了事先监督,这正如同因为刑法为抢劫犯罪行为悬起了达摩克里斯之剑,所以银行没有必要对进入银行的每一个人都严加盘查。"[1]

另一方面,优先股股东与公司之间的关系超过了合同事项,理应处于公司法规制框架之下。董事与股东之间的冲突属于纵向利益冲突,一般诉诸信义义务制度进行调整。优先股股东与董事的利益冲突,实质上是优先股股东与普通股股东的利益冲突,因此普通股股东对优先股股东也应承担限定的信义义务。[2] 信义义务是公司法上的强制性规则,不允许通过合同排除。[3] 根据美国学者戈登提出的投资者保护假说[4],信义义务源于对合同信息不对称的补救。优先股股东通常让渡了对公司的管理决策权,对公司的经营事务持不干涉态度,[5] 属

---

〔1〕〔美〕弗兰克·伊斯特布鲁克、丹尼尔·费希尔:《公司法的经济结构》(中译本第2版),罗培新、张建伟译,北京大学出版社 2014 年版,第 92 页。

〔2〕See Charles R. Korsmo, Venture Capital and Preferred Stock, *Brooklyn Law Review*, Vol. 78, No. 4, 2013, p. 1207.

〔3〕即使在美国特拉华州这样高度尊重合同自由的区域也是如此,强调董事忠诚义务乃公司法少数的强制性规则之一。See Frank H. Easterbrook & Daniel R. Fischel, *Columbia Law Review*, Vol. 89, No. 7, 1989, pp. 1416-1417. 同时,公司法上的信义义务是强制性的,禁止采合同方式对其进行变更。在美国特拉华州法律中,注意义务可为公司章程所减免。see Jesse M. Fried & Mira Ganor, Agency Costs of Venture Capitalist Control in Startups, *New York University Law Review*, Vol. 81, No. 3, 2006, pp. 1417-1418; Del. Code Ann. tit. 8, § 102(b)(7)(West 2011).

〔4〕See Jeffrey N. Gordon, The Mandatory Structure of Corporate Law, *Columbia Law Review*, Vol. 89, No. 7, 1989, pp. 1549-1555.

〔5〕See Victor Brudney, Standards of Fairness and the Limits of Preferred Stock Modifications, *Rutgers Law Review*, Vol. 26, No. 3, 1973, p. 459.

于信息不足的股东。与此同时,对优先股的定价可能并未反映信息不足所带来的风险,因此应为优先股股东提供信义义务保护。[1]

有学者认为,即便在合同规定不完善的情形下,优先股股东也能受到合同法中诚实信用等原则的保护,而无须公司法之信义原则的介入。如米切尔强调指出,信义义务作为公司法的保护手段,是基于权力差异的现实而存在的。在存在明显权力差异的情况下,若一方被授予优于另一方的权力,另一方就会受到权力持有方的支配,并因此而易受侵害。毕竟一旦此种关系确立,权力持有方就获得自治(支配)权。[2] 权力持有方在行使权力时,应对被支配方负有忠诚义务。有时,受托人甚至会被要求为了委托人的利益而作出自我牺牲。正是基于此种忠诚期待,被支配方才肯向其让渡权力。因此,信义原则的标准高于合同法领域的帝王原则即诚实信用原则。合同法中的诚实信用原则系用于弥补合同语言的模糊和不确定性,主旨在于尊重当事人的意思自治,因此应强调分析合同条款的原文原意,还原当事人在签订合同时的本意,以确保合同得到不多不少地执行。信义原则在此意义上则与意思自治存在差别,其义务来源于权力差异,目的是防止权力持有方(受托人)机会主义地利用条款的模糊性、歧义或疏漏,剥夺对方的正当合同期待。[3] 因此,在对优先股合同条款产生争议时,无法单纯借助诚实信用原则来解释合同,裁判目光不能停留在纯粹的合同法领域,需要借助公司法方式——信义原则对没有控制权且易受侵害的一方进行保护。[4]

在 HB Korenvaes Investments, L. P. v. Marriott Corp. 案中,艾伦法官曾指出,如果缺乏合同性权利,将导致"优先股股东在面对董事时暴露于一种易受损害的境地",故董事应向优先股股东负有忠诚和谨慎义务,因为"优先股股东并非公司债权人,无权按年或定期获得利息收益,而且优先股无到期日,无法预

---

[1] See Jeffrey S. Stamler, Arrearage Elimination and the Preferred Stock Contract: A Survey and a Proposal for Reform, *Cardozo Law Review*, Vol. 9, 1988, p. 1341.

[2] See Lawrence E. Mitchell, The Puzzling Paradox of Preferred Stock (And Why We Should Care About It), *The Business Lawyer*, Vol. 51, No. 2, 1996, pp. 443, 457-458.

[3] See Timothy J. Muris, Opportunistic Behavior and the Law of Contracts, *Minnesota Law Review*, Vol. 65, No. 4, 1981, p. 553.

[4] See Lawrence E. Mitchell, The Death of Fiduciary Duty in Close Corporations, *University of Pennsylvania Law Review*, Vol. 138, No. 6, 1990, pp. 457-458.

期回收投资并获得违约救济"。米切尔对该案判决赞许有加:"信义义务本质是认为基于权力差异存在而产生的,确保被支配方在让渡其权力给权力持有方时有把握认定权力持有方会受到限制且自身会获得保障。基于优先股的特征及其易受损害的性质,优先股股东的投资被永久置于董事会控制下,受到董事会决策支配,同时董事会具有谋求普通股股东利益最大化的倾向,难以期待其对优先股股东提供足够的保护,这提供了强有力的理由——董事会应该向优先股股东负有信义义务。"[1]

二、对优先股股东适用信义义务保护的适用标准

(一)对优先股股东的保护应以合同路径为主轴

优先股权利内容包括经营阶段的董事选举权、决策权与一票否决权,利润分配阶段的分红优先权,以及投资活动尾端的股权回赎权与清算优先权。这既是对传统公司科层结构的"叛离"与革新,也是对以"公司"为名的固定化的默认合同条款群的"选出"与替换。因此,优先股股东应通过合同方式保护自己,密切注意合同,不要对公司法下的信义义务寄予太大希望。

在前文所列的几个案例中,法院基本倾向于以优先股合同作为优先股股东权利保护的主要依据,因此,对于优先股股东的优先性权利,如果合同未约定,寻求公司法提供的额外保护并不容易。这不仅因为对公司章程的解释权属于公司董事,乃公司董事之职责范围,还意味着董事对于优先股股东权利的解释等同于在为其自身信义义务范围进行设定。同时,法院对此也有着倾向性的态度:当优先股股东的优先权利与普通股股东的利益发生冲突时,董事也可以为追求公司利益、普通股股东利益而牺牲优先股股东的利益。但是,当优先股股东控制董事会时,法院更是强化信义义务审查,以多数股东利用控制权侵害少数股东利益情况下的信义义务为由,对公司普通股东利益进行救助。公司利益、普通股股东的利益似乎总是压倒性的。[2] 优先股股东权利保护更多只是获得名义上适用信义义

---

[1] Lawrence E. Mitchell, The Puzzling Paradox of Preferred Stock (And Why We Should Care About It), *The Business Lawyer*, Vol. 51, No. 2, 1996, pp. 443, 457-458.

[2] See Eisenberg v. Chicago Milwaukee Corp., 537 A. 2d 1051, 1062 (Del. Ch. 1987).

务的空间,事实上仍然无法基于股东身份获得公司法保护。

美国法院的处理方式自有其逻辑。公司是一个利益联合体,不仅涉及股东,还涉及债权人、雇员等,具有公共性。相对于优先股股东这类取回出资、确保收益的要求,法院天然地更加关注公司发展利益,希望公司不倒闭和正常经营。这就导致了法院对普通股股东的照顾:优先股股东在股利及剩余财产方面都拥有先取权,不承担公司的最终经营风险;而普通股股东是公司的剩余索取权人,其利益与公司利益相契合,同在一个"战壕"里。

如今的优先股投资者队伍的资质与以往不可同日而语。在早期融资实践中,购买优先股的一般是自然人或者普通企业,在获取信息、谈判等方面处于劣势地位。优先股在 20 世纪 80 年代重新流行后,成为风险投资公司投资高风险、处于前沿的创业企业的首选工具。风险投资公司已不是普通意义上的投资者,风险投资合同也不是一般意义上的合同。风险投资人往往通过老练的投资家、资深律师、专业化的企业家等与被投资的企业达成分配控制、分享收益的投资合同,具有很高的合同签订技术和谈判磋商能力,往往能制订出有利于自身的合同条款,属于证券监管中所谓的"精明的投资者"(sophisticated investor),他们的优先股权利是否需要合同以外的额外保护是大可置疑的。[1]

事实上,公司信义义务保护路径同样有可能导致优先股股东权利的不当扩展,违背既定的商业安排。在布鲁德尼看来,"优先性权利""普通股权"这些用语都是抽象概念,需要结合个案情况进行解释。优先股股东与普通股股东之间安排的实质在于,优先股获得对资产分配的优先性权利,但是权利仅限于此;而普通股股东则获得剩余索取权及控制权。因此,典型的优先股合同对于收益与投票权分配都会有明确约定。在此情况下,优先股股东更加类似于债券持有人,而非公司所有人。优先股合同中未约定的权利应被视为优先股股东与普通股股东可以平等享有(share equally),利用传统的信义原则限制普通股股东的机会主义行为,与双方之间签订的合同相悖。[2] 班布里奇同样指出,对于优先

---

[1] 参见刘燕:《对赌协议与公司法资本管制:美国实践及其启示》,载《环球法律评论》2016 年第 3 期。

[2] See Victor Brudney, Contract and Fiduciary Duty in Corporate Law, *Boston College Law Review*, Vol. 38, No. 4, 1997, p. 622.

股的非优先权利,由于公平具有不可衡量的属性,因此将有可能给予其高于约定优先性权利的权利,导致相当怪异的结果。"Jedwab 案"貌似合理,实际上经不起推敲。[1]

也有学者认为,以上观点都没有触及优先股股东权利保护的根本问题,即董事会是否有权将优先股股东的资产占为己有或者将优先股股东的资产转移给普通股股东。[2]

(二) 尊重董事会判断,信义义务审查标准以程序性问题为核心

首先,优先股优先性权利的合同属性不可忽视,因此优先股股东权利的判定和保护,应以合同约定为主,优先股股东不得主张与合同不相符的权利。在合同约定之外,为防止优先股股东受到普通股股东及其所控制的董事会利用公司权力进行的利益剥夺,同样有必要通过公司法技术和信义义务进行调整,根本问题是优先股股东不应承担正常商业风险之外的机会主义损失。然而,"信义义务""普通权利""公平分配"都是高度抽象的概念,需要在个案中进行具体分析,这就使得"Jedwab 规则"的适用存在相当大的不确定性。在美国,在普通股股东和优先股股东存在利益冲突的情形下,无论是优先股股东的特别权利还是其普通权利,都可能处于一个较为劣势的地位。

优先股股东的处境多少有些两难:优先股是股份,公司无须向优先股股东返还出资本金,这为董事会在博取公司价值最大化的过程中提供了一项资金来源。但是,由于优先股股东的收益主要来自固定的分红,他们在董事会的公司价值最大化活动中受益有限,最大的受益人是普通股股东,因此董事会勇于博取公司利益最大化给优先股股东带来了更多的风险。优先股股东选择投资优先股,而非其他投资工具,说明其已知悉此风险,并将承担此风险的成本内化于公司分红的回报率。然而,这不意味着董事会可以为了普通股股东利益而将公

---

[1] See Stephen M. Bainbridge, Fiduciary Duties and Preferred Stockholders, http://www.professorbainbridge.com/professorbainbridgecom/2009/08/fiduciary-duties-and-preferred-stockholders.html, last visited on June 16th, 2020.

[2] See Charles R. Korsmo, Venture Capital and Preferred Stock, *Brooklyn Law Review*, Vol. 78, No. 4, 2013, pp. 1163-1177.

司资产从优先股股东转移给普通股股东,这不属于优先股股东在投资缔约之时应当预见的风险。换言之,可以认为优先股股东需承担使公司更有效地运作而重组所带来的风险,或为公司生存而放弃股息或赎回权的风险,但是不能认为董事会有权转让优先股股东的资产使普通股股东受益。在公司正常业务过程中产生的风险应由公司全体成员承担,但是仅仅转移财产而不增加价值就属于"盗窃"。董事会恶意剥夺优先股股东资产的行为不属于优先股股东应当承担的投资风险,要受到公司法之信义原则的规制。使优先股股东得到信义原则的保护,并不是要赋予优先股股东合同中未约定的权利,而是要避免因约定缺失而给董事或普通股股东以"盗窃"之机。运用信义原则保护优先股股东应被局限于特定情形之下,只有当优先股股东处于一个"风险巨大且脆弱的位置"时,法院才有可能适用信义义务的保护。

其次,优先股股东与普通股股东面临的是典型的零和博弈:一方收益的增加直接以对方受损为代价,这是一个"蛋糕"应怎么分的问题。而要在优先股股东与普通股股东之间进行公司利益的公平分配,意味着公司董事会不仅对普通股股东或公司负有信义义务,也对优先股股东负有信义义务,可二者实在难以兼顾。即便如此,美国法院将判断责任首先交给公司董事会。当普通股股东与优先股股东的利益不一致时,董事会具有自由裁量权,可以善意行事,其决策受到商业判断规则的保护。

商业判断准则也暗含着信义义务认定从实体到程序的转变,法官对董事会是否履行了信义义务的判断标准首先是董事会是否履行了规范的决策程序。形式层面的正当程序能保证优先股股东与普通股股东分配公司资产的公平性,可在一定程度上化解公平判断难题。如果程序性的评价被用尽,系争董事会决策的判断就进入实质层面,就会涉及对公平价格的计算,包括所有相关因素,如资产、市值、所得、前景以及影响公司股票内在价值的其他要素等,法院才会介入。[1]

在优先股股东权利的公平对待问题上,法官对董事会履行信义义务进行的司法审查主要包括三个要素:决策者的独立性、交易的公平性和安全港程序。

---

[1] 参见潘林:《优先股与普通股的利益分配——基于信义义务的制度方法》,载《法学研究》2019 年第 3 期。

以下主要讨论前两个要素：

第一，关于决策者的独立性。若决策者不符合独立性标准，就要推翻商业判断规则对董事决策的保护。对于决策者独立性的判断，通常结合职业关系、财务关系等情况综合考察。例如，若董事持有多数普通股，则一般不认为其在关涉普通股股东和优先股股东利益分配问题上具有独立性。

第二，对于交易的公平性，法官通常结合具体情境，对交易的商业链条进行整体审查。商事交易的发生、架构、谈判、披露、批准乃至发生时点都可能潜藏着董事的机会主义行为。〔1〕然而，如果决策机构具有独立性，则有安全港保护。例如，在"James案"〔2〕中，公司在与并购相对方谈判的过程中组成了独立董事特别委员会，并最终由该委员会确定优先股的并购对价。法院认为，在确定优先股股东是否受到公平对待时，独立董事的存在是一个重要的考量因素。独立董事的地位本身意味着其会在决策过程中以无利害关系的立场审慎考察整体决策的公平性。如果是由无利害关系的独立董事批准交易，就可以适用商业判断规则。此时，优先股股东无法直接推定交易不公，而应当证明作出决策的董事存在恶意。由独立董事进行谈判和决策，针对优先股股东的分配是否公平——无论是程序上还是内容上的证明义务就会由董事转移给了质疑的优先股股东。又如，"ThoughtWorks案"〔3〕是优先股股东经常面临的因公司缺乏资金而无法实现回赎权的一个典型情形。该案判决指出，除非公司手上有"现成的"现金或等价物，否则优先股股东无法立即实现回赎权。此规则的具体实现过程如下：法院尊重公司独立董事对于是否具备现成可用的现金进行的实质测试，并运用对董事作出此决定的程序的善意审查标准，考察优先股股东是否受到了不公平的对待。换言之，问题的关键不在于公司能否支付，而在于公司作出不能支付的决定时，优先股股东是否得到了程序性保护。〔4〕

---

〔1〕 参见潘林：《优先股与普通股的利益分配——基于信义义务的制度方法》，载《法学研究》2019年第3期。

〔2〕 LC Capital Master Fund, Ltd. v. James, 990 A. 2d 435 (Del. Ch. 2010).

〔3〕 SV Inv. Partners, LLC v. ThoughtWorks, Inc., 7 A. 3d 973, 976 (Del. Ch. 2010), aff'd, 37A. 3d 205 (Del. 2011).

〔4〕 参见刘燕：《对赌协议与公司法资本管制：美国实践及其启示》，载《环球法律评论》2016年第3期。

第三,特拉华州法院虽然从严格的合同解释转为肯定董事向优先股股东负有信义义务,但是法官非常不愿意自己去判断公司的某一商业决策是否合理,从对公司经营和资产进行实质判断转向对优先股股东采取程序性保护的发展路径,关注的是公司决策是否遵循了适当的程序。[1] 其原理在于,董事是公司成员利益冲突的协调者,是组成公司的各种合同的中心。[2] 商业判断准则是对复杂多变的商业环境的一种回应。而决策程序审查契合了商业决策的事后判断以及公司的组织体本质,为公司决策者提供了有效的保护。事实上,每一项商业决策都有其自身的特点,无法通过提前预见的前提对决策者课以履行具体义务的要求。商业决策是多种因素共同作用之后作出的决定,事后判断者如法官也无法确定决策者在作出此项决策时是否合理,更无法通过类似治疗方案等客观标准区分决策的好坏。[3] 同时,对商业决策的审查通常涉及公司应承担何种风险的抉择,对公司决策的程序性审查则可避免对商业冒险和企业家精神的抑制。[4] 此外,程序性审查也与公司社团性的本质相契合。"社团意志的特点在于程序,是由公司治理所确立的决策过程。"[5] 公司治理通过程序约束公司机关的权力行使。基于此,利益分配的困难会被规范的决策程序吸收,利益分配不公会被不当的程序暴露。[6]

需要指出的是,尽管法官在判断董事决策的实质性公平方面保持谦抑,但是并不意味着法官对于决策的实质公平性不作任何审查,利益分配程序实质上是一个证明责任分配的问题。例如,若通过计算可证明公司价值不会超过优先

---

[1] 参见〔美〕伯纳德·S.布莱克:《外部董事的核心信义义务》,载〔美〕弗兰克·H.伊斯特布鲁克等:《公司法的逻辑》,黄辉编译,法律出版社2016年版,第355页。

[2] See Stephen M. Bainbridge, Director Primacy: The Means and Ends of Corporate Governance, *Northwestern University Law Review*, Vol. 97, No. 2, 2003, p. 605.

[3] See Bayless Manning, The Business Judgement Rule and the Director's Duty of Attention: Time for Reality, *The Business Lawer*, Vol. 39, No. 4, 1984, pp. 1493-1494.

[4] See Melvin A. Eisenberg, The Duty of Care of Corporate Directors and Officers, *University of Pittsburgh Law Review*, Vol. 51, 1990, p. 965.

[5] 邓峰:《代议制的公司:中国公司治理中的权力和责任》,北京大学出版社2015年版,第168页。

[6] 参见潘林:《优先股与普通股的利益分配——基于信义义务的制度方法》,载《法学研究》2019年第3期。

股股东的优先清算权价值,则对公司进行清算就是公平的。若董事能够证明并购价格显著高于公司价值,公司即使不被并购也不会为普通股股东创造任何价值,即普通股在并购前已无法获得任何经济利益,则即使普通股股东的并购对价为零也是公平的。

交易的实质公平性或许可通过计算得出,但是仍不能无视程序在判断公司利益分配公平性中的核心地位。对于利益分配程序和利益分配计算的关系问题:第一,利益分配计算实质上是一个证明的问题,而只有先进行证明责任的分配,也就是先解决利益分配程序问题,才会涉及证明的问题。在优先股股东的权利保护问题中,通常先由认为自己受到不公对待的优先股股东证明董事的决策程序存在恶意,推翻董事商业判断规则对董事的保护。第二,由作出决策的董事证明自己尽到了信义义务,证明交易的实质公平性,公平地对待了优先股股东。第三,优先股股东若无法证明董事的决策程序存在恶意,仍可主张交易实质上的不公平性,但应承担证明交易不公的举证责任。总之,利益分配程序是董事决策公平性审查的核心,而利益分配计算在司法审查中的作用也不可忽视。例如,在"Trados案"中,虽然法院对董事会的独立性心存疑问,但被告董事会通过现金流折现法计算得出公司的现值低于并购价格,证明公司即使不参与并购也不会为普通股股东创造任何价值,故即使普通股并购对价为零也是公平的。从而确定并购交易的实质公平性,得到了法院的认可。[1] 法官不应对会计计算在判断交易实质公平性中的作用视而不见。会计计算是一个动态、开放的命题,能够判断交易的实质公平性,从而辅助对董事信义义务履行的分析,但并非所有案件中利益分配实质计算都有用武之地。能否通过计算分析和判断交易的实质公平性,受当事人举证能力的限制,也受特定争议性质、交易场景、行业特性、现有技术等的限制。不过,总体来说,法官仍应对通过会计计算判断交易的实质公平性持开放的态度。[2]

优先股安排以合同关系建立为手段,以组织关系调整为目的,兼具组织权利与合同权利的再分配特征,其行使机制与规制框架体现了组织法规范与合同

―――――――――――

〔1〕 In re Trados Inc. Shareholder Litigation, 73A. 3d 17(Del. Ch. 2013).
〔2〕 参见潘林:《优先股与普通股的利益分配——基于信义义务的制度方法》,载《法学研究》2019年第3期。

法规范的交叉与竞争。[1]通过合同安排,公司投资人将股权与债权的子权利束分离重组,调整其中财产性权能与治理性权能的偏重与组合,生成既有别于普通股又有别于债权的权利类型,完成基于缔约交换的再分配。从组织法角度看,该过程贯穿公司经营决策、盈利分配、破产清算全程,涉及普通股股东与优先股股东、优先股股东与债权人之间的利益冲突与权力(权利)竞合,体现公司经营权与收益权的洗牌与重构,对公司治理提出全新需求与全新路径。

总之,优先股股东权利横跨合同法与公司法两大领域的特性,导致司法态度的摇摆和迟疑。优先股法律规制的核心问题就是"优先权利的行使落入合同范畴还是公司范畴"[2]。特拉华州法院一方面倾向于合同法规制,将优先性权利完全限于合同约定范围内,并对合同进行严格解释;另一方面也希望通过公司法之信义原则进行调整,"在合同救济与信义义务之间小心翼翼地寻求平衡点"[3]。基于优先股股东权利的复合性,对优先股股东权利的保护不能绝对化。一方面,应当肯定董事负有对优先股股东的信义义务,应当公平对待优先股股东;另一方面,对于公平的判断,法院要持谨慎的态度。法律公正的前提在于区分事实和法律适用。比如,优先股发行对象是机构或专业投资者,比一般公众投资者受到更多的保护;对公司遇到暂时经营困难的处理不同于濒临破产,后者股东更易发动机会主义行为。特拉华州法院最初不成熟地对公司经营和资产进行实质判断的方式,后转为以程序判断代替实质判断,着重审查董事会及管理层在决策中的程序正当性以及是否存在恶意与欺诈故意。司法目光的确应当在公司法和合同法之间"流连",根据不同情况灵活适用法律规则,采取不同救济手段平衡当事人之间的利益,维护优先股股东的合理期待。

---

[1] 参见潘林:《优先股与普通股的利益分配——基于信义义务的制度方法》,载《法学研究》2019年第3期。

[2] William W. Bratton & Michael L. Wachter, A Theory of Preferred Stock, University of Pennsylvania Law Review, Vol. 161, No. 7, 2013, p. 1820. 另参见〔美〕罗伯特·考特、托马斯·尤伦:《法和经济学》(第六版),史晋川、董雪兵等译,格致出版社、上海三联书店、上海人民出版社2012年版,第276页。

[3] 楼建波、马吾叶:《优先股与普通股股东之间利益冲突的处理原则——美国司法实践的演进及其启示》,载《证券法苑》(第十六卷),法律出版社2016年版,第3页。

第七章
中国优先股股东权利保护制度发展状况与完善

　　中国优先股的发展肇始于20世纪90年代初公司制度的建立阶段。有关优先股制度的规范最早见于深圳和上海两个经济发达地区自行发布的有关地方政府规章。深圳市政府于1992年颁布《深圳市股份有限公司暂行规定》,该规定第51条明确指出公司可以发行普通股和优先股;上海市政府于1992年颁布《上海市股份有限公司暂行规定》,该规定第36条规定,公司的股份可以分为普通股和优先股。1992年5月,国家体改委发布《股份有限公司规范意见》,正式规定"公司设置普通股,并可设置优先股"。这三个规范被视为中国优先股制度的开创性文件,带动了早期中国证券市场优先股的实践。在上述文件颁布后,深圳发展银行、深圳万科股份有限公司、衡阳飞龙实业股份有限公司、杭州天目山药业股份有限公司等发行了优先股,成为中国最早公开发行的优先股样态。

　　但是,在经历了极短暂的发展之后,1993年通过的《公司法》中只字未提优先股,使得优先股的法律基础缺失,丧失发展空间。此后,公开市场上原有的优先股不得不遗憾退场,纷纷转换为普通股,从此销声匿迹。2005年《公司法》修订后,在有限责任公司股东分取红利、投票表决权,股份有限公司同种类股份具有同等权利、股息分配等方面,都保留了公司章程另行规定的空间,同时授予国务院规定其他种类股份发行的权力。学界一直认为这是为优先股制度发展留出了余地。2005年11月,国家发展改革委等多部委联合出台《创业投资企业管理暂行办法》,其中第15条明确规定,创业投资企业在与被投资企业签订的投资协议中可以股权和优先股、可转换优先股等准股权方式对未上市企业进行投资。这是以部门规章形式公开提出优先股和可转换优先股可用于创业投资企业,但是其中对优先股的定位采用了"准股权"的用语,且没有对优先股所涉的具体优先性权利内容作进一步的安排。因此,可以说,在这一阶段,中国相关法律法规对优先股的立法供给仍然不足,难以满足实践需求。在早期创业企业融资实践中,确实出现了优先股及优先性权利的身影,相关操作大多借鉴国外创业企业私募融资实践中的游戏规则,通过投融资双方的协议自行约定股权投资工具中所附带的条款。但是,由于相关法律法规没有作出示范性、引导性的规定,导致投融资、司法实践中对创业企业优先股的法律适用模糊、混乱,在股权回购安排及对赌现金补偿等问题上产生了诸多争议,造成了相当大的困境。

第一节 公众公司优先股股东权利保护制度发展状况

一、优先股试点的实施

2013年11月30日,国务院发布《国务院关于开展优先股试点的指导意见》。2014年3月21日,证监会发布《优先股试点管理办法》(以下简称《试点办法》),正式启动优先股试点实践。至2019年12月下旬,共有75家公司发布了优先股发行预案,其中37家为A股上市公司,38家为新三板挂牌公司(非上市公众公司)。在37家发行优先股的A股上市公司中,20家为银行,其余17家为非银行类企业,包括基建类、能源类等企业。在38家发行或拟发行优先股的新三板挂牌公司中,除齐鲁银行外,其余37家均为非银行类企业。

表 7-1　上市公司优先股发行情况统计表[1]

发行人类型	公司名称	股息率	可累积股息	股东回售条款	发行人回赎条款	参与分配条款	转换条款
银行	兴业银行	浮动,每年调整	否	否	是	否	是
	浦发银行	浮动,每5年调整	否	否	是	否	是
	中国银行	固定	否	否	是	否	是
	农业银行	浮动,每5年调整	否	否	是	否	是
	平安银行	固定	否	否	是	否	是
	工商银行	浮动	否	否	是	否	是
	宁波银行	浮动	否	否	是	否	是
	光大银行	浮动	否	否	是	否	是
	民生银行	浮动	否	否	是	否	是
	中信银行	浮动	否	否	是	否	是
	北京银行	浮动	否	否	是	否	是
	建设银行	浮动	否	否	是	否	是
	华夏银行	浮动,每5年调整	否	否	是	否	是
	交通银行	浮动,每5年调整	否	否	是	否	是
	南京银行	浮动,每5年调整	否	否	是	否	是
	江苏银行	浮动,每5年调整	否	否	是	否	是
	杭州银行	浮动,每5年调整	否	否	是	否	是
	招商银行	浮动,每5年调整	否	否	是	否	是
	上海银行	浮动,每5年调整	否	否	是	否	是
	贵阳银行	浮动,每5年调整	否	否	是	否	是
非银行企业	中国建筑	固定,附单次跳息	否	否	是	否	否
	康美药业	固定	否	否	是	否	否
	中原高速	固定	否	否	是	是	否
	中国电建	固定,附单次跳息	是	否	是	否	否
	晨鸣纸业	固定,附单次跳息	是	否	是	是	否
	中国交建	固定,附单次跳息	否	否	是	否	否
	北京城建	固定,附单次跳息	否	否	是	否	否
	蓝光发展	固定,附单次跳息	否	否	是	否	否
	安信信托	浮动,每5年调整	否	否	是	否	否
	阳泉煤业	固定,附单次跳息	是	否	是	否	否
	九州通	固定,附单次跳息	是	否	是	否	否
	牧原股份	固定,附单次跳息	否	否	是	否	否

[1]　该表系笔者根据上海证券交易所、深圳证券交易所网站刊载的相关上市公司公告信息统计整理而成。

(续表)

发行人类型	公司名称	股息率	可累积股息	股东回售条款	发行人回赎条款	参与分配条款	转换条款
非银行企业	易事特	固定,附单次跳息	否	否	是	是	否
	蒙草生态	固定,附单次跳息	是	否	是	否	否
	铁汉生态	固定,附单次跳息	是	否	是	否	否
	东方园林	固定,附单次跳息	是	否	是	否	否
	壹桥股份	固定,附单次跳息	是	否	是	否	否

表7-2 非上市公众公司优先股发行情况统计表[1]

发行人类型	公司名称	股息率	可累积股息	股东回售条款	发行人回赎条款	参与分配条款	转换条款
银行	齐鲁银行	浮动,每5年调整	否	否	是	否	否
非银行企业	钢泓科技	固定	是	是	是	否	否
	中视文化	固定	是	是	是	否	否
	肇庆动力	固定	是	是	是	否	否
	贝融股份	固定	是	是	是	否	否
	聚赛龙	固定	是	是	是	否	否
	晖速通信	固定	是	是	是	否	否
	时代电影	固定	是	是	是	否	否
	中导光电	固定	是	是	是	否	否
	亿丰洁净	固定	否	是	是	否	否
	红山河	固定	是	否	是	否	否
	高峰科特	固定	是	否	是	否	否
	勇辉生态	固定	是	否	是	否	否
	一滕股份	固定	是	否	是	否	否
	法福来	固定	是	否	是	否	否
	诚信小贷	浮动,每3年调整	是	否	是	否	否
	中国康富	浮动,每5年调整	是	否	是	否	否
	鑫庄农贷	浮动,每5年调整	是	否	是	否	否
	思考投资	浮动,每3年调整	是	否	是	否	否
	顺兴股份	固定	是	是	是	否	否
	晓鸣农牧	固定	是	是	是	否	否
	信友咨询	固定	是	是	是	否	否

[1] 该表系笔者根据全国中小企业股份转让系统网站相关挂牌公司公告信息统计整理而成。

（续表）

发行人类型	公司名称	股息率	可累积股息	股东回售条款	发行人回赎条款	参与分配条款	转换条款
非银行企业	绿宝石	固定	是	是	是	否	否
	南海网	固定	是	是	是	否	否
	海航饮品	固定	是	是	是	否	否
	安瑞升	固定	是	是	是	否	否
	裕丰威禾	固定	是	是	是	否	否
	海帝股份	固定	是	是	是	否	否
	新荣昌	固定	是	是	是	否	否
	云叶股份	固定	是	是	是	否	否
	通海绒业	固定	是	是	是	否	否
	鑫辉精密	固定	是	是	是	否	否
	紫丁香	固定	是	是	是	否	否
	美味源	固定	是	是	是	否	否
	纬而视	固定	是	是	是	否	否
	远东国兰	固定	是	是	是	否	否
	绿湖股份	固定	是	是	是	否	否
	润生堂	固定	是	是	是	否	否

根据规定，新三板挂牌公司被纳入非上市公众公司监管，采用股份有限公司形式，可向特定或不特定对象发行股票且投资者范围限于符合规定的合格投资者。[1] 与在沪深证券交易所上市的公司相比，非上市公众公司的规模普遍较小，盈利能力和业务状况相对弱于上市公司，由此产生的必然趋势就是融资需求强烈，融资能力较差。

通过分析表7-1、7-2中不同市场优先股发行条款的内容可知，上市公司优先股发行条款更有利于发行人，赋予投资者的优先性权利及选择权有限。比如，上市公司发行的优先股一般不予累积股息，通常也不得要求回售。相比较而言，如表7-3所示，非上市公众公司所发行的优先股则更具有"投资人友好型"特征，给予投资者的优先性权利幅度更大。这除了体现出非上市公众公司因融资难而不得不让渡更多利益于投资者的现实外，如下文所述，更深层次的原因在于我国证券监管在上市公司监管理念上的偏差以及上市公司投融资实践传

---

[1] 参见中国证监会《非上市公众公司监督管理办法》第2条、第4条及第54条。

统导致的价值导向失衡。

表 7-3　我国 A 股与新三板挂牌优先股类型[1]

我国 A 股挂牌优先股类型			我国新三板挂牌优先股类型		
类型	是	否	类型	是	否
是否累积	8	29	是否累积	36	2
参与利润分配	3	34	参与利润分配	0	38
可赎回	37	0	可赎回	38	0
可转换	17	20	可转换	1	37
回售条款	0	37	回售条款	30	8

从融资规模看，A 股挂牌优先股募资规模达到近 6300 亿元，其中各银行发行的优先股所募集资金额占约 93%的比例。[2] 无论从发行数量还是募资规模看，银行类企业均成为 A 股优先股融资的绝对主力。当前的市场实践实现了优先股发行作为银行类上市公司补充资本金的重要工具的预期作用。与 A 股相比，在新三板挂牌的非上市公众公司虽然在发行优先股上适用的条件更为宽松，但是囿于新三板市场流动性严重不足，这些公司在融资市场受到极大制约。至 2019 年 12 月下旬，已完成发行的优先股共计募集资金约 30 亿元，相较于 A 股挂牌优先股的募资规模，差距巨大。此外，根据全国中小企业股份转让系统网站提供的数据可知，自 2015 年起，曾提交发行优先股申请的公司超过 49 家，但是实际发行的仅 38 家。[3] 在 A 股市场，以桂冠电力和渤海租赁等为代表的上市公司在提交优先股发行申请后，由于各种原因而终止实施。[4]

下文将区分上市公司与非上市公众公司优先股发行现状进行分别讨论，重

---

[1] 本表格根据表 7-1、7-2 内容整理而成。
[2] 参见《优先股专题报告：五年 6000 亿的市场》，挖贝网，2019 年 2 月 22 日，http://www.wabei.cn/Home/News/43040，2020 年 10 月 8 日访问。
[3] 相关数据系笔者根据全国中小企业股份转让系统网站相关公司公告数据整理得出。
[4] 参见董昕：《上市公司优先股终止发行探析——以桂冠电力为例》，载《财会通讯》2019 年第 20 期。

点关注上市公司试点实践中呈现的主要问题及其揭示的深层次原因。

二、上市公司试点实践中呈现的主要问题及原因

(一) 上市公司试点实践中呈现的主要问题

对上市公司优先股发行情况统计表进行分析，可以发现上市公司优先股发行呈现出如下三个主要特点：

1. 全部采用非公开发行模式

在所有上市公司优先股发行方案中，各发行人全部采用了非公开发行模式。与公开发行面对所有公众投资者不同，非公开发行是在特定范围内采用特定方式向特定对象发行。根据《试点办法》的规定，符合条件的上市公司（如上证 50 指数成分股）可以公开发行，也可以非公开发行优先股。但是，非公开发行的优先股只能向合格投资者发行，并且每次发行对象被限制在 200 人以内。另外，根据《上海证券交易所优先股业务试点管理办法》和《深圳证券交易所优先股试点业务实施细则》的规定，非公开方式发行的优先股不能采用竞价交易的方式，只能申请在交易所指定平台转让或者根据相关规定协议转让。

2. 固定收益特征淡化，退出通道受阻，优先股蜕变成"无表决权的普通股"

优先股所涉权利设置通常包括如下方面：资产优先性权利安排、分红规定、投票权安排、回售与回赎安排、转换规定等。根据《试点办法》的规定，在我国优先股试点过程中发行的优先股都属于持有人优先于普通股股东分配公司利润和剩余财产但是参与公司决策管理等权利受限制的权利类型设计。这是对优先性权利基本架构的描述。除此之外，在分红、回售与回赎安排和转换等方面，可以进行不同的约定。通过对我国现有优先股的权利设计的梳理可以发现，当前上市公司所发行的优先股绝大多数为非强制付息且股息不可累积、可回赎不可回售的非参与优先股，而且根据《试点办法》的规定，非银行类企业优先股不可转换为普通股。

关于分红的特别规定是优先股区别于普通股的主要特征，也体现了优先股的固定收益属性。在成熟的优先股市场，如美国，其公开市场上最常见的分红

条款为固定股息率、可累积、非参与分红；[1]若优先股股东在任何一个财务期间内未能获得约定的分红，则有权要求公司在后续财务期间内补足；在优先股的累积分红权未获全部满足前，公司不得向普通股进行任何形式的分红。但是，优先股股东获得固定股息率分红后无权再参与普通股股东的分红。对投资人来说，优先分红权赋予优先股固定收益特征，提供了类似债券的回报属性，风险低于普通股，属稳健投资工具，具有吸引力。对发行人而言，累积分红权赋予其延期支付优先股股息的权利，而且不会产生违约责任。这是优先股融资相对于债权融资的现金流优势。[2] 作为一种权利平衡的设计，投融资双方各自让渡部分权益，以换取更加看重的另一种收益，各得其所，提升了优先股作为投资和融资工具的价值。然而，在我国当前的优先股实践中，支付股息的决定权掌握在发行人手中。优先股股息不可累积分红设计将导致优先股的固定收益特征被消除，相对于普通股的优势大幅减少，这将大大降低优先股对投资人的吸引力，影响优先股的活力与市场前景。

回赎与回售是优先股退出公司资本架构的两种途径。回赎条款赋予发行人要求购回优先股的权利。基于优先股的固定支付特征，发行人回赎优先股最重要的原因一般是降低财务成本，发行人有可能通过低成本的股票回赎高成本的股票，从而节省资金。发行人也可能出于税务考量，以债券替换优先股，从而将税收上不可扣除的费用（优先股股息）转换为可扣除的费用（债券利息），提高普通股的收益。[3] 相反，回售选择权赋予优先股股东在约定条件下强制发行人回购其股权并退出的权利。但是，对于发行人公司来说，优先股股东持有回售选择权，公司随时可能需要根据其回售要求向优先股股东支付现金，而这会导致公司资本架构的不稳定，并对公司的自由现金流产生威胁。截至目前，我国优先股发行人为避免回售权的行使造成现金流危机，全部选择设定发行人回赎权而拒绝回售条款。这样，与普通股一样，优先股作为资本投资与公司永续

---

〔1〕 See William W. Bratton, *Corporate Finance: Cases And Materials*, 7th Edition, Foundation Press, 2012, pp. 609-611.

〔2〕 See David Emanuel, A Theoretical Model for Valuing Preferred Stock, *The Journal of Finance*, Vol. 38, No. 4, 1983, pp. 1133-1155.

〔3〕 参见〔美〕弗兰克·J. 法博齐编著：《固定收益证券手册》（第六版），任若恩、李焰等译，中国人民大学出版社 2005 年版，第 306 页。

存在,只有在公司发行人主动选择回赎、清算或终止等情况下才能获得返还。[1] 这无疑会阻碍优先股股东自由退出公司,尤其在公司盈利状况变差的情况下变现退出投资的渠道。同时,非公开发行的优先股无法在公开市场以竞价交易转让,只能协议转让,拥有受让资格的也仅限于《试点办法》中规定的合格投资人,更加剧了优先股股东退出的难度。

固定收益期待无从实现,退出渠道不畅通,中国现有的优先股实际上已经退化为无表决权的普通股,丧失了其应有的优先性特征。这意味着投资人面对的道德风险大大增加,所获收益与所承担的风险无法匹配,难以发挥优先股对投资人的吸引力,也难以保证优先股作为一种新型金融工具在我国资本市场上形成一种持续的融资方式供给。

（二）上市公司试点实践中呈现的问题原因分析

商业银行作为受到严格监管的行业,选择发行优先股的主要动因在于应对监管需求。而非银行类企业优先股条款格式的成因则需要从规则导向、实践传统及深植于我国公司法领域的家长主义投资者保护理念等方面来探究。

1. 规则设定及实施导向产生偏差

对中国商业银行而言,引入优先股的最强动力来自资本监管要求。2010年发布的《巴塞尔协议Ⅲ》以及中国银监会2012年公布的《商业银行资本管理办法（试行）》,对商业银行资本构成以及资本充足率设定了严格的标准,[2] 同时提出可以采用优先股作为"其他一级资本工具"补充一级资本充足率。通过发行优先股来补充一级资本,可以避免大量发行普通股所造成的股权稀释效应及对股价的冲击,还可以利用股息支付区别于负债利息支出的非强制性特征避免现金流危机。[3] 但是,为满足"其他一级资本工具"的合格标准,银行优先股需

---

[1] See William W. Bratton, *Corporate Finance: Cases And Materials*, 7th Edition, Foundation Press, 2012, pp. 618-619.

[2] 参见杨海平、陈明:《当前中国商业银行发行优先股问题研究》,载《浙江金融》2014年第2期。

[3] 参见〔美〕本杰明·格雷厄姆、戴维·多德:《证券分析》（原书第6版）,徐彬、陈幸子、张宇等译,中国人民大学出版社2009年版,第176页。See also David Emanuel, A Theoretical Model for Valuing Preferred Stock, *The Journal of Finance*, Vol. 38, No. 4, 1983, pp. 1133-1155.

要具备足够的"损失吸收"能力。[1] 因此,2014年《中国银监会、中国证监会关于商业银行发行优先股补充一级资本的指导意见》中明确了商业银行发行优先股的具体规则:银行发行人需设置强制转股条款、银行有权取消股息支付以及非累积股息条款实现优先股的损失吸收功能;商业银行发行包含优先股强制转股条款的,应采取非公开方式发行。监管框架决定了银行优先股权利设置的基本思路,为满足对发行人的监管需求,牺牲了优先股股东的某些标准优先权利。

虽然非银行类企业没有强制性资本监管要求,但是也会选择极其类似银行优先股的安排(包括发行模式与条款选择),其原因主要在于以下三个方面:

第一,避开公开发行的严格监管要求。公开发行优先股的强制性规定较多,而非公开发行条款设计更灵活。《试点办法》对于公开发行优先股的条款作了严格规定,除发行主体范围限制外,还要求公开发行的优先股应采取固定股息率;在有可分配税后利润的情况下,必须向优先股股东分配股息;未向优先股股东足额派发股息的差额部分应当累积到下一会计年度;等等。这些倾向于保护投资人的规定,实非发行人利益所向,发行人自然要趋利避害,转而选择强制性规定较少的非公开发行方式。不得不说,这种实践效果是一种规则导向偏差。

第二,降低发行难度的考虑。作为发行优先股的先行者,拟发行人基于公司声誉或市场影响等考虑,必然希望发行顺利完成。相对于公开发行而言,非公开发行方式的影响范围较小,能够在可控范围内与潜在投资人接触并进行有针对性的协商,使发行结果可以预期,也符合监管机构谨慎放行的思路,更容易获得监管机构的批准。[2]

第三,形式化章程思维的延续。有学者指出,在我国公司实践中,不太重视公司章程的作用,公司章程往往被设置成形式化文件。为减轻审核压力,有的公司登记机关甚至会直接要求申请公司套用其提供的简单且千篇一律的章程范本,导致公司内部的制度结构"千人一面",没有针对自己公司的实际情况作出具体规定。[3] 优先股条款设置也延续了这种思维,发行人不愿因创新操作或个性条款

---

[1] 参见王胜邦、刘鹏、徐惊蛰:《商业银行优先股破题》,载《中国金融》2014年第10期。

[2] 参见杨洋:《非公开发行不应成为我国优先股发行的主要模式》,载《特区经济》2014年第8期。

[3] 参见梁胜、易琦:《境外优先股法律制度比较研究》,载《证券法苑》(第八卷),法律出版社2013年版,第426—445页。

的存在,导致发行受阻或在未来实践中遭遇障碍,因此惯于借鉴"先例",以确保发行顺利。

2. 投融资实践传统造就失衡的价值倾向

我国资本市场存在某种程度的投机价值取向,传统上融资活动一直以银行借款为主,[1]上市公司股权融资主要集中在首次公开发行之时,并不考虑持续的市场互动以及企业价值和股价的远景维护。投资者也习惯于利用股票买售之间的价差获取"投机"收益,而非真正着眼于公司增长潜力的"投资"价值。[2]投融资双方忽视对于股票市场良性互动的关注,而且对股票长期增值空间的考量和股权融资产品自身质量的评估过于随意,导致发行人在优先股权利架构设置中轻视权利平衡设计,惯于占据强势地位;而投资者亦习惯于屈从思维,接受现状。这种价值倾向在很大程度上造成了优先股发行条款的失衡。

3. 投资者保护理念错位

我国资本市场具有高度规制的特征,行政力量主导市场,而且在公司与证券监管领域历来秉承"法律先于公司"[3]的做法,存在家长主义立法趋势,倾向于利用强制性规则规制市场主体的行为,轻视或不信任投资者自身价值判断,希冀通过预定强制条款向投资者提供全方位的保护。长期以来的实践证明,这种方式已经产生"溺爱"效果,难以有效保护投资人,反而剥夺了投资人在实践中自行判断风险并培养风险防范意识及抵御能力的机会。对强制性规则及其产生的市场秩序的过分依赖,妨碍了投资人对投资目标真实情况的判断。另外,强制性规则属于事前的静态监管,难以应对实践中出现的各种复杂情况或创新安排,尤其难以抵御为规避已有规则而刻意设计的绕行操作方式,法律适用难题与司法调整弊端都无法避免。横向比较可以发现,公司法发达的国家(如美国)更多采用授权式规则,将监管重点放在事后审查与惩罚机制上,尊重资本市场固有的活力。而我国《试点办法》对于公开发行的优先股设定的各种强制性规则与权利要求,似有倒退之嫌。

---

[1] 参见邓峰:《普通公司法》,中国人民大学出版社2009年版,第93页。

[2] 参见魏现州:《论优先股股东的权利保护》,载《华中师范大学学报》(人文社会科学版)2011年第1期。

[3] 邓峰:《普通公司法》,中国人民大学出版社2009年版,第98页。

立法对优先股制度设置干预的核心问题在于如何恰当划定公司自治之边界。在优先股试点规则的界域内，还应注重公司参与方意思自治的发挥，只有在优先性权利种类的选择与权利设定上进行具体优化的合同安排，方能有效发挥优先股在股权结构多样化方面的优势。在这一点上，新三板市场中非公众公司优先股的实践表现更灵活和先进。

三、非上市公众公司优先股发行状况评价

相比上市公司优先股发行，非上市公众公司发行优先股的起步较晚。2016年3月23日，新三板挂牌公司中视文化发行优先股完成备案审查，成为新三板首只优先股。此后，新三板市场对优先股的热情高涨，更多非上市公众公司开始启动优先股发行计划。自中视文化成功发行，至2019年12月底，新三板市场共计有38家公司实施优先股发行。其中，除齐鲁银行作为商业银行乃基于资本充足率等监管压力而发行优先股外，其余37家企业均从企业运营资金需求角度出发进行优先股融资。非上市公众公司热衷于优先股融资的主要原因，除优先股自身所具有的不稀释原股东股权、固定收益以及可利用回赎条款便利退出等特征外，还与新三板市场走低、交投清淡导致公司难以通过定向增发普通股获取融资的现实困境有关。同时，这些原因的存在也促成了非上市公众公司优先股相对于上市公司所发行的优先股具有更加灵活、条款多样化的特征，有效改变了前文中上市公司优先股所体现出的条款雷同、灵活性丧失以及固定收益特征淡化且退出受阻等状况。

（一）固定收益特征强化——股息累积条款的运用

与上市公司优先股相比，非上市公众公司优先股中差别最明显的条款在于股息是否可累积以及优先股股东回售条款。在除齐鲁银行[1]以外的37家公司中，仅有亿丰洁净所发行的优先股为不可累积股息优先股，其余36家均规定其优先股股息可以累积。典型的累积股息条款为："优先股股东有权追索本次发行的优

---

[1] 齐鲁银行作为商业银行，发行优先股主要目的在于补充银行资本金，因此对该优先股条款的分析与前文相同。本部分讨论将暂时抛开齐鲁银行的个案，着重分析其他非银行类企业的优先股发行趋势。

先股的到期未付的股息及其孳息;如经公司股东大会审议决定优先股的股息部分或全部递延时,本次发行的优先股采取累积股息支付方式,即在之前年度未向优先股股东足额派发股息和孳息的差额部分,应累积到下一年度,逾期支付的股息应按月 2% 计算加付孳息,典型条款比如孳息按照'累计递延股息×2%×累计延迟支付月份'计算,孳息在递延期间不再重复计算孳息,下同。"[1] 累积股息安排强化了优先股的固定收益特征,也是优先股股东收益来源的主要部分。对于累积股息的性质,罗伯特·W.汉密尔顿的观点具有代表性:"未支付的累积股利不是公司的债务,而是对公司将来的分派所享有的持续的优先性权利。因为董事(由普通股股东选举)在愿意放弃普通股的股利的情况下可以无限期地延迟支付优先股的股利。"[2] 丧失累积股息权的优先股,固定收益特征蜕化,风险也随之增加,难以形成对投资者的吸引力。基于非公众公司融资能力较弱的特点,此类公司倾向于采用累积股息的方式增加融资吸引力。

(二)退出灵活性增加——股东回售条款的安排

在优先股股东回售权方面,我国上市公司全部无此安排,而非上市公众公司则存在两种不同的态度。在上述 38 家公司中,30 家公司规定其优先股股东具有回售权,而其余 8 家公司则规定优先股股东无回售权。典型的股东回售权条款为:"本次发行的优先股的赎回选择权为公司所有,即公司拥有赎回权。回售权归发行对象所有,发行对象在协议履行期限届满后,有权向公司回售其所持有的优先股。本次发行优先股赎回期及回售期为限售期满 5 年之日起,至全部赎回或回售之日止。优先股股东有权自限售期满 5 年之当日,要求公司按照本次发行所登记的股数一次性全部或部分赎回其所持有的优先股股票。"[3]

回赎与回售安排为发行人公司和优先股投资者提供了退出投资的途径,发

---

[1] 《福建钢泓金属科技股份有限公司〈非公开发行优先股预案〉(第二次修正案)》,http://pdf.dfcfw.com/pdf/H2_AN201701100256613130_01.pdf,2020 年 10 月 8 日访问。

[2] 〔美〕罗伯特·W.汉密尔顿:《公司法概要》,李存捧译,中国社会科学出版社 1998 年版,第 108—109 页。

[3] 《广东肇庆动力金属股份有限公司非公开发行优先股预案(修订版)》,http://pdf.dfcfw.com/pdf/H2_AN201611180110139706_01.pdf,2020 年 10 月 8 日访问。

行人公司可以基于对融资成本、股权架构调整（资本重组）等因素的考量进行回赎，而优先股股东则可以通过回售条款在其期待的时间内退出投资，回收投资资金。在现有优先股发行方案中，不论是上市公司还是非上市公众公司，均规定了公司拥有回赎权。但是，股东回售权的存在将导致公司资本结构不稳定。因为行使回售权的主动权在优先股股东手中，股东可在符合约定的条件下随时要求公司回赎优先股，使公司股权架构处于随时可能被改变的状态，而且有可能对公司现金流产生影响。此外，回售权使得优先股具有预先约定的到期日，导致其具有更明显的债权属性。考虑到这一点，在规定了股东回售权的优先股发行方案中，一般会同时说明："本次拟非公开发行的优先股，且优先股股东具有回售权，因此，在会计处理上将全部计入金融负债。"[1]会计处理与股权属性的差异更明显地体现出优先股兼具股权与债权属性的特点。为解决这种不一致所带来的矛盾，在此类具有回售权安排的优先股发行中，还会同时附带有关限售期条款。例如，中视文化的优先股限售期为5年，在该5年限售期内发行人与优先股股东均不可要求回赎或回售，以确保公司在限售期内的资本架构稳定。而在限售期满后，优先股股东可以行使回售权，如不行使，则发行人公司有权要求进行回赎。

限售期的规定可为公司预留足够的时间，公司可以在此期间内保证资本架构稳定和现金流安全，将融资款项用于业务扩展等，谋求进一步发展。此种安排虽将优先股属性推向债权一侧，但这正是基于优先股的灵活定制属性，体现了投融资各方可以根据自身实际需求设定融资工具安排及投融资条款的特点，充分发挥了优先股的作用。

我国公司领域长期以来始终处于单维普通股格局，因此不论是公司实践参与者的普通股股东、董事会还是司法裁判者，都习惯于以普通股作为标准对其他融资方式进行评判。但是，在现今金融创新的大趋势下，这种观念应该予以扭转和改变。优先股融资工具所具备的跨领域特征及灵活属性，能够更好地契合不同领域及不同发展阶段公司的融资需求。新三板市场中非上市公众公司

---

[1] 《海南中视文化传播股份有限公司优先股发行预案（修订版）》，http://pdf.dfcfw.com/pdf/H2_AN201611170106744577_01.pdf，2020年10月8日访问。

优先股的发行,生动地体现了这种融资需求与市场互动。

第二节　封闭公司优先股股东权利保护制度发展状况

2009年10月,中国启动创业板市场,标志着多层次资本市场建设推进的实质性脚步。此后,新三板市场的蓬勃发展、科创板设立并试行注册制以及2021年9月注册成立北京证券交易所等进一步表明,中国资本市场在努力实现多层次性和多样性;沪深主板市场主要为成熟的大中型企业服务,沪市科创板为具有硬科技特征的企业服务,深市创业板为高新技术企业、战略新兴产业企业服务;而北京证券交易所定位于服务创新型中小企业,为"更早、更小、更新"的企业提供融资渠道。多层次资本市场的建立主要着眼于便利企业利用股权融资等手段实现直接融资,但事实上,在多层次资本市场实现之前,中国已经存在私募融资等各种股权融资形式。尤其是20世纪末以及21世纪前十年,中国私募融资活动旺盛,各种风险投资基金及私募股权基金通过私募投资形式进入中国企业。但是,中国资本市场的典型特征并不属于对私募投资最具吸引力的样态。[1]那么,各种私募投资活动如何在此种不够成熟且流动性不高的市场环境中得以开展?

一、中国私募实践图景

(一)中国私募投资市场状况

中国传统融资体系以银行为中心,企业外部融资以银行借款为主。银行借款对于借款人资产、资信状况审查严格,并存在定期偿还本金及利息的要求。但是,早期的中国证券市场并不发达,股票市场类别单一且上市标准要求高,这些门槛对于中小型企业,尤其是处于创业早期阶段的创业企业而言,是难以逾越的障碍,由此导致典型的"融资难"现象。

改革开放以来,中国逐步确立了银行体系,成立了证券市场,现已发展出多

---

[1] 参见沈伟:《中国公司法真的能"孵化"私募投资吗?——一个基于比较法语境的法经济学分析》,载《当代法学》2014年第3期。

层次的资本市场。进入 21 世纪后,中国在金融领域更是取得了较大的发展,并且本土的市场环境和法律制度也发生了非常大的变化。从法律层面而言,2005 年《公司法》修订回归商法的本源,更加尊重当事人意思自治,减少了不合理的管制,重视公司章程的作用,扩大了股东通过公司章程或股东会决议作出决策的事项范围。2013 年《公司法》修正对公司法资本制度进行了重大变革,取消了最低资本限额,并将实缴资本制度改为认缴资本,是中国公司法从"资本信用"转向"资产信用"的一个重要转变。2019 年,全国人大常委会法制工作委员会正式启动《公司法》修改的具体工作,将公司资本制度改革和公司治理制度改革作为本次修订的重点,旨在提高公司制度供给质量,使中国公司制度在革新中能够紧跟市场及社会发展的步伐而保持其制度的先进性。

市场环境和法律环境的变化,吸引了越来越多的投资人关注中国资本市场以及中国企业的投资机会,尤其是在私募股权投资及风险投资领域。[1] 中国私募股权投资起始于 20 世纪 80 年代,[2] 从 2004 年开始进入高速稳定发展阶段。自 2008 年以来,中国已成为亚洲最大的私募股权投资市场。2005—2015 年,中国(含香港地区)市场总共募集资金 4300 亿美元,在亚洲私募股权基金中

---

[1] 私募股权基金在投资对象与募集方式上均体现出非公开性/私人性,是指以非公开方式向少数机构投资者或者个人募集资金,主要向未上市企业进行权益性投资,最终通过被投资企业上市、并购或者管理层回购等方式退出而获利的一种投资基金。参见邹菁:《私募股权基金的募集与运作:法律实务与案例》(第 4 版),法律出版社 2014 年版,第 3—7 页。风险投资者在中国所做的其实是私募基金或 Pre-IPO 基金所做的事情,投资的阶段太靠后。因此,有学者指出,在中国,风险投资(VC)和私募投资(PE)是不作区分的。参见贾铮:《合同理论视角下的对赌条款研究》,上海交通大学安泰经济与管理学院 2013 年博士学位论文,第 24—29 页。目前,学界对私募股权基金仅根据投资对象范围的不同而作类型上的区分,对其法律属性的认识上并无本质分歧。私募股权投资基金的概念应该界定为:以非公开发行的方式向具有特定资格的特定投资者募集设立的,主要从事未上市股权投资的一种集合理财方式,其组织形式可以采用合伙制、公司制或契约制,在形式上可以体现为创业型私募股权投资基金(即风险投资基金或创业风险投资基金)以及包含并购基金和产业投资基金在内的非创业型私募股权投资基金等。参见王荣芳:《私募股权投资基金监管法律问题研究》,中国政法大学出版社 2013 年版,第 23—25 页。

[2] 参见王荣芳:《私募股权投资基金监管法律问题研究》,中国政法大学出版社 2013 年版,第 45 页。

占绝对主导地位。[1] 从交易额上看,中国已成为仅次于美国的世界第二大私募市场。[2] 2015年,中国私募股权投资交易总额相比2014年增长170%,占据全球交易总额的48%,而同期全球交易总额仅增长18%。[3] 根据中国证券投资基金业协会(以下简称"基金业协会")最新发布的报告,[4] 截至2020年年末,中国境内存续的私募基金达96818只,管理资金规模达到16.96万亿元,私募基金已成长为我国资本市场上重要的机构投资者,成为直接融资体系的重要力量。截至2020年年末,私募股权投资基金为29402只,基金规模达9.87万亿元;私募股权投资基金在投案例55383个,在投本金6.26万亿元。已备案创业投资基金10398只,基金规模为1.69万亿元;创业投资基金在投案例43003个,在投本金9476.20亿元。在我国,私募股权投资基金与创业投资基金并未有实质性区分,二者皆以私募股权投资的方式主要投向中小企业、高新技术企业以及初创科技型企业,为推动国家创新发展战略、支持初创企业发展发挥了重要作用。

(二)私募制度环境

1. 私募股权投资

我国私募投资主要以股权投资模式进行,虽然所投资金成为企业的长期资本,无须定期还本付息,可以减轻创业企业在早期运营阶段的现金流压力,但是企业原股东(创始股东)需要让渡其对企业所占股权甚至控制权以换取融资。伯纳德·S.布莱克(Bernard S. Black)和吉尔森在其著名文章《风险投资与资

---

[1] 参见普华永道:《中国私募股权/风险投资基金2015年回顾与2016年展望》,https://www.pwccn.com/zh/private-equity/pe-china-review-mar 2016.pdf,2017年3月3日访问。

[2] 参见沈伟:《中国公司法真的能"孵化"私募投资吗?——一个基于比较法语境的法经济学分析》,载《当代法学》2014年第3期。

[3] 参见普华永道:《中国私募股权/风险投资基金2015年回顾与2016年展望》,https://www.pwccn.com/zh/private-equity/pe-china-review-mar2016.pdf,2017年9月6日访问。

[4] 相关报告情况请参见《2020年私募基金统计分析简报》,https://www.amac.org.cn/researchstatistics/report/zgsmjjhysjbg/202106/P020210625357218469626.pdf,2021年11月4日访问。

本市场结构：银行与股票市场的对比》中提出，企业创始股东之所以肯放弃控制权来换取股权投资者所提供的资金或资产，乃着眼于在企业实现经营成功并完成 IPO 后股权投资者退出，从而创始股东可以重获企业控制权。至于其他退出方式，如将企业出售或进行清算，都无法使创始股东重新获得对企业的控制权。[1] 进言之，退出渠道的畅通与便利，是股权融资尤其是私募股权融资获得良好发展的前提条件。私募股权融资已成为替代银行贷款和上市融资的另一种路径，但各国企业融资方式的选择与发展具有路径依赖特性。在习惯于银行借贷融资的中国，私募股权投融资并非从发展之初即获得广泛接受。

2. 中国私募投资的制度环境及实践发展

近些年来，学界开始关注私募投资领域中法律和金融所起的作用。一个重要的发现是，每个国家推动私募投资发展，尤其是风险投资市场发展的方式，都具有路径依赖性。各国的历史背景、意识形态以及人们的行为模式等，对于风险投资市场的发展都存在一定程度上的影响。风险投资行业的兴起关系到一个国家克服自身特有的金融、技术及企业文化等方面限制因素的能力，以及容纳适当的制度安排的能力。[2] 柯蒂斯·J. 米尔豪普特（Curtis J. Milhaupt）认为，一个成功的风险投资环境需要五种关键要素：大量的独立资本来源、流动性、激励因素、劳动力自由流动和风险承受能力。[3] 法律和金融政策可以对这五个要素产生影响，并最终影响风险投资市场的供给与需求。私募投资操作仰赖大量复杂烦冗的投资合同安排方可有效运作，因此尊重法律并在适当的法律制度环境中运行是私募投资发展的必经途径。

中国风险投资的初始发展可以追溯到 1985 年《中共中央关于科学技术体

---

[1] See Bernard S. Black & Ronald J. Gilson, Venture Capital and the Structure of Capital Markets: Banks Versus Stock Markets, *Journal of Financial Economics*, Vol. 47, No. 3, 1998, p. 245.

[2] See Bernard Guilhon & Sandra Montchaud, The Dynamics of Venture Capital Industry, *International Journal of Technology Management*, Vol. 34, No. 1/2, 2006, p. 148.

[3] See Curtis J. Milhaupt, The Market for Innovation in the United States and Japan: Venture Capital and the Comparative Corporate Governance Debate, *Northwestern University Law Review*, Vol. 91, No. 3, 1997, p. 874.

制改革的决定》,该决定中首次提出"对于变化迅速、风险较大的高技术开发工作,可以设立创业投资给以支持"。但是,从该决定作出到1997年十多年间,由于中国市场发展不够成熟,仅有少量境外风险投资机构在中国设立并从事投资活动,未形成规模。此后,从1997年开始,中国风险投资进入快速发展阶段。境外投资大量涌入,被投资企业主要为境内民营企业。但是,当时的法律监管处于类真空状态。为获得操作的准确依据并实现便利退出,许多被投资企业选择了"小红筹模式"操作,借助境外离岸公司作为平台进行资本重组并追求境外上市,鹰牌陶瓷、新浪等公司就是在这一时期实现上市的。[1]

大量境内企业绕过监管赴境外上市的状况,引发监管层的关注。监管层认为采用"小红筹模式"在境外上市属于对海外投资监管的规避,对此需要采取警惕态度。此后,针对此类私募投资及境外上市操作,监管层开始尝试通过法律制度予以规制。2000年,中国证监会发布《关于涉及境内权益的境外公司在境外发行股票和上市有关问题的通知》(已废止),要求拟通过红筹模式进行境外上市的境内公司先获得中国证监会的"无异议函"方可获得境外上市资格。在该通知生效后,中国证监会从未正式开具过"无异议函"。然而,该审批仍然成为境内企业境外上市的最大不确定因素,并导致一段时间内企业境外上市数量锐减。

2003年,中国证监会取消"无异议函"的要求,即取消对红筹上市的境内审查程序,自1999年年底由"裕兴事件"引发的"无异议函时代"随之宣告终结。[2] 随着境内审查程序的取消,红筹境外上市的数量和融资金额都有了明显的提升,并在2003—2004年达到历史峰值。其中,红筹境外上市公司2003年为48家,2004年为84家,[3]著名的盛大、蒙牛、携程、前程无忧等一大批民营公司都

---

〔1〕 鹰牌陶瓷采用的是典型的两头在外的"小红筹模式"。为规避国内有关网络信息服务禁止外资进入的规则,新浪采用了业内称为"可变利益实体"(VIE)模式。但是,这两种模式的区别仅在于是通过股权实现境内外权益连接,还是通过合同安排实现连接,在其他安排方面不存在实质差异。

〔2〕 参见李寿双:《中国式私募股权投资:基于中国法的本土化路径》,法律出版社2008年版,第7页。

〔3〕 参见《红筹上市重启》,新浪网,http://finance.sina.com.cn/stock/blank/hcsscq.shtml,2020年10月9日访问。

是在这一时期实现境外上市。

但是,这种状态并未持续长久,相关政策再次发生变化。为维持国际收支平衡并规范跨境资本流动,2005年,《国家外汇管理局关于完善外资并购外汇管理有关问题的通知》《国家外汇管理局关于境内居民个人境外投资登记及外资并购外汇登记有关问题的通知》两项通知规定,境内居民个人在境外设立公司和进行换股收购操作时,需要获得国家外汇管理局及商务部的批准,但没有详细规定批准的条件和流程。如此,能否获得批准就存在很大的不确定性,对于希望通过境外上市获得退出的私募股权基金构成障碍。许多筹备中的境外上市项目都选择暂停并观望,谁也不肯做"首个吃螃蟹的人",承担无法预见且无法及时应对的失败风险。整个中国私募投资领域在经历了2003—2004年的短暂高潮后,突然进入急停状态。

好在这种不确定状态并未持续太长时间。2005年10月,国家外汇管理局出台了著名的"75号文",即《国家外汇管理局关于境内居民通过境外特殊目的公司融资及返程投资外汇管理有关问题的通知》,废止了上述两项通知,并针对在境外离岸群岛设置"特殊目的公司"(Special Purpose Vehicle, SPV)的登记备案事项作了详细规定。作为"小红筹模式"起始步骤的特殊目的公司的设立从此有据可依,结束了不确定状态,私募投资活动得以继续开展。

在"75号文"扫清法律障碍后不久,2006年8月,对私募投资产生最重要影响的"10号令"出台——商务部、国资委、国家税务总局、国家工商总局、国家外汇管理局和证监会六部委联合发布《关于外国投资者并购境内企业的规定》,要求关联并购应报商务部审批,且红筹境外上市须经国务院证券监管机构批准。但是,事实上,监管部门根本不受理审批。自"10号令"发布后,未有任何一家境外上市交易依据该规定获得审批,几十家公司跨境收购申报被搁置,导致项目不得不搁浅。"10号令"导致境外上市大门再次面临关闭风险。随后,国家外汇管理局在2007年出台"106号文",即《关于印发〈国家外汇管理局关于境内居民通过境外特殊目的公司融资及返程投资外汇管理有关问题的通知〉操作规程的通知》,一改"75号文"中外汇登记的宽松做法,收紧境内居民办理外汇登记事宜,导致外汇登记举步维艰。由此,私募投资领域一贯采用的通过境外上市获得退出的方式障碍重重,充满各种挑战。从2000年到2007年,相关政策的反反复复反映了监管层对待私募投资及境外上市的基本态度，即严格控制跨境资本流动，防止资金外逃导致国际收支不平衡。

在后"10号令"时代，由于民营企业搭建红筹架构的路径被封堵，一些有志于境外上市而又未能彻底完成红筹架构的民营企业开始采用各种方式尝试规避上述两项规则，最主要的是利用"法不溯及既往"原则，利用在"10号令"生效前已经存在的外资企业或者中外合资企业完成跨境架构的搭建。此种方式的运用，使得2007年国内民营企业境外上市迎来了井喷式爆发。[1] 随后，因2008年国际金融危机爆发，境外资本市场步入低迷。2008年、2009年，境内民企境外上市数量下降。但是，2010年，随着民营企业的不断壮大成熟以及互联网企业分拆上市潮的出现，实现境外上市的企业数量创下了新高。2011年，由"支付宝"事件引发的中概股信任危机以及随之而来的国外机构做空中概股浪潮，[2] 导致境内企业境外上市数量锐减，同时大量中概股退市，境内企业对境外上市的偏爱趋势开始扭转。

与此同时，国内资本市场从制度规则到市场格局都有了极大发展，创业板及新三板市场开始建立并逐步完善，吸引了大量原本瞄准国外资本市场的企业及私募投资者。很多创业企业从私募融资阶段即开始谋求搭建符合国内监管架构及要求的公司架构和治理模式，而私募投资者更是努力探索符合国内监管要求的游戏规则和操作模式，国际私募游戏规则开始在中国进行本土化演绎。

2004年2月，私募投资人赵丹阳与深国投信托合作成立中国第一支私募产品"深国投•赤子之心（中国）集合资金信托计划"。此后，中国私募投资基金经历了从平稳至迅猛的发展，监管层对私募股权投资基金的监管思路也经历了从犹豫、宽松、坚定到当前的严管"穿透"历程的转变。

私募基金的"私"乃对比公募基金中的公开发行而言，系指以非公开发行方式向特定对象筹集资金而建立的基金。基于其非公开的发行方式以及募集对象的特定性，基金与其投资人之间被认为存在"协商"而异于公募基金的"公开

---

〔1〕 参见李寿双、苏龙飞、朱锐：《红筹博弈——10号文时代的民企境外上市》（修订版），中国政法大学出版社2012年版，第25页。

〔2〕 "支付宝"事件是指2011年马云单方面终止阿里巴巴境外上市的VIE——可变利益实体架构，被质疑单方面违约，引发资本市场及舆论对马云以及中概股的抨击和质疑。

销售"属性,双方对于交易条款可以商谈并修改,具有较强的协商性质,基金的募集依赖于双方之间的协议。私募基金发行的目的,正是为了节约公募基金公开发行和强制性公开信息披露所附带的时间成本及经济成本。[1] 在2013年之前,针对私募股权投资基金的监管在我国几乎处于空白地带。私募基金操作灵活,加之早期投资人对境外私募基金运作模式及运作成功案例的认可态度,使得该时期内私募基金出现井喷式且无序的发展态势。[2] 这一方面为投资者带来较多的投资机会,但是另一方面,由于法律制度缺位、监管职责划分不清晰、监管主体之间不协调等因素,造成私募基金行业从业人员水平良莠不齐,产生暗箱操作、内幕交易、操纵市场等风险,[3] 亟待法律法规的完善。

2013年6月1日,修订后的《中华人民共和国证券投资基金法》开始施行,私募基金被纳入法律监管的视野中。同年6月底,中央编办印发《关于私募股权基金管理职责分工的通知》,进一步规范证监会与发展改革委在私募股权基金管理上的职责分工,赋予证监会对证券和股权基金的监管权。2014年1月,基金业协会发布《私募投资基金管理人登记和基金备案办法(试行)》,建立以登记备案为中心的市场化自律监管机制。但是,这种登记备案的自律监管过于宽松,要求较低,很多私募基金进行选择性备案,[4] 在一定程度上导致2015年新成立的私募基金数量出现爆发式增长,同时伴随着野蛮生长、变相公募、机构良莠不齐、登记备案信息失真、非法集资等质疑和诟病。[5]

2015年下半年,股票市场出现波动,继而发生恐慌式下跌。为了避免系统性风险,保护投资者利益,2016年2月起,基金业协会发布一系列实质性监管新规,标志着我国私募基金行业告别野蛮生长,进入监管趋严的全新时代。2016年,基金业协会接连发布一系列文件,从基金管理人的登记及内部控制要求、私

---

[1] 参见裴亚洲:《从严监管中国私募股权基金:逻辑与路径》,载《河北学刊》2020年第5期。
[2] 参见陈琛、朱舜楠:《中国私募股权投资基金监管问题探讨》,载《云南社会科学》2017年第5期。
[3] 参见陈珈:《我国私募基金发展风险及监管策略》,载《财经问题研究》2016年第12期。
[4] 参见洪磊:《"营造"私募基金自律监管框架》,载《金融博览》2016年第4期。
[5] 参见张艳:《私募投资基金行业自律监管规则研究》,载《证券市场导报》2017年第5期。

募股权投资基金信息披露等方面加强监管要求。[1] 2016年4月，基金业协会进一步发布《私募投资基金募集行为管理办法》，明确提出了私募基金募集的行为标准，围绕合格投资者制度中私募监管的核心问题——"以非公开发行方式向特定对象筹集资金"这一要求进行了实质性的解读和标准划定，对于特定对象的"合格投资者"如何确定、非公开发行方式如何宣传推介等进行了详细的说明，对于保护投资者、改善整个私募行业的运营环境等起到推动作用。

互联网技术的兴起，在实业端，与传统行业融合，提供了难得的创业机遇；在金融端，为投融资双方对接提供了多种途径，造就了丰富的创新型互联网融资方式。为解决私募基金募资困境，私募发行人有动机去规避上述要求中的合格投资者标准和人数限制向投资者募集资金。随着互联网金融的爆发，发行人以金融创新的名义，利用互联网平台规避私募发行应遵守的投资者资格和人数标准，引发了社会关注。[2] 在2017年7月召开的全国金融工作会议上，国家主席习近平强调，防止发生系统性金融风险是金融工作的永恒主题，要加强互联网金融监管，强化金融机构防范风险主体责任。由此，对于私募股权投资基金进行穿透式监管的呼声日渐显现。而穿透式监管原则在私募基金监管中的核心就是合格投资者制度的全面落实，[3] 主要是指以信息披露为手段，从资金（最终投资者是否合格）、资产（识别底层资产）两个层面对私募基金实施监管。2017年7月1日正式实施的《证券期货投资者适当性管理办法》，体现了穿透式监管的严管思路。至此，我国针对私募股权投资基金完成从初现期的放任到蓬勃发展期的严管的监管思路变化，以投资者保护为切入点，防范私募股权投资基金出现某些互联网金融手段所引发的系统性风险。

大禹治水，疏堵有度。对待企业强烈的融资需求以及通过市场实践自发设计的投融资路径，在进行规制并取缔非法操作的同时，也要设定合法路径供资

---

[1] 参见陈琛、朱舜楠：《中国私募股权投资基金监管问题探讨》，载《云南社会科学》2017年第5期。

[2] 参见陈颖健：《论互联网背景下私募证券法律制度的完善——基于私募制度基本逻辑的考察》，载《证券市场导报》2020年第7期。

[3] 参见郭艳芳：《论"穿透式"监管原则在私募基金监管中的适用》，载《证券市场导报》2018年第12期。

本流动,不能只堵不疏。在严控资本流向境外的同时,中国着力发展境内资本市场。2009年,创业板正式推出,为高科技企业通过公开市场融资提供了机会。2012年,全国中小企业股份转让系统("新三板")成立,改变了中国股票市场仅有场内交易市场且挂牌标准过高的状况。新三板市场极大地降低了企业挂牌上市的要求,减轻了主板和创业板上市排队压力,为私募股权基金和风险投资基金退出标的公司提供了途径。截至2021年12月,在新三板市场挂牌上市的基础层挂牌公司达5738家,创新层公司达1225家。[1] 2019年3月1日,中国证监会和上海证券交易所正式发布科创板制度和规则,标志着专注于科技创新型企业的投融资平台的科创板正式启动。科创板设立并试点注册制,也是我国证券发行注册制改革的重要一步。2021年9月,为畅通新三板市场优质公司的资本融通渠道,北京证券交易所将新三板市场中的精选层升级为第一批上市公司并试行注册制,更进一步增强了我国资本市场的适应性和包容性。随着多层次资本市场的建立及退出渠道的便利,境内资本市场具备越来越强的容纳能力,也有越来越多的私募投资基金选择通过境内股票市场上市和退市。

(三)中国私募投资活动的特点

1. 创始股东与企业利益的绑定

中国私募投资的另一个特色模式是创始股东与企业利益的绑定。风险投资者或私募股权投资基金在与标的公司签订投资协议及系列约定时,都会将企业创始股东同时列为合同当事人并约定其应承担的担保责任及补充义务,如业绩目标设定中的担保责任、回赎安排的补充义务等。[2] 如此安排存在多种理由。创业企业投资看重的是创业团队,创意与资本的结合是创业企业获得成功的保证。其一,将创业团队尤其是创始股东与创业企业利益绑定,能够避免创始股东在获取投资后套现以及脱离创业企业,导致投资落空。其二,这是以责

---

[1] 参见全国中小企业股份转让系统网站"市场总貌(挂牌公司)",http://www.neeq.com.cn/,2021年12月14日访问。

[2] 关于典型的利益绑定安排,可参见胜利油气管道控股有限公司(于开曼群岛注册成立的有限公司)香港上市的全球发售文件(招股说明书),http://www.hkexnews.hk/listedco/listconews/SEHK/2009/1209/LTN20091209008_C.pdf,2020年8月7日访问。

任约定促进创始股东努力实现创业企业的良好发展。私募投资中存在严重的信息不对称和代理成本风险，投资者对于企业的发展前景判断在很大程度上依赖于创始股东对企业规划的描述以及其对企业的投入程度。基于对创始股东的信任，投资者作出投资决策，必然希望由创始股东对企业发展承担个人责任，实行利益绑定。其三，从创始股东个人而言，尤其是在中国，创始股东对于创业企业通常都会投入大量的精力、专业知识甚至个人感情。为获得企业的成功发展，创始股东在个人意愿上相当期待外部融资的注入，也愿意承担个人责任以便增加投资者的信心。

这种利益绑定的做法能够增强投资者信心，促进投融资意向的快速达成，但是其实际效力到底是心理慰藉还是真正的责任承担，仍存有疑问。通常而言，创业企业的创始股东首先会以个人资产用于资助其创立的创业企业发展，然后才会寻求外部私募资金的投入。换言之，在私募投资之前，创始股东大多已经将其个人资产投入企业，自身的责任承担能力相当有限。通常来说，投资协议中约定的业绩补偿或者回赎投资者股权所需的资金责任，是创始股东个人无法承担的。对此，私募投资者亦非常清楚。因此，这种利益绑定安排更多是以合同约定形式为各方当事人提供心理慰藉的"君子协定"，表明各方对创业企业发展的信心及诚意，实际责任承担期待的成分则远逊于此。

2. 附特别权利安排的股权融资工具与可转债工具的共同运用

私募投资属于高风险、高收益项目。在作出投资决策时，私募投资属于陌生人之间的交易，信息不对称，不确定性高，交易各方之间缺乏相互了解。因此，私募投资操作安排往往着眼于降低代理成本和信息不对称，同时使私募投资人保持对企业的有效控制及投资的流动性以便在企业经营失败时尽可能保全投资者的退出路径。境外风险投资与私募股权投资操作主要采用优先股作为投资工具，并结合优先股的灵活定制属性，将投资人的风险偏好及需求以优先股优先性权利的形式融入其中。例如，大多数风险投资者都采用可转换优先股，约定优先清算权、回赎条款及反稀释保护安排，确保在标的企业经营成功时可通过出售转换后的普通股获得上行收益，同时在企业经营失败时确保大部分甚至绝大部分失败风险由企业创始股东承担。

但是，中国当前的公司法没有规定针对封闭公司的优先股制度，境内私募投资安排无法完全借鉴国际通用的优先股工具以容纳差异性投资属性。鉴此，中国私募投资领域出现了自适性安排，或运用具有特别权利安排的股权融资，或利用可转债进行个性化需求设定。

所谓具有特别权利安排的股权，即实质上的优先股。由于中国公司法并不认可封闭公司优先股的法律地位，因此实践中投融资双方不会在相关法律文件中体现"优先股"字样，而是由投资人认购标的公司的股权，同时在认购协议中约定特别的权利条款。典型的优先性权利条款即附条件的回购要求——在标的公司未达某种特定要求时，由公司及/或创始股东回购投资者股权或进行其他形式补偿的条款。其中，特定要求通常为公司运营业绩目标，如盈利要求或IPO时间安排等。此种安排即业内称为"估值调整安排"的对赌协议。[1]

可转债是债权工具的一种，依据转换义务主体的不同，又可细分为可转换债与可交换债。[2] 可转债是利用债权的约定属性，由缔约各方利用合同条款对债权内容进行灵活约定，包括设定标的企业的业绩目标，以及无法达致业绩目标时债务人公司对债权人的补偿——以债务利息的方式。同时，可转债条款中还会约定在某些事件发生时将债权转换为普通股股权。[3]

优先股工具系在投资前期业绩不稳定时，以优先性权利方式确保投资人获得下行保护。可转债工具也是基于相同目的，以债权合同确保投资人在前期的固定收益，在业绩变好时可适时转换为普通股以获取上行收益。与优先股工具赋予的股东身份不同，可转债持有人以债权人身份进入公司，其享有的所有权利均需通过债权合同明确约定。同时，可转债是债权的一种，除了具有债权典型的还本付息特征外，如果债务人在转换触发条件成就之前出现违约行为，投

---

[1] 关于典型的对赌安排，可参见全国中小企业股份转让系统挂牌公司北京蓝山科技股份有限公司（证券代码：830815）《公开转让说明书》，http://www.neeq.com.cn/disclosure/2014/0616/64139880.pdf，2020年8月7日访问。

[2] 可转换债系在转换时由标的公司发行新的普通股给投资人，用于满足其转换义务。可交换债则不是由标的公司发行新股，而是由企业原创始股东用其现有普通股来满足投资人的转换要求。这种区分乃基于税收方面的考虑，在投资人权利满足方面不存在实质差异。

[3] 关于典型的可转债融资工具安排，可参见中国忠旺控股有限公司香港上市的全球公开发售文件（招股说明书），http://www.hkexnews.hk/listedco/listconews/SEHK/2009/0424/LTN20090424164_C.pdf，2020年8月6日访问。

资人仅可依据债权合同获得救济,无法借助公司法中的强制性规定获得保护。此外,私募投资者对其投资目标的可转债收益期待通常高于普通的债权收益,其年化收益目标通常为30%—50%甚至更高。债权利率在中国受到严格规制,超出法定利率准许范围的利息约定不受法律保护。因此,可转债工具的利用,是在中国当前公司法中无类别股及优先股规定的情况下,为实现私募投资目标而实行的变通做法。

(四)中国创业企业家忽视现代公司治理规则而导致投资者面临额外风险

虽然中国的私募投资方兴未艾,但是中国公司制度及实践并未达到私募游戏规则运行所要求的同等发达程度,这引发了规则与实践环境之间因发展程度不同而导致的各种冲突及运行障碍。较为典型的表现就是中国创业企业中创始股东对于现代公司治理的陌生感与本能逃避。

创业企业通常规模较小,建立时间不长,公司所有权与经营权往往重合,缺乏现代化的规范管理。股东一般也是公司的管理者,相信技术、市场而不相信管理,相信个人威信而不相信规范的制度。有些企业的家族式管理痕迹较为明显,而且常常存在大量的关联交易。虽然创业企业在发展初期可以依靠股东对技术或市场的准确把握迅速发展,但是当发展到一定规模时,管理上的弊端就会成为阻碍其继续前进的症结。这一点在获得外部私募融资之后表现得尤为突出。私募投资者恰恰不允许企业出现此类状况。私募投资与一般的证券型投资基金包括对冲基金不同,并不是简单地向被投资企业提供资金,而后单纯等待回报。在提供资金的同时,私募投资者希望利用自身优势帮助被投资企业创造更大的价值,使企业实现快速发展。因此,私募投资者首要关注的就是被投资企业如何实行规范的公司治理,注重被投资企业的治理结构及组织架构。这种规范与被规范的互动过程必定伴随着利益争夺,可能激发各种矛盾,产生冲突甚至纠纷。引人关注的雷士照明创始人吴长江因挪用资金罪和职务侵占罪被判刑,[1]就是创业企业家无视公司治理规则,无节制利用不当关联交易掏空企业,导致投资者与企业家纠纷的典型事件。正如有评论者所说:"吴长江代

---

[1] 参见张钦:《吴长江获刑14年 终结雷士照明权斗》,新浪网,2016年12月23日,http://finance.sina.com.cn/roll/2016-12-23/doc-ifxyxvcr7330834.shtml,2020年8月3日访问。

表的是中国的企业观念,讲个人信义,常突破规则束缚,认为企业是自己辛辛苦苦养大的孩子……"[1]私募投资者则希望克服这一点,改变企业由创始股东随意经营的现状,引入现代企业制度,规范企业治理之路。

二、中国承认与正视公司优先股存在的必要性

中国私募投资规则来源于境外投资基金向中国投资的实践,主要借鉴和采用的也是国际私募投资领域惯用的规则,在这一过程中充满了艰苦的磨合与相互适应。可以说,目前已经实现了大部分规则的融合。[2]但是,中国商事法律制度仍然存在一些不够灵活和健全的地方。在中国私募实践界自我开发的一些自适性安排中,存在着因违反公司法规定而受到法律上的制约甚至在事后被认定为无效的风险。

(一)公司发行优先股遭遇的监管困境

针对优先股的《试点办法》仅允许上市公司及非上市公众公司发行其所确定的优先分红型优先股融资,而公众公司发行其他类型优先股却被否定,尽管此中差别其实并无必要。

新三板对此有明确规定,不允许拟挂牌企业与投资者签订对赌协议,在股转系统2016年8月发布的《挂牌公司股票发行常见问题解答(三)——募集资金管理、认购协议中特殊条款、特殊类型挂牌公司融资》中,明确禁止挂牌公司股票发行认购协议中约定签订业绩承诺及补偿、股份回购、反稀释等7种"特殊条款":(1)挂牌公司作为特殊条款的义务承担主体;(2)限制挂牌公司未来股票发行融资的价格;(3)强制要求挂牌公司进行权益分派,或不能进行权益分派;(4)挂牌公司未来再融资时,如果新投资方与挂牌公司约定了优于本次发行的条款,则相关条款自动适用于本次发行认购方;(5)发行认购方有权不经挂牌公司内部决策程序直接向挂牌公司派驻董事或者派驻的董事对挂牌公司经营决策享有一票否决权;(6)不符合相关法律法规规定的优先清算权条款;(7)其

---

[1] 苏龙飞:《股权战争》,北京大学出版社2012年版,第66页。
[2] 参见李寿双:《中国式私募股权投资:基于中国法的本土化路径》,法律出版社2008年版,第13—18页。

他损害挂牌公司或者挂牌公司股东合法权益的特殊条款。

这些禁止条款从实质上否定了境外优先股实践中通常设定的权利及保护性条款，使私募投资人无法通过合同与挂牌公司进行特别权利的约定。同时，在挂牌前处于创业阶段的公司，若在融资协议中已设定此类条款，则还要做到：(1) 认购协议应当经过挂牌公司董事会与股东大会审议通过；(2) 挂牌公司应当在股票发行情况报告书中完整披露认购协议中的特殊条款；(3) 挂牌公司的主办券商和律师应当分别在"主办券商关于股票发行合法合规性意见""股票发行法律意见书"中就特殊条款的合法合规性发表明确意见。这一规则严格限制了拟在新三板市场挂牌的创业企业通过此类"准优先股"协议安排获取融资的能力，也束缚了投资人与公司之间按照投融资实际需求灵活设置权利内容的能力。

如果说上述对于特殊条款设置禁止性规定的出发点在于确保挂牌企业股权清晰和实际控制人的稳定，那么在公司已经完成新三板市场挂牌之后允许发行优先股的规定更让人费解。《试点办法》规定，非上市公众公司发行优先股需以非公开方式发行，且只能通过协议转让。但是，根据《非上市公众公司监督管理办法》的规定，非上市公众公司股票的发行和转让本就限于特定对象——合格投资者。如此，问题产生了：非上市公众公司非公开发行优先股与封闭公司发行优先股有何实质区别？为何法律严令禁止封闭公司采用优先股乃至"准优先股"的合同安排，而在完成挂牌步骤之后即允许优先股的存在？如果系从投资者保护角度出发，为何不能允许封闭公司以私募——非公开形式向特定投资者通过优先股进行融资？封闭公司在私募融资中运用优先股，也可以同时实现投资者保护，如通过示范文本等合同方式对优先股合同条款进行设定，允许当事人进行"选入"或者"选出"，用软规制来影响人们的行为。企业在新三板市场挂牌毕竟并不等于获得了"优质企业"的背书，真正的投资风险仍需要投资者自行判断。

因此，同样是以非公开形式向特定投资者发行优先股，仅仅因是否在新三板市场挂牌而导致该行为被认定为有效与无效两种截然不同的法律后果，无助于保护投资者利益。相反，拟利用优先股或类优先股形式的优先性权利条款对挂牌前企业进行投资的投资者，还会因此类条款在挂牌时不被接受而导致经济期待落空,利益受损。

(二) 对赌协议等典型私募投资安排面临的司法困境

1. 对赌协议效力的司法不确定性

私募投资实践在中国具有本土特性。在中国目前的创业企业融资及企业上市前的私募融资活动中,在公司法之外,存在大量对于优先股的私人协议尝试。风险投资与企业及原始股东之间通过合同对业绩目标承诺、投资回报要求、估值调整安排等进行具有优先股特征的约定,满足不同主体对于财产收益与表决控制权的不同偏好。[1] 比如,在中国私募股权投资实践中,对赌协议已经是一种常见的安排。2009—2018 年,在深交所和上交所的上市公司作为投资方开展且已完成重大资产重组的交易中,约定对赌协议的占比达 63%。[2] 据业内人士估计,目前国内几乎所有私募投资事件中均涉及对赌安排,"凡投必赌"只是由于无公开数据,其市场规模难以估算。

最高人民法院于 2019 年 11 月 14 日发布的《九民纪要》称:"实践中俗称的'对赌协议',又称估值调整协议,是指投资方与融资方在达成股权性融资协议时,为解决交易双方对目标公司未来发展的不确定性、信息不对称以及代理成本而设计的包含了股权回购、金钱补偿等对未来目标公司的估值进行调整的协议。从订立'对赌协议'的主体来看,有投资方与目标公司的股东或者实际控制人'对赌'、投资方与目标公司'对赌'、投资方与目标公司的股东、目标公司'对赌'等形式。"对赌协议本质上也是一类优先权条款。投资方作为公司的股东,通过对赌协议的约定,与被投资公司原股东相比享有一定的优先性权利,也是实际意义上的优先股股东。投资方与融资方达成对赌协议的目的在于,第一,将交易双方不能达成一致的不确定性事件暂时搁置,留待该不确定性消失后,双方再重新结算。这种方式有利于解决企业融资过程中投资方与融资方争议

---

[1] 参见朱慈蕴、沈朝晖:《类别股与中国公司法的演进》,载《中国社会科学》2013 年第 9 期。

[2] 参见田古、周阳、郑植升:《上市失败的沪江网校一再强调无"对赌",却被投资人的公告打脸,对赌究竟如何识别?》,搜狐网,2019 年 6 月 27 日,http://www.sohu.com/a/323442280_651672,2019 年 12 月 21 日访问。

的核心问题:估值难、信息不对称及委托代理风险。[1]第二,投资者可以借此寻找合适的时机退出被投资公司。一旦约定条件成熟,投资方即可转售公司或其股权。[2]

对赌机制在促进企业融资及发展方面具有有效的推动作用,有利于投融资双方确立一致目标,实现共赢,这是对赌协议有效运作的基础和前提。然而,类似的对赌安排的命运非常曲折,最终效力与可执行性存在很大的不确定性,较典型的表现就是前述"海富投资案"。

2014年,中国国际经济贸易仲裁委员会针对富汇创投等三家私募股权基金与某企业对赌协议履行纠纷一案,却作出了认定对赌协议有效的仲裁裁决。[3]法院与仲裁委持迥然相异的态度,类似对赌安排的结果不确定性及不可预期性令业界无所适从。在海富投资案之后,实践中大量对赌协议产生了"变体",如加重创始股东的补偿责任,规定公司作为股东补偿责任的担保人,规定公司有股份回购义务或作为股东回购的担保人等。[4]且不论这种约定在逻辑思路上的曲折,从现实考虑,创始股东在公司中享有大量股权,一旦被迫承担补偿责任而需要进行大额补偿,如何保证公司有效隔离这种影响并持续良好运营?从这个角度而言,类似约定蕴含大量的道德风险。而将公司作为股东补偿或回购义务的担保人,与公司直接承担补偿或回购责任并无二致。

对赌协议面临困境的主要原因是中国当前《公司法》和《证券法》都没有明确的优先股及优先性权利规定,制度的缺失导致投融资双方不得不通过建立私人秩序以满足多元化的融资和差异化投资的需求。但是,如果对赌协议在很大程度上成为"君子协定",实际有赖于对赌双方的自觉遵守。这极不利于投融资

---

[1] 参见杨明宇:《私募股权投资中对赌协议性质与合法性探析——兼议海富投资案》,载《证券市场导报》2014年第2期。

[2] 参见张巍:《资本的规则:中国的问题 世界的眼光》,中国法制出版社2017年版,第4—6页。

[3] 参见《中国创投委为行业利益发声 以个案推动PE对赌立法保护》,证券日报之声,2014年5月16日,https://mp.weixin.qq.com/s/ZsTX7R5T8gBIckrgGtypjA,2021年12月14日访问。

[4] 参见新三板上市公司皇冠幕墙(430336)、欧迅体育(430617)、易事达(430628)等公司的相关公告。

市场的交易安全,也为公司普通股股东(创始股东)创造了极大的机会主义空间,可能引发普通股股东在缔约时轻易许诺优先权条款,而后以法律禁止为由不予履行的现象,进而导致优先权人利益受损。

2. 最高人民法院对于对赌协议效力的无效认定难以成立

笔者认为,最高人民法院以对赌协议"使得海富公司的投资可以取得相对固定的收益,该收益脱离了世恒公司的经营业绩,损害了公司利益和公司债权人利益"为由,认定投资方与被投资公司之间的对赌协议无效,存在逻辑断层,难以成立:

第一,海富公司签订协议并非没有支付合理对价。对赌协议作为一种估值调整机制,它的签订根源于公司的估值困境。本案中,海富公司以高溢价的方式向世恒公司注资,是希望世恒公司能够如其所愿高速成长,而如果事后证明其估值过高,则可以向世恒公司要求补偿。海富公司的高溢价投资和事后的补偿请求权紧密关联,如果没有估值调整的设置,海富公司不可能以2000万元换取注资时注册资本仅有384万美元的世恒公司区区3.85%的股权。高溢价投资与补偿请求权构成了一个完整的、不可分割的民事法律行为。公司对外签订合同则要承担相应的责任。通常情况下,公司违反合同约定而对外承担偿付责任,同样会导致公司责任资产的减少,这很常见。那么,为何世恒公司没有达到约定的预期盈利水平而按照约定对外承担补偿责任就不可以呢?

第二,公司财产的减少不一定对债权人的利益造成损害。在公司这一"资产池"中,外部债权人不是公司财产的剩余索取权人,其对公司的债权是固定的。只要在债权人的债权到期之时,公司有足够的财产进行清偿,债权人的利益就不会受损。换句话说,公司财产的减少不必然导致债权人利益的损害,关键问题在于公司对债权人的清偿能力。在"海富投资案"中,法院直接以债权人保护为由认定投资方与被投资公司之间的对赌协议无效,似乎有些武断。

第三,如果因对赌协议违反法律强制性规定而认定其无效,那么该交易的整个基础就会被动摇,出资协议即应无效。出资协议无效的后果应该是返还全部投资款,同时海富公司退出世恒公司,而不是如同再审法院的判决,仅仅是股东请求补偿的部分无效。同时,如果日后世恒公司业绩改善并最终实现上市,海富公司一方面将获得溢价增资部分的返还,另一方面还将因持有世恒公司

3.85%的股权而获取公司上市后的巨额增值回报,从而无端分享世恒公司高速成长的成果,造成对其他股东利益的侵夺。

3. 从"合同效力"到"合同履行"

如前所述,在"ThoughtWorks案"中,美国风险投资合同的回赎权条款就遭遇司法检验。[1] 该案中的回赎权条款与海富投资案中的对赌协议实质相同,都是赋予投资方一个优先性权利,以便于其在合适的时机退出被投资公司。ThoughtWorks公司并未在5年内上市,优先股股东起诉了公司,要求其按照风险投资合同中约定的条件回赎优先股股东的股权。法院首先对风险投资合同中的回赎条款作出评价,认为《特拉华州普通公司法》并未禁止公司回赎本公司股票:"每个公司都可以购买、回赎、接受、接收或以其他方式获得其自身股票。条件是,任何公司都不得在公司资本受损时,或者因其购买或回赎自身股票而导致公司资本受到损害时,以现金或其他财产购买或者回赎自身股票,但是公司(优先于其他类别股票)以其资产购买或回赎因资产分配而获得的股票(通过分红或者在清算中分配的股票)的,如果在购买后该股票将被注销且公司依相关规定减资的情况除外。"[2] 也就是说,只有公司回赎股票是为了将其注销并减资,才可以用盈余回赎本公司股票。只要公司的盈余足够回赎本公司股票,公司对优先股的回赎未"侵蚀"公司资本,就可以进行优先股的回赎。因此,对赌协议有效,回赎条款本身并不会损害债权人的利益,问题的关键在于公司能否通过资产负债测试,即回赎是否会导致公司资不抵债。

2019年,江苏华工创业投资有限公司与扬州锻压机床股份有限公司、潘云虎等请求公司收购股份纠纷再审案(以下简称"华工案")[3] 的出现,意味着我国对赌协议的司法实践"改弦易张"[4]。在该案判决中,法院的裁判思路从关注对赌协议的法律效力转向合同的可履行性——裁判法院江苏省高级人民法

---

[1] 风险投资使用的基本工具——优先股在20世纪30年代后的几十年里备受冷落。美国法院在1942年的"Mueller案"后就没有再审理过优先股赎回方面的案件。参见刘燕:《对赌协议与公司法资本管制:美国实践及其启示》,载《环球法律评论》2016年第3期。

[2] Delaware General Corporation Law,Section 160(a)(1)。

[3] 参见江苏省高级人民法院(2019)苏民再62号民事判决书。

[4] 参见刘燕:《"对赌协议"的裁判路径及政策选择——基于PE/VC与公司对赌场景的分析》,载《法学研究》2020年第2期。

院认为,案涉对赌协议不违反国家法律、行政法规的效力性强制规定,不存在《合同法》第52条规定之无效情形,应认定为有效。因此"扬锻公司应当按照协议约定履行股份回购义务,"但"华工公司诉请扬锻公司履行股份回购义务,尚需具备法律及事实上的履行可能"。[1] 这种区分合同效力与合同履行的"区隔论"[2],即延承了"ThoughtWorks案"中的"合法可用的资金"的观点,将公司法强制性规范的作用点从对赌协议的效力环节移向履行环节,不再将确定目标公司能否回购或补偿投资者作为法律效力问题来考量,而是作为履行可能性问题来判断。

于是,学者们纷纷提出,对赌协议也应进行合同效力、合同履行之二分,资本维持原则等强制性规定不再导致合同无效,而仅应影响其履行。既然如此,"合同有效+履行不能"似乎是顺理成章的唯一选择。《九民纪要》以会议纪要的形式对民商事审判中的前沿疑难问题给出了统一的裁判思路,"不是司法解释但又胜似司法解释"[3]。其中,关于对赌协议,最高人民法院新提出的裁判思路与"海富投资案"判决有所不同,认为:一般而言,投资方与目标公司订立的对赌协议有效,投资方主张实际履行的,法院应当审查对赌协议的履行是否会违反公司法关于"股东不得抽逃出资"等强制性规定。在投资方请求目标公司回购股权的情形下,若法院经审查确认目标公司未完成减资程序,则对投资方请求履行对赌协议的诉讼请求应当不予支持。投资方请求目标公司承担金钱补偿义务的,若法院审查确认目标公司没有利润,或虽有利润,但不足以补偿投资方,则应当驳回或者部分支持其诉讼请求。在今后目标公司有利润时,投资方需要通过另行起诉的方式,请求目标公司履行对赌协议。

关于对赌协议的效力认定,《九民纪要》原则上推定投资方与目标公司订立的对赌协议有效。这契合了私募投资人与创业企业之间投融资的需求,给私募

---

[1] 参见江苏省高级人民法院(2019)苏民再62号民事判决书。

[2] 参见陈醇:《跨法域合同纠纷中强制性规范的类型及认定规则》,载《法学研究》2021年第3期。

[3] 刘龙飞:《九民纪要下对赌协议新规解读及影响》,至正律师事务所官网,2019年11月21日,http://www.sxzzlawyer.com/blog/_200720_262752.html,2020年8月3日访问。

投资人吃下了一颗"定心丸"。同时，对赌协议原则上有效，也可避免目标公司在与投资方进行融资谈判的过程中轻易许诺，而后以法律禁止为由不履行对赌协议，是对目标公司机会主义行为的有效限制。同时，这有利于促进交易安全，符合投融资市场的发展规律。《九民纪要》针对对赌协议效力的认定，提出了与"海富投资案"中对赌协议效力认定不同的逻辑路径，是裁判思路的一大进步，对鼓励投融资市场中的创新交易具有积极意义。但是，在对赌协议的履行问题上，《九民纪要》提出的裁判思路却仍有待商榷。

（1）对赌协议履行规则的实践困境

对赌协议原则上有效，并不意味着对赌协议能够在实践中顺畅地得到履行，也不意味着优先股股东在对赌协议中的优先性权利能够顺利地实现。根据《九民纪要》中的对赌协议履行规则，对赌协议的履行要符合"股东不得抽逃出资"的强制性规定。具体来说，在投资方请求目标公司履行股权回购义务的情形中，对赌协议的履行应符合《公司法》关于股权回购的规定。《公司法》第142条第1款规定："公司不得收购本公司股份。但是，有下列情形之一的除外：（一）减少公司注册资本；（二）与持有本公司股份的其他公司合并；（三）将股份用于员工持股计划或者股权激励；（四）股东因对股东大会作出的公司合并、分立决议持异议，要求公司收购其股份；（五）将股份用于转换上市公司发行的可转换为股票的公司债券；（六）上市公司为维护公司的价值及股东权益所必需。"按理说，公司可以在以上六种情形下回购本公司股份。但是，《九民纪要》又指出："经审查，目标公司未完成减资程序的，人民法院应当驳回其诉讼请求。"实际上将目标公司可回购优先股限定为以上六种情形中的唯一一种情形：目标公司减资。据此，目标公司只有先完成减资程序，才能回赎优先股，而不能先回赎，后履行减资程序。

这一裁判思路在具体实践中有很大的弊端，可能导致公司股东重获以往的"优待"。对赌协议作为一种投资方退出被投资公司的机制，其履行是一次对公司财产的分配。在"海富投资案"中，股东之间利益冲突尤为明显。迪亚公司是除海富公司以外世恒公司的唯一股东。世恒公司与海富公司之间对赌协议的履行就意味着在迪亚公司与海富公司之间进行公司财产的分配，导致公司内部股东之间的利益冲突。按照《九民纪要》的思路，要完成减资程序，一般是由投资方请求召开股东(大)会讨论减资事项,有限公司的减资决议必须经代表 2/3 以上表决权的股东通过,股份公司的减资决议必须经出席会议的股东所持表决权的 2/3 以上通过,在目标公司其他股东尤其是普通股股东不配合的情形下,减资决议基本上难以通过。至于减资程序能否完成,完全系于公司股东会之手。这意味着,公司(以及作为其意思机关的股东会)有权单方决定股权回购义务之发生,即有权单方决定合同债权债务之发生,这与通常的有效合同应具有的效力相去甚远。若减资程序无法完成,投资方就无从请求目标公司回购股份。对赌协议即使"有效",也难以"实际履行","有效"不过是给投资方"画个饼"。

在投资方请求目标公司履行金钱补偿义务的情形中,对赌协议的履行应符合《公司法》第 166 条关于利润分配的强制性规定。根据《公司法》第 166 条,公司只能分配在弥补亏损、提取公积金后的税后利润。即公司只能以可分配的税后利润履行投资方的金钱补偿义务。但是,且不论公司分红议案也要经股东大会通过,在实践中,发生对赌协议中投资方要求目标公司履行金钱补偿的情况时,目标公司往往已因经营不善而入不敷出。何况目标公司即使有利润,也要先按照法律规定提取法定公积金。虽然在法定公积金累积额为公司注册资本的 50% 以上时可以不再提取,但是目标公司的普通股股东仍可经股东(大)会决议,从税后利润中提取任意公积金,从而使可分配的利润所剩无几,投资方很难得到期待中的金钱补偿。

(2) 对赌协议履行中的债权人利益保护

如前所述,在确认对赌协议有效后,如何履行投资方与被投资公司之间的对赌协议也是美国法院关注的焦点。在"ThoughtWorks 案"中,回赎条款约定,对 SVIP 所持有的优先股进行回赎的前提是 ThoughtWorks 公司拥有"合法可得资金",并预留一年的运营资本。对于什么是公司可用于回赎优先股的"合法可得资金",法院认为:其一,应满足公司法传统的资本维持原则限制,即应是公司的"盈余"。公司在用此资金回赎优先股后,不会陷入资不抵债。其二,并非只要公司有"盈余",就可回赎优先股,还应通过另一项对债权人进行保护的清偿能力测试,即公司在回赎优先股后,不会陷入无法偿还到期债务的困境。在某些情况下,公司或许有"盈余",即资产的价值大于负债,但是资产可能无法在短期内变现,或公司需要大量现金流以维持日常经营。此时,若使用大量现金进行优先股回赎,可能导致公司无法偿还到期债务。因此,在对赌协议的履行上,若公司在回赎优先股后不会导致负债超过资产,也不会导致无法偿还到期债务,就应履行对赌协议。

在确定对赌协议的履行是否会对债权人的利益造成损害时,需要作出关于公司偿债能力的判断。特拉华州法院认为,这需要考察公司董事会决策的商业判断,且该决策受到商业判断规则的保护。也就是说,董事会负责公司的日常经营,最了解公司的偿债能力,法院在此问题上应保持谦抑。但是,在发行优先股的公司中,优先股股东一般不参与公司的经营决策。董事会一般也是由普通股股东控制的。在对赌协议履行这一存在优先股股东与普通股股东利益冲突的场合,董事有可能偏向普通股股东,违反对优先股股东的信义义务,损害优先股股东的利益。那么,对于董事是否公正作出了商业判断,法院并不是无所作为的。在早期的"Mueller 案"中,法院确立的先例是直接评估公司的支付能力,进行实质判断。但是,在"ThoughtWorks 案"中,法院转而尊重董事对于公司是否具有合法可用的资金进行回赎的商业判断,而后审查董事作出决策的程序是否正当,以考察其是否履行了对优先股股东的信义义务。在该案中,法院认定公司董事会已经以其最大诚信行事,其作出决策所依赖的详细分析报告是由有声望的专家作出的。在公司有义务回赎优先股后的 16 个季度,董事会对可用于回赎的合法资金金额进行了周密的调查,并据此回赎了部分优先股。每一次董事会决策都咨询了财务和法律顾问,收到关于公司当前业务状况的信息,并认真商议能够在不影响公司持续运营的情况下用于回赎优先股的资金情况。由此,法院认定董事会的决策过程无可争议,董事会也很负责任地实现了其对优先股股东的合同承诺。[1] 因此,问题的关键不再是"公司能否支付",而是"公司董事在作出不支付的决定时,工作是否到位"。在普通股股东控制董事会的情形下,被投资公司董事负有对优先股股东的信义义务,法院应重点审查董事作出不支付的决定时是否公正地对待了优先股股东,如是否由独立董事作出

---

[1] 参见王会敏:《优先股股东权利保护法律制度研究》,山东大学 2017 年博士学位论文,第 161 页。

判断、是否向第三方独立机构进行了咨询等,审查董事在决策中的程序正当性以及是否存在恶意等情形,从而有效平衡优先股股东与普通股股东之间的利益冲突。

与其他优先股合同中的优先性权利不同,对赌协议中的回赎权条款有溢出效应,即不仅涉及公司内部股东之间的利益冲突,还涉及公司股东与外部债权人之间的利益冲突。对优先股进行回赎,会减少公司资产,可能减少债权人可获偿付的资本基础。因此,各国都从债权人保护的角度,在公司法中对此进行限制,美国公司法也不例外。[1] 但是,这种限制并不必然导致对赌协议中的回赎权条款无效。从保护交易安全的角度而言,"ThoughtWorks案"判决实现了司法平衡利益的模式从实体向程序的转变。裁判的核心不再是交易的合法性判断,而是合同履行之可能性。[2] 这种司法平衡利益的模式最大限度地保全了公司对优先股股东所作的支付承诺的效力,同时也保证了公司的资本安全,避免因向优先股股东回赎优先权而损害债权人利益。此外,这种对利益冲突的司法平衡模式还可以避免法院"越俎代庖",使法院免于无视公司的实际情况而代公司作出不合理的商业决策,从而将司法重点放在董事会作出商业决策的程序正当性考量上,有效地平衡了优先股股东与普通股股东之间的利益冲突,值得我国借鉴。

4. 反思《九民纪要》的对赌协议规则

从理论层面来看,《九民纪要》对于对赌协议的履行所提出的裁判思路不尽完善。不论是在投资方要求目标公司回购股权的情形中,还是在履行金钱补偿义务的情形中,该裁判思路背后的逻辑都是平衡公司股东与外部债权人之间的利益冲突,而忽视了目标公司内部股东之间的利益冲突。

从公司股东与外部债权人利益冲突的司法平衡来看,在投资方要求目标公司回购股权的情形下,目标公司履行股份回购的前提是必须首先完成减资程序。这可视为对公司外部债权人的保护,即完成减资程序中的通知或公告债权

---

[1] 参见王会敏:《针对第三方的约定救济机制——公司债权人保护的新路径》,载《北京社会科学》2016年第7期。

[2] 参见刘燕:《对赌协议与公司法资本管制:美国实践及其启示》,载《环球法律评论》2016年第3期。

人步骤，对债权人进行了告知。这样，债权人才有机会通过请求目标公司偿还到期债权或提供相应担保的方式避免其利益在目标公司回购股份后受损。在这种情形下，公司的外部债权人得到了强有力的保护。但是，公司回购自身股份而侵害债权人利益的情形并不限于通过减资。比如，若属于为维护公司的价值及股东权益所必需，上市公司也可回购自身股份。《九民纪要》将目标公司履行优先股回赎义务的情形限于减资过于武断，忽视了对优先股股东利益的保护。

同时，在投资方要求目标公司作出金钱补偿的情形下，目标公司履行金钱补偿义务的前提是存在可分配利润，这也是对债权人的过强保护。一方面，公司存在可分配利润的前提是已经提取了法定公积金，或法定公积金累积额已达公司注册资本的50%以上。而公积金可用于日后弥补公司的亏损、扩大公司生产经营或者转为增加公司资本，起到保护甚至增加公司债权人的偿债基础、保护债权人利益的作用。另一方面，只要目标公司"有"可供分配的利润，就应用于清偿优先股股东。这实际上忽视了目标公司在日常经营中对资金的需求，或对未来项目进行投资所需要的积累资金的需求。另外，对于外部债权人的到期债权，目标公司也需要资金随时予以清偿。无视目标公司所处的复杂商业环境、所作商业决策应考量的各种因素，直接将目标公司的所有可供分配的利润全部用于补偿优先股股东，实际上不利于对外部债权人的保护，也忽视了普通股股东为最大化公司价值的必要资金需求。总之，《九民纪要》中关于履行对赌协议的规定，可能使目标公司的资金固化，造成目标公司的资本结构僵化。同时，公积金作为公司的资本积累，可释放用于公司的日常经营，当然也可用于偿还优先股股东。将公司的利润以公积金的形式强制留存，不利于公司对资金的灵活运用，也不利于履行对优先股股东的金钱补偿义务；将所有可分配利润都用于偿还优先股股东，可能忽视公司日常经营的资金需求，不利于偿还公司外部债权人的到期债权。对债权人的保护应综合考量各种因素，不宜僵化为对公司资本的依赖，对公积金的留存不意味着债权人必然能得到偿还。

从公司内部股东之间利益冲突的司法平衡来看，在投资方要求目标公司回购股权的情形下，目标公司回赎优先股的唯一可能就是减资，而减资的第一个程序就需要股东（大）会以特别多数决通过减资决议。但是，由于董事会通常由普通股股东控制,减资决议很难获得通过。这是公司内部股东之间的利益冲突的一个表现。在优先股股东与普通股股东对公司的利益分配上,优先股股东易受到普通股股东的不公正对待。将履行对赌协议的前提设定为减资决议的通过,极易使优先股股东因让渡了经营决策权而利益受到普通股股东的损害。总之,以减资程序作为履行股权回购前提忽视了优先股股东的利益。在投资方要求目标公司作出金钱补偿的情形下,目标公司履行对赌协议的前提是有可供分配的税后利润。但是,如前所述,税后利润只有经过公积金的提取后才能分配。在任意公积金的提取上,普通股股东有可能通过股东(大)会的决议使目标公司无税后利润可分,导致优先股股东受到不公平的对待进而利益受损。

总体而言,《九民纪要》在对赌协议履行问题上所作的司法平衡是有待商榷的。在对债权人的保护上,以减资程序为前提"用力过猛",将所有可分配利润都支付给优先股股东则"用力不足"。在平衡目标公司内部股东之间的利益冲突上,即对优先股股东权利的保护上,《九民纪要》中的对赌协议履行规则可谓只字未提,导致在通过减资程序后履行回购股权时,优先股股东易受普通股股东的"压迫";在通过可分配利润支付对优先股股东的金钱补偿时,目标公司可能面临无利润可分的无奈。

与"ThoughtWorks案"中特拉华州衡平法院所作的司法平衡努力相比,《九民纪要》中的对赌协议履行规则有以下裁判思路值得反思:

第一,将目标公司的偿债能力作为对债权人利益保护程度的基准。公司的偿债能力测试既要求公司在履行对赌协议后不能陷入资不抵债的困境,避免对债权人利益的损害;又要求公司有足够的现金流偿还到期债务,避免对债权人利益的过度保护。

第二,在判断公司是否通过偿债能力测试时,法院应保持谦抑,尊重董事会的商业判断。对赌协议的履行,不仅是一个合同法的问题,还是一个组织法的问题。法院应认识到在对赌协议履行过程中信义原则的重要性,以实现对普通股股东与优先股股东之间利益冲突的司法平衡。

第三,在对董事会的商业判断进行审查时,从实质性审查转向程序性审查。法院应先审查董事会作出支付或不支付优先股股东资金的决定程序是否正当,是否履行了对优先股股东的信义义务,以防止普通股股东及其所控制的董事会利用公司权力对优先股股东进行利益剥夺。裁判的核心由对公司偿债能力的实质审查转向以对董事会作出决策的程序审查为先,是适用信义义务平衡公司内部股东之间、公司股东与债权人之间利益冲突的要义。但是,程序性审查并不排除对公司偿债能力的实质性审查,若优先股股东能够证明董事作出的关于目标公司偿债能力的商业判断有实质性不公,则法院也应予以支持。

如前所述,中国投融资领域对于优先股及优先权利的需求相当明确且迫切。优先股的出现系出于投融资双方对创业企业风险与收益自行分配的结果,适应创业企业运行实践,而国内监管机构采用严格管制甚至过度限制的监管姿态,说明中国公司立法模式尚未完全实现由管制型到市场导向型立法模式的转变,不够注重市场的内生要求与民意表达,忽视市场主体对规则的可预期性要求。因此,笔者建议,从投资者保护的角度出发,在封闭公司中建立优先股制度,允许投融资双方根据不同的商业预期及风险承担水平进行意思自治,自行设定股权融资工具中的权利内容,并通过默示或菜单式示范合同文本等软规制方式实现立法者对合同内容的引导,这才是封闭公司优先股股东权利保护的应然路径。

第三节 中国优先股股东权利保护制度的完善

从某种意义上讲,公司法的质量不在于规则本身,社会经济现实对公司法律制度具体而特定的需要才应当是公司法制现代化改革的基本出发点。[1] 就我国优先股股东保护制度当前的发展状况而言,针对公众公司的优先股试点工作已经开展多年。从市场接受及容纳程度角度而言,一级市场(发行市场)中的融资公司多表现出对优先股的兴趣和热情,多家公司公布发行预案,拟采用优先股作为融资工具,尤其是商业银行以及新三板市场中的非上市公众公司。在私募实践中,封闭公司展现了对优先股更为强烈的需求,各种"准优先股"合同安排在不同法律制度的夹缝中求生存的状况亟待改变。

鉴此,针对我国国内实践现状及问题,在优先股股东权利保护问题上,应依

---

[1] 参见任尔昕:《关于我国设置公司种类股的思考》,载《中国法学》2010年第6期。

据不同投资主体的风险承受能力和商事活动参与度进行区分规制,给予不同程度和路径的保护,对公众公司与封闭公司优先股发行采用不同的规制模式。在司法裁判领域,应强化法院的商事裁判思维,克服管制的裁判惯性,认真对待商事交易,以此保全主体理性选择所形成的私人秩序。

一、对公众公司优先股予以适当强制性规制,并辅以默示条款引导

针对公众公司优先股股东权利的保护,应放弃"法律父爱主义"的立场,遵循商事实践规则。

第一,应改变现行优先股试点实践中对于上市公司过度管制的做法。在上市公司层面,因强制性条款过多而导致僵化趋势蔓延。相比较而言,新三板市场中非上市公众公司优先股发行条款具有更大的灵活性,体现出优先股作为混合金融工具所具备的满足不同商业需求、体现不同的风险承担水平等特点。对于上市公司的监管,应借鉴境外对于强制性条款的立法经验,重点规制权利变动——机会主义章程修改等事项,将强制性规则集中在类别股东会及表决权恢复机制等规则方面,同时强化强制性信息披露要求。表决权与类别投票权机制可保证类别股东在发生某些权利变动情况下的话语权,而强制性信息披露要求可确保公司及时准确披露与类别股或优先股股东权益相关的事项,保障公众及类别股股东及时获取信息的知情权。

第二,《试点办法》等法律文件中诸多对于回购、分红等的强制性规定实际上也可变通为采用非强制性赋权性规则,以默示条款的方式融入立法者的引导倾向,诱导而非强迫公司采纳该默示规则。同时,公司也可以根据市场实际情况对条款进行"选出"。在对默示条款进行"选出"的过程中,居于信息优势地位的公司参与方可能主动向其他缔约方披露相关信息,以使这一不利于自身的规则被顺利"选出",从而促成信息在当事方之间的有效分享。而投资者将有机会对交易相对方的选择及结果予以关注,并结合自身情况考虑是否接受。相比强制性条款的刚性适用属性,默示条款的作用在于强迫投融资双方就某条款是否采纳现有法律规则进行谈判,而谈判及选择过程本身能够确保投资者的知情权并可以引导其进行主动决策,消解公司权力格局对缔约过程的负面影响。

二、在封闭公司中确立优先股制度的法律地位,并以菜单式条款进行软规制

对于封闭公司优先股股东权利保护而言,第一,应在公司法层面确立优先股制度的法律地位。封闭公司私募实践对优先股工具的需求相当迫切,而当前实际操作中类似的"准优先股"等自适性安排的效力难以确定,法律后果无法有效预测,滋生了大量机会主义空间,不利于创业企业投融资实践的良性发展。在立法层面,应允许封闭公司设置有别于单维度普通股股权内容的优先股,对大量存在的风险投资施以正确引导,消弭通过个别约定在不同法律制度夹缝中求生存的私募融资实践安排。

第二,除对投融资双方设定基本的规范外,在封闭公司中,应减少强制性条款的规制,保留足够的公司自治空间以供各方进行自主谈判。由于公司自治理念易于促成投融资双方的高效谈判,因此在封闭公司优先股制度设立过程中,应鼓励公司当事方根据特定的需求,凭借自身的意志与知识,自主安排优先股优先性权利,控制公司法的深度介入。此外,还应借鉴美国《标准公司法》及NVCA示范法律文本的经验,研究标准化示范法律文本的适用性,在不违反自由缔约精神的情况下,通过菜单式条款的软规制,实现立法者对合同内容的重大影响。

值得注意的是,公众公司与封闭公司乃域外公司法中常用的公司分类,与我国公司法中规定的公司形式并不完全相符。公众公司在我国的外延包括在上海和深圳证券交易所公开交易的上市公司以及在全国中小企业股份转让系统挂牌交易的非上市公众公司,这两类公司所采用的公司形式均为股份有限公司。封闭公司类似于我国公司法中规定的有限责任公司。在公众公司与封闭公司之间,还存在采用股份有限公司形式但未在任何交易所或挂牌交易系统上市并公开交易股份的公司。因此,我国在正式设置优先股法律制度时,还应关注对这部分公司的处理。笔者认为,从证券监管角度而言,对于上市公司进行必要的强制性规制的主要原因在于此类公司涉及的投资者数量众多且难以形成谈判格局,而对于未进行挂牌或上市公开交易的股份有限公司而言,发行优先股只能采用私募方式,而私募投资者有能力获得谈判地位并通过谈判设定投资条款。对于此类公司的处理,不应拘泥于公司形式的生硬划分,而应该从发

行方式角度进行规制。

三、在司法裁判中确立商事裁判思维,维护当事人的合同安排,注重公司法中信义义务的适当运用

如前所述,对赌协议面临困境的原因主要在于当前我国公司法中封闭公司优先股制度的缺失。立法的缺位催生了投融资双方在纯粹契约自治下对"准优先股"的实践安排,以求回应多元化的融资需求与差异化投资偏好的诉求。[1] 同时,司法领域惯于采用合同定性的思路——通过对交易类型的合法性判断,对交易合同的效力进行裁定。然而,公司融资合同与普通的民事合同不同。尤其对创业企业而言,私募投资者确实具有高收益的回报要求和期许。创业企业的创始股东在以高倍溢价获得融资之时,其经济期待同样是在通过外部资金促进企业快速发展之后获得高额回报。因此司法裁判应该从商事角度的新思维出发,以包容的姿态对待创业企业私募融资安排中各种资本运作下的创新逻辑,而不应过分执着于合同裁判思路,对商业实践进行简单粗暴的干预。

公司债权人保护是公司法强制性规范的重要内容,但是不应以这一项理由全盘否定所有此类协议的效力。债权人保护自有其专门路径,况且公司对优先股股东的各种优先性权利承诺,包括分红、回赎、补偿安排,未必一定损及公司资本与清偿能力。所以,即使为了保护公司债权人,也可以借鉴美国在"ThoughtWorks案"等案件中的思路,从尊重商业实践并尽量促进交易成功、确保交易安全的角度,尽量采用公司清偿能力判断、董事会商业判断等规则,综合体现公司法对公司债权人利益的关照。

同样,在对优先股股东权利进行事后规制时,不应仅将裁判思路锁定在合同效力判定领域,而应注重公司法之信义原则的适当运用。对于兼跨合同法与公司法领域的优先股而言,对优先股股东的合法利益进行公正对待的前提是区分事实和类型的法律适用,对赌协议的效力判断和可履行性的判断,在本质上都是在处理公司不同利害相关方之间的冲突,触及公司法面对有限责任这个公司法人最本质的特征时无法回避的一个核心问题——如何协调债权人与股东、

---

[1] 参见李燕、郭青青:《我国类别股立法的路径选择》,载《现代法学》2016年第2期。

公司之间的利益冲突。[1] 传统公司法定资本制度的规制重点在于限制资本从公司向外的"流出",这也是公司有限责任制度的基石,但未完成债权人保护程序不会对公司和投资方的股权回购约定有任何影响,对赌协议履行将要求两者承担公司法上的后果,而并不应简单认为对赌协议履行不能。[2]《九民纪要》将对赌交易强行拟制为资本维持体系下的特定行为类型,会不当提升债权人保护规则的适用强度,削弱维护公司投资方正当权益的实质功效。司法目光应当在公司法和合同法之间"流连",根据不同情况灵活适用规则(比如调整举证责任),采取不同救济手段(延期支付或减免)平衡当事人之间的利益,维护权利人的合理期待。

从私人自治权利的保护角度看,公司进路与合同进路以叠加模式介入对优先股股东和其他相关人利益的保护。合同法与公司法各自的赋权模式存在不同特色。在合同法路径下,优先股股东作为合同当事人,基于双方签订的合同文本中的权利规定获得保护,其权利的行使存在明确授权。在公司法路径下,优先股股东得以借助信义原则获得保护,其权利范围并无清晰界限,而是处于模糊与权衡状态中,并对司法有着强烈的依赖,需通过司法审查对权利边界作出明确的划定。

总之,诸如回购条款等对赌协议的效力认定及履行,因涉及公司股东与外部债权人之间、公司内部股东之间的利益冲突,不单纯是一个合同法范畴的问题,还是一个组织法范畴的问题。司法裁判的目光不仅应在公司股东利益与外部债权人利益之间"流转",还应在公司的优先股股东利益与普通股股东利益之间"流转"。司法裁判应对投资方与目标公司之间的对赌协议安排进行整体性审查,不仅要注意到横向的利益冲突,还应关注纵向的利益冲突。只有提高司法裁判思维的厚度,把握利益冲突的平衡这一"微妙的司法技术",才能根据不同情况灵活适用规则,平衡当事人之间的利益,维护交易各方的合理期待。[3]

---

[1] 参见刘燕:《"对赌协议"的裁判路径及政策选择——基于PE/VC与公司对赌场景的分析》,载《法学研究》2020年第2期。

[2] 参见贺剑:《对赌协议何以履行不能?——一个公司法与民法的交叉研究》,载《法学家》2021年第1期。

[3] 参见楼建波、马吾叶:《优先股与普通股股东之间利益冲突的处理原则——美国司法实践的演进及其启示》,载《证券法苑》(第十六卷),法律出版社2016年版,第13—14页。

后 记

本书是在作者之一耿利航主持的国家社科基金项目——优先股股东权利保护法律制度研究（批准号：14BFX167）成果的基础上修订而成。项目研究思路缘起于2012年"海富投资案"，如今优先股已成为我国风险投资和私募股权投资实践中的基本定价和磋商工具，私募股权投资可以说是"凡投必赌"。对赌协议实际上泛指股权投资中内容五花八门的各类优先股合同安排。根据基金业协会最新发布的《中国私募股权投资基金行业发展报告（2021）》，尽管受到新冠疫情等不利因素影响，私募股权投资基金行业2020年仍保持平稳增长，呈现管理人结构有所优化、行业集中度进一步提升、对战略新兴领域和中部地区的投资力度明显加大、退出形势总体向好等特点。截至2020年年底，在基金业协会登记注册的私募股权基金管理人数量达到14986个，已备案私募股权投资基金39800支、规模115620.43亿元，累计投资案例数量为98386个、在投本金为71766.85亿元，同比分别增长14.07%和11.80%。

优先股兼具合同和组织属性，股债界限模糊不清，我国司法实践在合同法规范体系与组织法规范体系的边界地带左右摇摆，从"海富投资案"中法院"可以与股东对赌，不得与公司对赌"的裁判思路，到《九民纪要》的"可履行性"考察，对赌纠纷的裁判思路由效力管控转变为履行规制，引发了学者对公司资本维持原则的理性审思，而我国公司资本制度是否以及如何实现授权资本制也是正在进行的《公司法》修订的关切点。事实上,对赌协议的效力和履行纠纷的背后是法院应采纳何种优先股与普通股的利益分配处理方案。即使在已经实施授权资本制的美国,目前对此问题的理论研究也莫衷一是,其司法实践也在普通股最大化理论、公司最大化理论等中摇摆,还可能继续演变。

本书的研究只是一个起点。我国公司法律制度一直处于不断调整、完善和发展之中,金融创新与融资市场的发达是公司制度现代化的内在动力,资本维持只是现阶段法院处理优先股与普通股利益冲突的一个说理工具,对于优先股与普通股利益平衡的处理将因时而异,既在法律之内,也在法律之外。

感谢本项目组成员山东大学法学院潘林教授、北京交通大学法学院王俣璇博士、中国海洋大学法学院贺西博士、山东政法学院民商法学院孙遥博士贡献的智慧,感谢中国政法大学在读博士生杨莹、孙宝玲两位同学在本书稿的注释索引、体例调整等方面提供的大量帮助。

特别感谢北京大学出版社孙维玲编辑的悉心投入。在她的指导下,书稿数次修改,体系、体例及表达得以逐步完善,我们也从她的细心指导和耐心工作中感受到编审的专业水准。

耿利航　王会敏
2022 年 3 月